國內各方讚譽

美國好萊塢的影界大亨哈維・溫斯坦（Harvey Weinstein）的性醜聞曝光後，以美國為起點，吹起了擴及全球的「#MeToo」反性侵害和性騷擾運動。從林奕含案、伊藤詩織案、鈕承澤案，甚至最近韓國首爾市長朴元淳案，利用權勢性侵害和性騷擾案件一再地發生，並沒有停止社會大眾對於被害者的檢討與究責，忽視權勢四周所存在的層層共犯體系，這些共犯結構因為畏懼或依附權勢，甚至擔任安排性侵害和性騷擾的掮客。

馬奎斯說：「很多事物還沒有名字，必須用手指頭伸手去指。」這本書透過調查工作，帶著大家近真相，深刻指出根植於權力不對等關係的脅迫。讓讀者理解地位、階級及權威如何逼著性暴力害者沉默噤聲，而為求自保的加害者又是如何形塑被害者的自願。權力不對等的關係還需更多的像與命名，透過故事看見現象及脈絡，幫助我們理解體制，產生改變。

現代婦女基金會長期投入性別暴力的防治工作，我們在實務工作上所服務的個案，有家內亂倫、職場案，體育球隊案、學校和安親班案，真的族繁不及備載，這些個案都是權力不對等關係的害者。為了讓社會大眾更了解權力不對等關係「背後的陰影」，我認為這是一本值得推薦的書。

——范國勇（現代婦女基金會執行長）

如何運用正當權力對抗不正當權力？性暴力（me too）涉及的，包括性別歧視，職場不平等，以及被新興公關產業威脅的言論自由。書中讓我們看到，必須對抗的不止是權勢，也是權勢得以購買的技術、人際與服務。如果不是親身經歷，很難獲得如書中抽絲剝繭的資訊細節。這本反抗實錄內容既廣且深，是給予倖存者的堅固禮物，也提供社會大眾與時俱進的最新知識。此外，我想說，羅南堅持與勇敢的精神，也很感人。

——張亦絢（作家）

這是一場抵抗性暴力的戰爭。

——陳潔晧（《不再沉默》作者）

在性暴力案件的現場，最難的往往是描述。不論是言語的、行為肢體，或者文字，受害者或旁觀者，我們難以用所謂精確的語言，重新還原一切的經過，以構成一場具有說服力的指控。因為你知道，在那個當下發生的種種，並不按照事態邏輯；你還沒有能開口問為什麼，它已經結束了。

然而，記憶仍是深刻的武器。

沒人說得清楚，但沒人可以擺脫記憶。這本書拼湊了哈維．溫斯坦——一個震撼好萊塢界性醜聞事件的始作俑者，他如何長年構築一個難以攻防的性暴力犯罪系統；挖出一個，你會再發現另一個，彷彿深不見底。在這些報導敘述中，你不會很快得知答案的全貌，但你可以很快感覺到所有的不對勁；它像是一場排列組合，如果我們將所有祕密的記憶都擺放出來，你會看見什麼？

進去過的人出不來，記憶使他們痛苦；但也會因為記憶被讀取，而獲得釋放的可能。

我們無法精確地描述性暴力究竟是如何發生的，所以這是一場困難的調查過程；但它因為有更多人的參與，把這些模糊的字句吞嚥下去，雞蛋終究會讓高牆倒塌。

——羅筱蕾（吾思傳媒 女人迷內容編輯）

CATCH AND KILL

性掠食者與牠們的帝國

揭發好萊塢製片大亨哈維・溫斯坦令巨星名流噤聲，人人知而不報的驚人內幕與共犯結構

羅南・法羅／著　鄭煥昇／譯

In a dramatic account of violence and espionage, Pulitzer Prize-winning investigative reporter Ronan Farrow exposes serial abusers and a cabal of powerful interests hell-bent on covering up the truth, at any cost.

Winner of the Pulitzer Prize

RONAN FARROW

目錄

第二部：白鯨**

* 被傾倒有毒廢棄物的加州中央谷地。

** 《白鯨記》，比喻會毀滅人的執念。

第三部：特務大軍

第四部：沉睡者

第五部：遺散費

給強納生

作者序

《性掠食者與牠們的帝國》一書，是根據為期兩年的報導工作寫成，過程中曾有逾兩百名消息來源受訪，並取材自不下數百頁的合約、電郵、文稿，以及數十個小時的錄音。由此，本書所適用的事實查核標準，絕對不在其所根據的《紐約客》（*New Yorker*）雜誌文章之下。書中所有的人物對話，都直接取材自時間對得上的陳述與紀錄中。由於這是一本圍繞著偵蒐的故事，因此經常有第三方目擊到或偷偷錄下對話，而我則偶爾能夠取得這些第三方的證詞與紀錄。至於自行記錄的部分，我則都謹守了相關的法律與道德標準。

多數各位會在本書中認識到的消息來源，都允准我使用了他們的全名，惟少部分仍出於對法律上的報復或人身安全的憂慮而有所保留。在這些個案中，我會把報導期間所使用的代號用在書中。我在《性掠食者與牠們的帝國》出版前聯絡上了所有與本書有關的關鍵人員，目的是讓他們有最後的機會可以針對自身遭到的指控做出回應。若他們同意表達意見，則內文的敘述會反映出他們的回應內容；如果他們不願回應，則我也已盡力將當事人現有的公開發言融入書中。本書從頭到尾所有引用的書面內容，都保留了包含拼字錯誤與筆誤在內的所有用語。

《性掠食者與牠們的帝國》的故事發生於二〇一六年底到二〇一九年初之間，書裡所描述的性暴力可能有讓部分讀者感覺不適或產生後續不良影響之虞。

楔子

那兩個男人坐在納吉斯咖啡廳的角落，那是家位於布魯克林羊頭灣的烏茲別克暨俄羅斯餐館。時間是二〇一六年年尾，寒意飄在空中。那地方裝點著來自中亞大草原有的沒的的廉價擺飾，還有描繪著農村即景的磁磚畫作：包著頭巾的年邁大媽，還有牧養著綿羊的農家。

他們其中一人是俄羅斯人，另一個則是烏克蘭人，但這其實是一個意義不大的區分：他們都是在蘇聯解體前夕誕生的孩子。兩人看來三十五歲上下。瘦小而禿頭的羅曼・凱金（Roman Khaykin）做為當中的俄羅斯人，長著感覺來者不善的塌鼻子跟黑眼睛，此外關於他的一切都非常模糊：眉毛幾乎沒有、臉上看不出什麼血色、光滑明亮的頭頂寸草不生。他老家在基斯洛沃茨克（Kislovodsk）這個直譯叫做「酸水」的地方。他用像飛鏢一樣的目光掃視了房間的四周，疑心片刻未曾放鬆。

烏克蘭人伊果・歐斯卓夫斯基（Igor Ostrovskiy）身高比較高，體形也稍胖一些。他有一頭任其亂長時會變得像一堆雜草的鬈髮。他跟他一家子在一九九〇年代初期逃到了美國。跟凱金一樣，無時無刻不在尋找某種不同的角度來看事情，同時他也非常有好奇心，非常愛管閒事。在高中時期，他曾懷疑過幾個同學在做側錄信用卡號的違法生意，接著他就自顧自地調查起來，確認了真有其事，最終也協助執法單位破獲了整個集團。

凱金與歐斯卓夫斯基說著帶有口音，但因為加入了母語元素而變得更加活潑的俄式英語——當凱金說到**夸撒夫奇克！**（Krasavchik）這個源自於俄文「英俊」的單字，實際上就是在誇獎人有天分或幹得好。這兩人從事的都是跟陰謀詭計與監視有關的行當。二〇一一年，當歐斯卓夫斯基還在以接案進行私人調查維生的時期，他上網Google了「俄羅斯私人偵探」這個關鍵字，然後發了封毛遂自薦的電郵給凱金，問他有沒有工作可以給他。凱金甚是欣賞歐斯卓夫斯基的厚臉皮，便開始雇用他負責跟監的工作。惟後來凱金的作法讓兩人之間產生了嫌隙，於是兩人便開始各奔東西。

隨著中東烤肉串一盤盤送上來，凱金開始解釋起自兩人最後一次合作之後，自己是如何一直有所突破。他提到有一家神神祕祕的新客戶進入了他的工作領域中，一家他沒有點名但會把工作外包給他的企業。他幹起了大事業。「我正在做的事情非常酷。」他說。「一些見不得光的事情。」新事業以外，他也改弦易轍採取了新方法、新風格，現在的他會把手伸向銀行紀錄跟未經授權的信用卡報告。他開始有門路可以取得某支手機的定位資料，藉此追蹤渾然不覺自己被跟蹤的目標。他說起了手機這個花招的成本有多高：正常處理得要好幾千塊美金，此外不懂得防人的目標可以便宜一點，神出鬼沒的傢伙則自然得貴一點。凱金說他已經把這一招用得很熟練，遇到家族成員互找的案子時非常方便。

歐斯卓夫斯基心想這個凱金還真是能唬爛，但他確實需要工作，而凱金也正好需要新血加入來滿足他的神祕新客戶。

在他們分道揚鑣前，歐斯卓夫斯基重新問起了追蹤電話的事情。「那樣不是犯法嗎？」他納悶了起來。

「呃……嗯。」凱金說。

在兩人不遠處一堵貼著磁磚的牆上，藍白相間的邪眼[1]就懸在一條線上。

1 地中海與中東地區傳統上用來避邪的護身飾物，造形為深淺藍白相間的同心圓。（編按：全書註解皆為譯者註。）

PART I
POISON VALLEY

◆

第一部
毒谷

第一章　錄音帶

「你說這明天不播是什麼意思？」我吐出的字句飄移在洛克斐勒廣場三十號四樓，人員慢慢撤離中的新聞編輯室裡，換句話說我人在最早是RCA[2]大樓，後來又當過一陣子奇異公司大樓的康卡斯特[3]大樓裡。電話線的另外一頭，我在NBC[4]的製作人李奇．麥克修（Rich McHugh）感覺像穿越回到了德勒斯登轟炸[5]的現場在講話，但其實那只是家裡有兩組小雙胞胎創造出的正常音場。「他們剛剛才來的電話，他們——別那樣，莉茲，玩具要跟大家分享——傑基，拜託不要咬她——老爸要講電話——」

「可是那是這系列裡最強的新聞了。」我說。「也許不是最棒的電視材料，但其做為基底的故事肯定是最扎實的——」

「他們叫我們把它移開，法卡克。」他還是沒能把最後一個音節的音發出來，完整的念法應該是**法卡克塔**[6]（麥克修老愛沒事**搭**一下意第緒語，但每一次都講得零零落落）。

要把調查專題剪成可以連續播出的系列，就像麥克修跟我正準備要推出的這種，需要相當的編排工夫。當中的每則新聞都有一定長度，都會連著幾天占據電視網不只一間剪輯室。這樣的系列說要改時段，可是一項大工程。「是要移到哪裡？」我問。

電話的另外一頭傳來悶悶的撞擊聲，然後是連珠炮似的好幾聲尖叫跟笑聲。「我得掛電話了。」

他說。

麥克修是電視圈的老屁股了，待過的公司包括福斯、MSNBC，還有就是他做了將近十年的《早安美國》（*Good Morning America*）節目。他挺著肚子、肩膀很寬，一頭薑黃色的頭髮，氣色相當紅潤，格子襯衫是他上班時的基本款。他這人有話不會藏著掖著，也不會拐彎抹角廢話一堆，在企業官僚那種以退為進的長篇大論裡當真是一股清流。「他看起來比較像種田的。」前一年把我們倆送作堆的新聞調查組組長如是說。「仔細一想，他說起話來也像個種田的，你們這對搭檔真的很不科學。」

「那你幹嘛把我們湊在一塊？」我好奇了起來。

「你們在一起對彼此都好。」他聳了聳肩說。

麥克修也曾狐疑地看著我。話說我不是很愛聊自己的家庭背景，但那對多數人而言也不是祕密：我母親是演員米亞·法羅（Mia Farrow），我父親是導演伍迪·艾倫（Woody Allen）。我的童年早就被各家小報報得鉅細靡遺，畢竟當年我父親先被我七歲的姊姊狄倫指控性騷擾，然後他又開始了跟我另外一個姊姊宋宜的性關係，最終還娶了她為妻。後來我以異常小的年紀念起大學，跟以國務院青年官員的身分前往阿富汗與巴基斯坦的時候，報紙頭條也登過幾天。二〇一三年，我開始了

2 Radio Corporation of America，美國無線電公司。
3 Comcast，美國通訊集團名。
4 National Broadcasting Company，國家廣播公司。
5 二戰期間由英國皇家空軍與美國陸航隊，對德國東部城市德勒斯登發動的大規模空襲。
6 Fakakta，意第緒語單字，意思是「爛透了，莫名其妙」。

跟NBC環球一紙四年的合約，其中第一年的工作是在該集團的有線電視新聞頻道MSNBC上主持一個中午的節目。我夢想著把那做成一個認真嚴肅、有幾分事實說幾分話的節目。到了最後，我也很自豪能在這麼艱困的時段，把一個預錄的調查性節目做起來。這節目從一開始的劣評如潮，慢慢贏得了一些掌聲，但收視群始終不大就是。也因為如此，這節目停播時並沒有掀起一絲波瀾；惟在那之後的許多年間，我會在應酬或派對上遇到話多的熟人跑來告訴我說他們曾經多愛那個節目，而且重播都還會天天捧場。「承蒙各位厚愛。」我會這麼跟他們說。

我後來轉到了NBC新聞網擔任起調查特派員，但就麥克修看來，我只是個毛都還沒長齊的年輕人，一個虛有其表、讓人看不順眼的星二代，而我之所以擔任這個職位，只是為了消化節目被腰斬之後的垃圾合約時間。照講我應該要在這時候回嗆一句彼此彼此，但我真的希望大家能喜歡我。

跟一個得到處跑的製作人一起工作，意味著我們會有很多機會在航班或租來的車裡待著。在我們頭幾次一起外出取材時，狀況往往是公路的欄杆在我們眼角餘光處不停地閃過，而在兩人之間則是沉默的鴻溝。又或者我會為了填空而一直講自己的事情，換來零星的悶哼訕笑。

但事實證明我們這個看似不對盤的組合，繳出了不錯的成績單。包括我在《今日秀》（*Today*）上的調查系列還有《夜間新聞》（*Nightly News*），都從我們這裡拿到了很值得一播的新聞，而這也讓我們不情願地相互敬重了起來。麥克修是我在新聞界中見過數一數二聰明的人，編輯起稿子是一把好手。而我們的共通點是都喜歡難做的新聞。

在跟麥克修講完電話後，我在新聞編輯室裡的某台電視上看著有線電視的頭條，然後給他發了一條訊息：「他們害怕性侵害的題材？」我跟麥克修被要求調時段的新聞是在講大專院校如何阻撓校內性侵案的調查。為此我們去訪問了受害人與遭指控的加害人，他們有時聲淚俱下，有時會藏在陰影中讓人看不清他們的長相。這種報導在其即將去報到的早上八點時段，會讓《今日秀》主持人麥特．勞爾（Matt Lauer）深深皺起眉頭，表達出誠摯的關心，然後鏡頭一轉就是名人護膚的專題與畫面。

麥克修回覆的訊息是：「是，他們怕新聞變成川普川普川普，然後性侵害。」

❖

當時是二〇一六年十月初，一個星期天的晚間，《華盛頓郵報》（*Washington Post*）剛在最近的星期五刊出了一篇文章，標題相對委婉地下成〈二〇〇五年，川普對女性發表的極度猥褻對話遭到錄音〉。那篇文章有一段搭配的影片，而且是那種你可以形容是「上班時不宜觀看」的影片。在一段被「星」聞節目《好萊塢探祕》（*Access Hollywood*）捕捉到的獨白當中，唐諾．川普（Donald Trump）高談闊論起了往女性的「下面那兒」抓下去。「我確實有試著要幹她。雖然她是有夫之婦。」川普說。「她現在含一對大假奶在內，該有的都有了。」

錄音中跟川普對話的人是比利．布希（Billy Bush），《好萊塢探祕》的主持人。布希是個個頭不高但有一頭秀髮的男人。你可以把他丟到隨便一個名人的身邊，他就會滔滔不絕地產出時而不知所云，時而讓人傻眼的星光大道失言。「妳對自己的屁屁有什麼感想？」他曾經這麼問過珍妮佛．羅培茲。而當這位拉丁天后面露藏不住的不悅，質疑他說「我沒聽錯吧？你剛剛真的問了我那個問題嗎？」，可開心了的他回答：「我還真問了！」

於是乎當川普搬出他的「豐功偉業」高談闊論，布希就在一旁嘰嘰喳喳地竊笑掠陣。「超帥！唐諾回本壘得分了。」

《好萊塢探祕》是NBC環球旗下的節目。在《華盛頓郵報》那篇報導在星期五問世之後，NBC的各平台也趕著將他們的版本給丟出來，其中《好萊塢探祕》播出的錄音帶，已經將布希一些比較辛辣的發言加以刪減。有些輿論質疑NBC高層是何時得知錄音帶的存在，又是否故意把新聞壓著不發出來。外流的證言呈現出不一樣的時間線。在撥給記者的「幕後」電話上，若干NBC高幹直說這則新聞還不具備發出去的條件，還有一些法律層面的問題需要考量（針對其中的一通電話，某《華盛頓郵報》撰稿的觀察切中了要害：「高層根本不覺得播出某總統候選人在十一年前說過的話，會產生任何明確的法律問題，畢竟當事人顯然知道自己正在被電視節目錄音。」）兩名NBC環球的律師金·哈利斯（Kim Harris）與蘇珊·維納（Susan Weiner）曾經試聽過錄音的內容，也簽結了表示播出並無不妥，但NBC還是裹足不前，代價就是錯失了美國一個世代以來極具爆點的一條選舉新聞。

另外一個問題是：《今日秀》才剛延攬比利·布希進入其主持陣容中。事實上不到兩個月前，節目才特別播出了《見過比利》的影片，裡頭甚至有他在電視上用蜜蠟除胸毛的畫面。

幾星期以來，麥克修跟我都一直在針對這個系列的內容，進行編輯與法律上的確認。但我一開始在社群媒體上宣傳這個系列時，麻煩就立刻浮現出來了。「來看#比利布希道歉，然後不要轉台，接著看#羅南法羅向比利解釋這歉為什麼非道不可。」一名網友在推特上如是說。

「所以他們**當然**要把性侵害的專題調開。」我隔一小時傳了這簡訊給麥克修。「比利·布希要為了抓下面的鹹濕對話道歉的時間，肯定就在我們的時段旁邊。」

結果比利·布希那天並沒有道歉。隔天早上，就在我於1A攝影棚旁的廂房裡邊等邊改稿時，《今日秀》主持人莎凡納·葛瑟里（Savannah Guthrie）做出了如下的宣布：「在得以進一步審視這次的事件之前，NBC新聞已考量到比利．布希在唐諾．川普對話中的角色，先行暫停了他擔任《今日秀》第三小時主持人的工作。」然後節目就繼續往前走，也從低迷的氣氛往「上」，像添加了咖啡因般可以醒腦的笑話也紛紛出籠——這之後自然是我以興奮劑阿得拉（Adderall）在大學校園中遭濫用的報導會臨時被抓來，要替被抽掉的性侵害專題代打。

❖

在《好萊塢探祕》爆出川普錄音帶之前的許多年間，我們看過對天才老爹比爾．寇斯比（Bill Cosby）的性侵害指控再起。二〇一六年七月，前福斯新聞網幕前的一員，葛莉琛．卡爾森（Gretchen Carlson）對老東家的羅傑．艾爾斯（Roger Ailes），也就是福斯新聞網的頭頭，提出了性騷擾的訴訟。在川普錄音帶被公諸於世後不久，在至少十五個城市川普名下的大樓，女性們發動了靜坐與遊行，期間呼喊著訴求解放的口號，手舉著用女性下體的英文pussy進行雙關的標語，上頭畫著的意象是pussy的另外一個意思——貓咪，而且還是哈著氣或弓著背的貓咪，旁邊用顯眼的文字寫著「貓咪要抓回去」。四名女性公開宣稱川普曾經在未經她們許可下摸了她們或者吻了她們，就像川普向比利．布希形容的那般家常便飯。對此，川普的競選團隊只嗤之以鼻地說這些人是在編故事。新聞評論員莉茲．普蘭克（Liz Plank）捧紅了一個主題標記，因為她說她想知道為什麼#女性不通報（#WomenDontReport）。「一名（女性的）刑事訴訟律師說因為我在電影裡演過床戲，所以我跟製片廠的老闆打官司絕對不可能贏。」女演員蘿絲．麥高文（Rose McGowan）在推特上說。「因為這在好萊塢／媒體一直是公開的祕密，以及他們一邊羞辱我，一邊把性侵我的人捧上天。」她補了一句。「這世上他媽的該有人說點實話了吧。」

第二章　咬人

自世上蓋起第一批製片廠以來，就少有電影製片方的傾天權勢，或者應該說跋扈囂張，可以跟麥高文口中的那人一較高下。哈維．溫斯坦[7]與人共同創辦了從事電影製片與發行的米拉麥克斯公司（Miramax）與溫斯坦影業，為《性、謊言、錄影帶》（*Sex, Lies, and Videotape*）、《黑色追緝令》（*Pulp Fiction*）與《莎翁情史》（*Shakespeare*）等獨立電影的創新模式盡一份心力。他製作的電影曾獲得逾三百次的奧斯卡金像獎提名，而每年的各式頒獎典禮上，他被得獎者感謝的次數絕對在電影史上名列前茅，合理估計只輸史蒂芬．史匹柏，而且樂勝上帝好幾名。事實上有時候，他跟神的距離並沒有想像中的大：梅莉史翠普曾開玩笑說過溫斯坦就是神。

溫斯坦有六英尺高，很魁武的一個人。他的臉不是很對稱，有點歪一邊，其中一隻眼睛小到像是永遠在瞇眼。他經常在要掉要掉的牛仔褲上，穿著超大尺寸的T恤，而這也讓他的輪廓感覺很膨風。身為鑽石切割師傅的孩子，溫斯坦從小在紐約的皇后區長大。青少年時的他曾跟弟弟鮑伯溜去一間藝術電影院看《四百擊》（*The 400 Blows*），因為他們以為可以看到一部類A片。雖然《四百擊》沒有如溫斯坦與鮑伯所願，但他們卻因此邂逅了大導演楚浮，兩人對藝術電影的愛也開始在心田裡發芽。

後來溫斯坦選擇進入在水牛城的紐約州立大學就讀，其中一個原因就是水牛城有為數眾多的電影院。十八歲那年，他跟一個叫柯基．伯格（Corky Burger）的朋友替學生報紙《光譜報》（*Spectrum*）製作了一個專欄，當中有一個被他們稱為「騙子丹尼」的角色會嚇唬女子聽他們的指示。「『騙子丹尼』不接受不這種答案。」專欄文章裡寫道。「他的整套策略就是命令心理學，或是用一般人能理解的話來說——『聽著寶貝，像我這麼帥又這麼風趣的人，你要去哪兒找——要是你還是不願意跟我跳舞，那或許就是逼著我用這瓶施密特啤酒往你的腦袋上砸。』」

溫斯坦後來從大學輟學，跑去跟弟弟鮑伯與伯格一起創業。一開始他們打著哈維與柯基製片廠（Harvey and Corky Productions）的旗號，專門從事演唱會的宣傳。但同時間在公司於水牛城購入的一間戲院裡，溫斯坦也會放映他慢慢愛上的獨立電影與外國電影。最終他與胞弟鮑伯．溫斯坦共同創立了以他們雙親米莉安（Miriam）與麥克斯（Max）命名的米拉麥克斯，並開始購買國外的小片。此舉讓溫斯坦展現出了把電影炒作成事件的天分。他們開始得起了獎來，比方說《性、謊言、錄影帶》就意外在坎城影展拿到了金棕櫚獎。在一九九〇年代初期，迪士尼收購了米拉麥克斯。這之後的十年，溫斯坦過的是金雞母下金蛋，他負責撿金蛋的日子。到了二〇〇〇年代，當米拉麥克斯與迪士尼的關係生變後，兄弟檔便開了間新公司，也就是溫斯坦影業，他們很快就籌得了數億美元的資金。溫斯坦並沒有隨即重返榮耀，但也至少連續在二〇一〇與二〇一一年，分別以《王者之聲：宣戰時刻》（*The King's Speech*）跟《大藝術家》（*The Artist*）連莊了奧斯卡最佳影片獎。在事業蒸蒸日上的期間，他先跟自己的助理結婚、離婚，然後又迎娶了一名他開始為其安插小角色的新進女演員。

7 Weinstein的英文發音，在中文音譯上較接近溫斯丁，但溫斯坦已是坊間約定俗成的譯法，故依之。

業界都知道的是溫斯坦做起生意來就像個惡霸，甚至會搞威脅人那一套，就像有些昆蟲會用誇張的體色或姿態來虛張聲勢，也像河豚會鼓起身體來嚇唬人。他會咄咄逼人到臉紅脖子粗，把臉頂到對手或下屬跟後輩的鼻頭前。「我有天就坐在自己的桌子前面，然後突然感覺天搖地動，就好像地震了似的。」跟溫斯坦一起因為製作出《莎翁情史》而拿到奧斯卡金像獎的唐娜．吉格利奧提（Donna Gigliotti）曾這麼告訴過記者。「牆壁在晃，我站了起來，後來我才知道他摔了個大理石的菸灰缸在牆上。」然後還有一些多半是耳耳相傳的故事，說的是他會對女人施暴，然後事後會設法讓受害者閉嘴的黑暗面。每隔幾年，就會有某個記者察覺到相關傳言，進而去到處打聽這些說法究竟是空穴來風，還是無風不起浪，看是否能順藤摸瓜挖掘出真相。

❖

對溫斯坦而言，二〇一六年總統大選前的幾個月，生活一如以往在常軌上運行。一會兒，他在前紐約市警察局長威廉．J．布萊頓（William J. Bratton）的雞尾酒會上活躍；一會兒，又跟Jay-Z[8]有說有笑，宣布要跟這名饒舌歌手在大小螢幕上合作；又一會兒，在跟他常年為其擔任募款大將的民主黨政治人物深化經營許久的關係。一整年下來，他都是希拉蕊．柯林頓身邊智囊團的一員。「我要說的事情你可能已經知道，但這些聲音必須要被壓下來。」他在給柯林頓幕僚的電郵裡講到了敵對的伯尼．桑德斯（Bernie Sanders）陣營正在對拉丁裔跟非裔的美國選民展開訴求。「這裡有篇文章涵蓋了我昨天跟你討論過的所有東西。」他在另外一封電郵裡附上了一篇批評桑德斯的專欄，然後要求啟動負面選戰。「正要轉寄一些創意給你看。你的建議收到了，已經進行中。」柯林頓陣營的選戰經理如此回應。到了二〇一六年底，溫斯坦已經替柯林頓陣營募得了數十萬美金。

十月麥高文的推特發文後幾天，溫斯坦人來到紐約市的聖詹姆斯戲院參加一場他協力為柯林頓舉辦的豪華募款餐會，而這又為希拉蕊的競選金庫多添了兩百萬美元。創作歌手莎拉．芭瑞黎斯（Sara Bareilles）沐浴在紫色光線中坐著獻唱：「你一路以來的沉默不會帶給你任何好處／你妄想會嗎？／永遠別讓你的話語空虛／你為何不把真相說給他們聽聽？」——這歌詞唱得直白到難以置信，但這真的就是當時發生的事情。

在這之前的幾年，溫斯坦的影響力已經稍微走下坡，但仍足以讓上流菁英在公開場合對他迎以熱臉。隨著最新的頒獎典禮季節在那年秋天展開，《好萊塢記者》（*Hollywood Reporter*）雜誌的一名影評史提芬．加洛威（Stephen Galloway）發表了一篇專文的標題是：〈哈維．溫斯坦，那個東山再起的男人〉，副標則是「太多理由讓人應該為他加油，此時此刻尤其該這麼做」。

❖

大約在同一個時間，溫斯坦發了一封電郵給他多位律師，當中包括大名鼎鼎的大衛．波伊斯（David Boies）。在二〇〇〇年美國總統大選時的爭議中，波伊斯曾為只以些許票數敗下陣來的民主黨候選人高爾（Al Gore）代辯，也曾經在美國最高法院前爭取過婚姻平權。擔任溫斯坦律師多年的波伊斯此時年近八旬，但身材並沒有發福變形，臉也隨著歲月過去而愈來愈顯得和藹可親。「以色列的黑立方集團（Black Cube Group）透過埃胡德．巴拉克（Ehud Barak）跟我接觸。」溫斯坦寫道。「他們是搞策略的，然後說你的公司雇用了他們。有空時用Gmail回我一下。」

---

8 出身紐約布魯克林的黑人饒舌歌手兼音樂製作人、企業家。

巴拉克當過以色列的內閣總理跟以軍的參謀總長，而他推薦給溫斯坦的黑立方公司則集合了以色列情報局摩薩德（Mossad）與其他特務機構的退役軍官。在這些前情報員的經營下，黑立方在特拉維夫、倫敦與巴黎都有分支，而根據其書面文宣，黑立方能提供給客戶的是「在以色列軍方與政府的菁英情報單位中，累積大量經驗與訓練」的專業幹員。

當月稍晚，波伊斯的公司與黑立方簽署了一份密約，之後波伊斯的同僚便先匯了十萬美元的金額做為初期的費用。圍繞著雙方合作的文件當中，溫斯坦的身分往往被隱藏起來，只被稱呼為「終端客戶」或「X先生」。按照一名黑立方幹員筆下所寫，直呼溫斯坦的名諱「會讓他非常生氣」。

溫斯坦看似對黑立方的加入感到十分興奮。在十一月底的一個會議，他催促著黑立方要加緊進行工作。更多錢被匯了過去，而黑立方也積極啟動兩項分別被稱為「二A階段」與「二B階段」的行動。

❖

不久後，一名叫做班・華萊斯（Ben Wallace）的記者接到一通顯示英國國碼但號碼他並沒有印象的電話。華萊斯年近五十，戴著富有專業風格的細框眼鏡，幾年前出版過一本《百萬紅酒傳奇》（*The Billionaire's Vinegar*）。較近期的他則在替《紐約》（*New York*）雜誌撰稿，幾個禮拜的時間都在訪談圍繞著溫斯坦傳言的人物。

「你可以叫我安娜。」電話另一頭的聲音用溫文爾雅的歐洲口音說。大學畢業後，華萊斯曾經旅居過捷克共和國與匈牙利幾年，由此他對口音的辨別還算有自信。但這個安娜的聲音他實在沒有頭緒。他猜她可能是德國人。

「我從一個朋友處拿到你的電話號碼。」女子解釋說她知道華萊斯在追一條跟娛樂圈有關的新聞。華萊斯開始在腦中搜尋誰會是這個介紹人，知道他在查溫斯坦的人並不算多。

「我這裡可能有些你可以用得上的東西。」她接著說。當華萊斯轉而追問起更多資訊時，女子害羞了起來。她握有的資訊相當敏感，她說。她必須要跟華萊斯見上一面。對這要求他遲疑了一下，然後他想，見一面也不會少塊肉吧？何況他的調查工作也確實遇到了一些瓶頸，也許這女子就是他在找的突破。

隔天星期一早上，人坐在蘇活區一間咖啡店裡的華萊斯打量起眼前這個神祕的女人。她看起來大約三十五上下，留著金色長髮，黑眼睛、高顴骨，還有個高挺的鷹勾鼻。她身上穿著Converse經典的查克．泰勒[9]款帆布鞋跟金色的珠寶。安娜說她還不太想提供真名，看來有如驚弓之鳥的她還在掙扎要不要全盤托出。這在華萊斯跟其他消息來源交手的經驗中，是很常看見的狀況。他於是要對方不要急，慢慢來。

不久之後的第二次見面，女子選擇了在同一帶的一間飯店酒吧。華萊斯到場時，她頗為主動向他露出了笑容，甚至帶有一點魅惑。她已經先行點好了一杯葡萄酒。「我不咬人的。」她拍了拍身邊的座位。「來，坐我旁邊。」華萊斯說自己有點感冒，於是點了杯茶。他表示在他們能夠合作之前，他得先知道更多的事情，但這話卻讓安娜崩潰了。她的臉在痛苦中扭曲了起來。她似乎忍住了眼淚，然後開始描述起自己與溫斯坦互動的經驗。關於她經歷過某些私密而令人不快的事情，這點應該無庸置疑，但在細節上她顯得支吾其詞。她表示想先多了解華萊斯一點，才願意針對華萊斯的問

9 Chuck Taylor，美國知名籃球選手，後來賣起了球鞋，Converse的查克．泰勒全明星款帆布鞋是他的代表作。

題知無不言。她問起是什麼讓華萊斯有動力去接下這條新聞，也好奇他欲達成什麼樣的影響。他一邊回答，安娜也一邊縮短兩人間的距離，且不避諱地把手腕朝他伸去。

對華萊斯而言，調查這則新聞慢慢變成了一種怪誕且充滿緊張感的體驗。外來的雜音開始浮現，就好像外界突然對這事件產生了興趣，而這讓他一整個不習慣。記者同業開始找上門來，包括有一個替《衛報》（*Guardian*）寫過文章的英國人賽斯．費里德曼（Seth Freedman）也在短時間內與他接洽，表示自己聽說了華萊斯在調查某件事的傳聞，希望能助他一臂之力。

第三章　醜事

二〇一六年十一月的第一個星期，也就是選前倒數一周，《國家詢問報》（*National Enquirer*）的總編輯狄倫．霍華（Dylan Howard）交辦一名手下一項反常的任務。「把保險箱的東西全部搬出來。」他說。「然後我們得搬一台碎紙機過來。」霍華來自澳洲東南部，一張圓臉上冒著一簇巨魔娃娃[10]的薑黃色爆炸頭，鼻梁上戴著哈利波特式的圓框眼鏡，外加一條很鬧的領帶。那天的他顯得十分驚慌。《華爾街日報》（*Wall Street Journal*）剛來了通電話，想針對一條牽涉到霍華與母公司美國媒體公司（American Media Inc.）執行長大衛．佩克（David Pecker）的報導，徵詢《國家詢問報》的意見。那則報導指控美國媒體公司應唐諾．川普的要求，接下了一件十分敏感的委託，為此《詢問報》追蹤起一條線索，但目的不是要將查到的事情公諸於世，反而是要讓其從世界上消失。

那名員工打開了保險箱，取出了一組文件，然後開始七手八腳地要把保險箱關回去。日後記者們提及這個保險箱，都說得好像它是印第安那瓊斯電影裡用來存放法櫃[11]的倉庫一樣，但這保險箱其實又小又廉價，還很老舊。這玩意兒長年端坐在資深執行編輯貝瑞．勒文（Barry Levine）的一間辦

10 Troll Doll，丹麥人湯馬斯．達姆（Thomas Dam）創作的玩偶。
11 Ark of the Covenant，以色列人用來存放與上帝的契約，也就是十誡泥板的容器。

公室裡，而且辦公室門動不動就會卡住。

該名職員試了好幾回，還用iPhone的FaceTime功能跟自己的另一半進行了視訊，好不容易得到了要領把保險箱關回去。當天稍晚，一名《詢問報》的職員說有組垃圾回收人員搬走了量比起平日要大上許多的廢棄物。原本在保險箱裡一份涉及川普的文件，外加《詢問報》手中的其他資料，都被碎紙機切成了一條一條。

二〇一六年六月，霍華針對幾十年來囤積在美國媒體公司檔案庫裡的川普醜事，編纂出一張明細。大選結束後，川普的律師麥可．柯翰（Michael Cohen）要求該小報帝國交出他們手中對新總統不利的資料。此時報社內部出現了爭論：有人開始意會到把所有東西交出去，會創造出一個在法律上有可能出現問題的文書路徑，因此十分抗拒。儘管如此，霍華與資深的幹部還是下令讓還沒有放進小保險箱的報導資料，從佛羅里達[12]的塑膠收納箱裡被挖出來，送到美國媒體公司的紐約總部。一開始，送達總部的資料被放在一個小保險箱裡，然後隨著《詢問報》與總統間的關係在政壇炒得火燙，資料被轉移到一個人力資源主管丹尼爾．羅茲坦（Daniel Rotstein）辦公室裡的大保險箱中（一名熟習內情者很驚訝似地大笑說：《詢問報》母公司的人力資源處原來不在脫衣酒吧裡啊！）。後來是等到有個覺得不對勁的員工因為不安跑去檢查，大家才發現有東西不見了：川普的醜事清單跟實際上有的檔案對不起來，有些資料不見了。霍華開始對同仁發誓說沒有東西被毀，而這說法他也一直堅持到今天。

從某個角度來看，銷毀文件也滿符合《詢問報》與其母公司長年秉持的行為下限。「我們每天都走在違法的邊緣。」一名美國媒體公司的資深員工告訴我。「感覺非常刺激。」非法取得病歷是他們一種老招。舉凡大醫院，都是《詢問報》在當中培養暗樁的目標。一名這樣的醫院臥底曾摸走過小甜甜布蘭妮、法拉・佛西（Farah Fawcett）[13]等人在加州大學洛杉磯分校（UCLA）醫學中心的就診紀錄，而這人最後也在重罪的指控下坦承不諱。

美國媒體公司很愛用一種員工間人盡皆知的「勒索」手段——他們會把不利於某人的資訊掐在手中威脅要出版，交換對方提供密報或獨家消息。甚至他們內部還口耳相傳著該公司更黑暗的一面，包括公司建立了「承包商」的網路。為了避免引人矚目，他們時不時會精心設計難以追查的管道來付款給這些不肖記者，由這些人用涉及暴力或侵害隱私的手段去取得祕辛。

但從另外一個角度看，美國媒體公司在曼哈頓金融區的總部似乎也有在與時俱進。佩克跟川普是幾十年的舊識了。二〇一六年選後，有名記者曾對佩克說過外界對川普的批評，不等於對美國媒體公司的批評，而他回答說：「對我來說，批川普就是批評這家公司，因為川普是跟我有私交的朋友。」多年來，這兩人之間存在著一種合則兩利的結盟關係。佩克做為一個頭髮灰白，留著濃密八字鬍的布朗克斯（Bronx）前會計師，可以從與川普的交往中接近權力核心且拿到川普給予的許多好處。「佩克可以搭他的私人飛機。」說這話的是從二〇〇二到二〇一二年斷斷續續在美國媒體公司任職的麥克馨・佩吉（Maxine Page），期間她曾經在該公司的一個網站上擔任執行編輯。獲得川普庇蔭的除了佩克，也包括霍華。在二〇一七年的總統就職典禮前夕，他就迫不及待地傳了訊息給朋友與同事，裡頭盡是他得以提早加入慶祝活動的照片。

如果說佩克與霍華從川普那兒得到的好處比較是虛榮，那川普從這種關係中得到的東西就不是

---

12 美國媒體集團在二〇一四年將《國家詢問報》從佛羅里達遷回到了老家紐約。

13 美國七〇年代的性感偶像，代表作是電視影集《霹靂嬌娃》。

那麼可有可無了。另一名前編輯傑瑞・喬治（Jerry George）估計佩克可能替川普擋下了十筆內容完整的報導，至於沒讓追下去而胎死腹中的線索，更絕對不只這個數字，畢竟喬治可是在《詢問報》幹了二十八年。

隨著川普開始加大競選力道，雙方的結盟也開始有了更上一層樓的跡象。突然之間，《詢問報》公開為川普背起書來，而含《詢問報》在內，美國媒體公司旗下的各家媒體也開始猛幫川普洗白。「惹龍惹虎不要惹到川普！」是《詢問報》的姊妹報《環球報》（*Globe*）某一期的標題，而同期的《詢問報》則呼應說「看看川普怎麼贏！」當《詢問報》盤點起「眾家候選人的扭曲祕密！」時，川普被爆的料是：「比起他嘴上所承認的部分，他享有的支持與人氣其實還要更高！」希拉蕊・柯林頓背叛美國的傳言與低迷的健康成了這些小報在封面嘶吼的主軸。「有反社會人格的希拉蕊・柯林頓，祕密精神檔案大曝光！」「希拉蕊：腐敗！種族歧視！犯罪者！」這些標題下得語不驚人死不休，不用錢的驚嘆號讓標題給人一種小成本音樂劇劇名的錯覺。而在上述主線以外，一個很受歡迎的標題支線就是柯林頓命不久矣（她奇蹟似地在小報的連發預後下，一路如風中殘燭般撐完整場選戰）。就在選民要前往投票所投票的前夕，霍華都還讓同事準備一疊待用的封面，好讓佩克有東西拿去給川普挑選。

在選戰過程中，川普的隊友包括麥可・柯翰在內，都會打電話給佩克與霍華。一系列的封面在另一名川普幕僚，政治顧問羅傑・史東（Roger Stone）的安插下，把川普在共和黨初選中的一名主要對手，泰德・克魯茲（Ted Cruz），當成了活靶。這些封面像連續劇似地講述了一則瘋狂的陰謀論，繪聲繪影地指控克魯茲的父親與甘迺迪遇刺脫不了干係。霍華甚至接觸了亞力克斯・瓊斯（Alex Jones）這名以各種陰謀論拉抬川普聲勢的瘋狂廣播人，後來霍華更直接上了瓊斯的節目暢談。另外有的時候，美國媒體公司的職員會不只被告知要替公司把關，把不利於高層青睞的候選人負面傳言拿掉，而且還要主動去搜尋這些資訊，然後將之牢牢鎖進公司的庫房。「這真他媽的太亂來了，」一名職員後來告訴我，「簡直把公司搞得像《真理報》[14]似的。」

❖

川普並非霍華與佩克唯一狼狽為奸的對象。二〇一五年，美國媒體公司與哈維．溫斯坦敲定了製作合約。名目上，這合約讓流通量不斷下滑的美國媒體公司獲得授權，可以以八卦網站「雷達線上」（Radar Online）為基礎去開一個電視節目。但這宗合作還有另外一個在檯面下的面向，同一年，霍華與溫斯坦開始過從甚密。遇到有一名模特兒去報警說溫斯坦摸了她，霍華就指示手下不准報導——然後隔了段時間，再跑去徵詢買斷模特兒故事版權的可能性，希望用錢來交換她簽署一份保密協定。遇到好萊塢女星艾胥莉．賈德（Ashley Judd）指控有一名片廠高層性侵過她，言談中呼之欲出但又沒有直接點名是溫斯坦，美國媒體公司指示旗下記者去挖掘艾胥莉住過療養院的負面新聞；當麥高文的指控浮上檯面後，霍華的一名同事記得他是這麼說的：「我要知道那婊子幹過的醜事。」

二〇一六年年尾，美國媒體公司與溫斯坦的合作進一步深化。在一封電郵中，霍華很自豪地轉傳了該公司一名外包記者的最新「傑作」：一段祕密錄音，內容是一名女子被該名外包人員哄騙成功後，做出了對麥高文不利的發言。「我拿到了非常**了不得**的東西。」霍華在電郵中寫道。他說那女人

14 *Pravda*，前蘇聯的黨報。

「狠狠把蘿絲刮了一頓。」

「這是一刀斃命的東西。」溫斯坦答道。「尤其若這東西沒經過我手的話，殺傷力又更強。」

「你放心，這東西上頭沒有你的指紋。」霍華寫道。「而且這段對話——我偷偷告訴你——已經被**錄**起來了。」在另外一封電郵中，霍華附上了一張清單，上頭是另一批被鎖定要以同樣方式接觸的標的。「我們來一個個討論下一步要怎麼走吧。」他在信裡寫道。

《國家詢問報》是一條化身小報的下水道，是美國最不堪入目的八卦的最終流向。一旦有位高權重的朋友要求美國媒體公司把新聞放棄掉或掩蓋掉，這些真相的歸宿就會是《國家詢問報》的檔案庫，成為某些報社同仁口中的「待宰檔案」。隨著他與溫斯坦的合作程度日漸加深，霍華也持續有在檢視這批歷史檔案。像那年秋天的某天，同仁們就回憶說霍華曾要求特別抽出一個檔案，一個關係到某電視網主播的檔案。

第四章　按鍵

麥特・勞爾以他習慣的方式翹著二郎腿：右膝壓在左膝上，身體微微前傾，好讓他的右手可以抓在同一邊的小腿上。即便是在閒談，他看起來也像隨時準備好進廣告一樣。我試過在電視上模仿他輕鬆但不放鬆的坐姿，但東施效顰的結果是讓自己看起來像是瑜珈的新手。

這時是二〇一六年的十二月。我們人在洛克斐勒廣場三十號三樓，勞爾的辦公室裡。他坐在他表面是玻璃的辦公桌後面，而我則坐在他對面的沙發上。在架子上與矮櫃上，艾美獎顯得存在感十足。勞爾從西維吉尼亞州的地方電視幹起，一路走到今天，儼然已是電視網裡極具分量與人氣的成員。NBC除了每年付他超過兩千萬美金，在他於紐約漢普頓豪宅區的家跟公司之間，還每天用直升機接送。

「這真的是好東西。」勞爾說起了我許多調查案件中的其中一條。他把頭剃得非常短，這很適合他，同時留起了黑白相間的一撮撮鬍鬚，這就沒那麼適合他了。「那座輻射外洩的核電廠，在哪兒來著——」

「華盛頓州。」我說。

「華盛頓州，沒錯。還有政府裡那個緊張到噴汗的可憐蟲。」他大搖其頭地呵呵笑了出來。

那則新聞是在講美國政府把曼哈頓計畫留下的核廢料，埋在漢福特核能設施裡，而且量相當於好幾座奧運規格泳池的容積。工人在裡頭被核廢料噴濺到的頻率高得嚇人。

「我們就需要節目裡多一點這樣的東西。」他說。我們聊到很多他對於嚴肅的調查報導有多強的信念。「在現場非常好操作，而且收視率會進來。」他接著說。「你接著有什麼作品會出來？」

我瞄了眼自己帶來的一疊資料。「有一則是在講陶氏化學跟殼牌石油用有毒的化學物質污染了加州的農地。」勞爾點頭表示有在聽，然後一邊戴上粗框眼鏡，一邊轉身看向他的電腦螢幕。眼鏡鏡片的反射顯示他在收電郵。「還有個系列是在講毒癮，有一則是在講貨運車輛安全改革遭到遊說團體的阻擋。」我接著說。「還有一則是關於好萊塢的性騷擾。」

他的視線突然轉回到我身上，但我不確定是哪則新聞引起他的注意。

「性騷擾是好萊塢臥底報導中的其中一則。」我說「同系列還會有戀童癖、種族歧視與其他騷擾等主題……」

勞爾穿著筆挺的訂製格紋西裝，打著一條條紋海軍領帶。他往下順了順領帶，然後重新注意到我。「這些聽起來很棒。」他用眼神打量起我。「你對幾年後的自己有什麼期許？」他問了一句。

MSNBC把我的有線台節目安樂死，已經是快兩年前的事了。「羅南．法羅從主播台被下放到小隔間」，是《第六頁》（*Page Six*）這份報紙不久前的頭條。原來我在辦公室的位子好死不死，正好出現在MSNBC日間新聞的背景裡。你可以看到我在坦姆蓉．霍爾（Tamron Hall）的背後敲鍵盤，或是在阿里．維爾西（Ali Velshi）的身後接電話。對於能為《今日秀》盡一己之力，我感到非常榮幸，但我也掙扎著想找到自己的利基。我考慮過了各方面的可能性，包括廣播。那年秋天，我接洽了天狼星衛星廣播公司（Sirius XM Satellite Radio）。梅莉莎．婁納（Melissa Lonner）做為天狼星的一名副總，是幾年前離職的《今日秀》老員工。為了能聽起來正面一點，我對梅莉莎說沒差，因為我覺得反正比起有線電視，《今日秀》是對調查報導來說一個比較理想的平台。「是啊。」婁納笑得有點緊繃。「我很懷念在那裡工作。」但實情是我感覺前途茫茫，勞爾給我的機會對我意義重大。

我想了想他的問題跟自己的未來，然後說了句：「我希望某一天能回歸主播台。」

「我懂，我懂。」他說。「那是你以為你想要的東西。」我開了口想說話，但被他中途截斷。「你在尋找著什麼。」他脫下了眼鏡端詳起來。「也許你能找到，但你得靠自己去思考出你的目標。你真正在乎的是什麼，只有你自己知道。」他露出了微笑。「你對下禮拜感到興奮嗎？」

我預定要在他跟其他主播去度聖誕節假期的時候代班。

「非常興奮！」我說。

「別忘了你是現場的新人。互動是重中之重。在你要帶進橘室的標籤上寫好備用的話題。」橘室，是《今日秀》出於某種原因，會在那兒播出一張張臉書貼文的地方。「讓稿子多一點個人色彩。以我來說，我會提到自己的孩子。這種感覺你抓一下。」我抄下了一些筆記，謝過他，然後起身準備離開。

就在我來到門口時，他苦著張臉說，「別讓我們失望，我們會看你表現喔。」

「要幫你把門帶上嗎？」我問。

「我來就好。」他說完這話按下了書桌上的一個按鈕，門便自顧自地關上了。

❖

不久之後，我寄了一份〈青少年的腦：神經學者給家中有青春期或青年人孩子的親職求生指南〉

到勞爾位於漢普頓的豪宅家中。正式播出的時候，我認真遵照了他的指示。我站在《今日秀》節目的廣場上，散播著過節的歡樂氣氛，同時呼吸在我面前凝結成霧氣；我跟其他的代打主持人一起坐在1A攝影棚裡的半圓形沙發上，不斷做著開場跟結尾，並且東施效顰地抓著自己的小腿，很成功地讓美國人知道我學麥特．勞爾學得有多爛。

有天早上，我們在節目的最後，播出了前一年的漏網鏡頭與烏龍畫面。我們都已經看過那段影片了：之前已經播過一遍，然後在節目所辦不分宗教信仰的派對上也播了一遍。所以這天早上當影帶開始播放，攝影棚燈光暗下來之後，大部分的同仁或者鳥獸散，或者開始滑起手機。只有一名資深員工還聚精會神地在螢幕前面堅守崗位。她是我見過工作數一數二拚命的電視人，也難怪可以從地方新聞一路爬到她那天的位子。

「辛苦你了。」我說。「得重複看這東西這麼些遍。」「一點也不會。」她用嘴巴回答我，但眼睛完全沒動。「我做得很開心。這份工作對我來說是美夢成真。」她熱淚盈眶的模樣讓我十分震撼。

❖

在與麥特．勞爾談過話的幾個禮拜後，我來到NBC新聞網的行政套房一角坐著，此時與我面對面的是執掌整個《今日秀》的長官諾亞．歐本海姆（Noah Oppenheim）。那天從他位於角落的辦公室望出去，洛克斐勒廣場的景色被霧氣與綿綿細雨所遮擋。我身邊一左一右分別是麥克修與傑基．勒凡（Jackie Levin），其中傑基就是接下來要監督我們下一檔迷你調查系列的資深製作人。至於這個下一檔，就是我跟勞爾提到過，潛入好萊塢調查系列。「所以，你們手上有什麼東西？」歐本海姆往沙發上一倒，而我則預備要在他面前更新進度。

歐本海姆跟勞爾一樣，都支持硬碰硬的新聞。在被欽點要主掌《今日秀》之初，他連桌子都還沒有就先跑來找我，然後告訴我說《今日秀》的長官很多，但我只對他一個人負責就好。他增加了我上《今日秀》的頻率，也總是對我野心愈來愈大的調查企畫開綠燈。當ＭＳＮＢＣ的《羅南日日秀》（*Ronan Farrow Daily*）被砍，我變成只能表演**羅南日蝕秀**（*Ronan Farrow Rarely*）之後，也是他出手讓我能留在新聞網裡繼續《今日秀》的系列報導。歐本海姆當時正奔四，有著和藹帶點孩子氣的五官，加上似乎永遠振作不起來的肢體語言。你會覺得他永遠在等你靠過去，而不會自己靠過來。他有一種我欠缺而羨慕的特質，那就是他慵懶、自在、不知激動為何物。會抽大麻的他有雙小鹿斑比的明亮眼睛，生來有付你怎麼也無法使之變硬的醇厚個性。我們都笑過他在正嗨的時候點了整套泰國菜的外帶菜單，也曾打算要找一天留宿在公司裡，跟他共享食用大麻。

歐本海姆人很聰明，而且是常春藤盟校出身，血統純正。早在二〇〇〇年的總統大選時，ＭＳＮＢＣ的克里斯．馬修斯（Chris Matthews），跟他後來執掌這整個有線頻道的執行製作人菲爾．葛瑞芬（Phil Griffin），在從新罕布夏州回到紐約的通勤途中遭遇了大風雪，只好在哈佛停留一陣。那天晚上，葛瑞芬跟一名同事發現歐本海姆這個替《哈佛緋紅》（*Harvard Crimson*）寫文章的四年級學生醉倒在角落，結果最終他們給了歐本海姆一個上電視的機會。「他們來到哈佛廣場，開始在酒吧裡跟一些大學部的女生聊天。」歐本海姆後來告訴一名記者。「他們跟著那些女生來到一個深夜的派對，地點在校刊大樓，而他們其中一人便撿起了份報紙，讀起一篇由我執筆，分析總統大選的文章。」

那次的機緣巧合，讓歐本海姆從一個保守派的紙上名嘴，變成了ＭＳＮＢＣ的製播人員，後來更讓他在《今日秀》擔任起資深製作人。但他的志向一直都不止於此。他與人合作寫成了一系列勵志書，名為《知識的365堂課》（*The Intellectual Devotional*，書封上寫著：「想讓朋友對你刮目相看，那你就要能娓娓道來柏拉圖的洞穴比喻；要讓自己在雞尾酒會上妙趣橫生，那你就要懂得在對話裡加入歌劇的術語。」），還自豪說史蒂芬・史匹柏曾經拿這套書當成節日禮物送人，「這讓我們死也無憾了。」二〇〇八年，他揮別了NBC電視網，舉家遷往聖塔莫尼卡去追求好萊塢職涯。論及新聞工作，他說：「我在二字頭的歲月裡，享受了一段很美好的新聞工作經歷，但我一直對電影行業有一份愛。我愛電影，還有戲劇。」他短暫為媒體接班人伊莉莎白・梅鐸（Elisabeth Murdoch）的電視實境秀帝國工作了一段時間，然後轉去寫起了電影腳本。「我做了那個，」他說起實境秀，「卻沒有找到內心的平靜，因為那依舊沒能讓我擁抱我的真愛：有腳本的戲劇。」

歐本海姆在每一次轉換跑道時，都平步青雲得令人欽羨。他把他的劇本處女作《第一夫人的祕密》（*Jackie*），一部時間線從甘迺迪遇刺延伸到葬禮當日的陰鬱傳記電影，寄給了現在在片廠任管理職的哈佛老友。「結果不到一星期，我人已經坐在史蒂芬・史匹柏位於環球片廠的辦公室裡。」他後來回憶說。那部有著許多長鏡頭，而女主角動輒帶著哭花的眼妝四處踱步，卻一句台詞也沒有的作品，甚得影評的歡迎，但我發現庶民觀眾就不那麼買帳了。「你說他拍的那部電影叫什麼來著？」麥克修在跟我走去開會的路上問我。

「《第一夫人的祕密》。」

「喔喔。」

歐本海姆還與人共同執筆，改編了青少年末世題材冒險電影《移動迷宮》（*The Maze Runner*），這部有賺到錢，而另外一部《分歧者》（*Divergent*）系列的續集，則沒有賺到錢。

從歐本海姆揮別洛克斐勒廣場，到他回鍋老東家間的這些年，對《今日秀》而言是一段充滿挑戰的歲月。身受觀眾愛戴但不受麥特．勞爾青睞的主播安．柯瑞（Ann Curry）被炒了魷魚。收視率落居咖啡因濃度更高，醒腦能力更強的對手，美國廣播公司（ABC）的《早安美國》之後。但這一仗NBC有輸不得的壓力：《今日秀》每年的廣告營收高達五億美金。為此在二〇一五年，NBC把歐本海姆找了回來，要他緊急為《今日秀》對症下藥。

❖

二〇一六年六月，歐本海姆給了我綠燈，讓我動手去做〈好萊塢的黑暗面？〉，這個我用誇張的晨間新聞口吻命名的系列專題，但要在這個系列之下為特定題材爭取到支持，卻比想像中困難些。我最先呈給高層的提案，是把焦點放在與未成年者有不當性接觸的相關指控上，包括最終被《亞特蘭大月刊》（*Atlantic*）爆出來，但本人始終否認的導演布萊恩．辛格（Bryan Singer）一案，還有演員柯瑞．費爾德曼（Corey Feldman）宣稱遭到戀童癖侵犯的事情。原本與費爾德曼的訪談已經敲定：《今日秀》的預約事務主管麥特．辛默曼（Matt Zimmerman）跟童星出身的費爾德曼說好的條件，是費爾德曼可以演唱一曲，然後要留下來接受我的提問。但辛默曼後來來電說歐本海姆覺得戀童癖的角度太「黑暗」，於是最終我們放棄了這個計畫。

但我交上去的替代方案也同樣有各自的困難。資深製作人勒凡告訴麥克修跟我說，一則名人為獨裁者表演的新聞，更精確地說是珍妮佛．羅培茲拿美金七位數的報酬，為土庫曼的集權領袖庫爾班古力．別爾德穆哈梅多夫（Gurbanguly Berdymukhamedov）演出的報導，是不可能成功的，畢竟NBC電視網與羅培茲的合作關係匪淺。至於我以好萊塢種族歧視為題的提案，則更在眾人的默契下變得像透明人，最後還是歐本海姆乾笑了兩聲說：「聽著，關於種族問題我也算是『覺青』，還是現在有別的用語，問題是我實在不覺得我們的觀眾會想看到威爾・史密斯抱怨他一路以來被欺負得多慘。」

電視網是一種商業媒體，討論一則新聞討不討喜無可厚非。你本來就要選擇你的戰場，而上述那些新聞都只是單純沒被選上。我們排開了好萊塢系列幾個月，直到那年年底才讓它們復活，而播出時間點鎖定在來年年初的奧斯卡獎季節。

❖

於是隔年一月，我們坐在歐本海姆的辦公室裡思索起更多的題材靈感，包括有人提議做整形手術的題目。而我則在此時想起了自己一個似乎還沒在討論中被汰除的提案——一則關於好萊塢「選角沙發」的新聞——藝人被騷擾，或者會面臨以性來交換工作的提案。「我們進展很穩定。」我說。「我已經開始跟幾個宣稱有內幕可提供的女演員搭上話。」

「你應該去看看蘿絲・麥高文。她在推特上爆了些跟某片場高層有關的東西。」歐本海姆說。

「我沒看到。」我答道。我掏出了手機，載入了一篇《綜藝》（*Variety*）雜誌的文章。那名女演員的推特文章開始滑過我的拇指下方。「也許她會願意開口。」我說。「我會去研究看看。」

歐本海姆看似抱著希望地聳了聳肩頭。

第五章　坎達哈

數日之後，哈維・溫斯坦人在洛杉磯與黑立方的探員見面。這些探員報告說他們的工作已經有些進展，包括他們已經對確認無誤的目標展開包圍。溫斯坦讓律師很乾脆地付清了2A階段的尾款，但2B階段的請款單則已經被壓了一個月。雙方針鋒相對地互動了一番，溫斯坦這邊才又多付了另外一筆錢，而下一個更緊張、更危險的工作階段也隨之展開。

此時我們在NBC的報導工作，也同步變得更加緊鑼密鼓。經過一月份的努力，好萊塢系列開始慢慢成形。我開始揭露一則若干獎項有內定或作弊的情事，一條新聞是鏡頭以外各種有性別歧視的雇用積習，還有一條新聞則是在講中國如何把影響力伸入美國的票房賣座大片裡（《紅潮入侵》〔*Red Dawn*〕裡的反派在後製中被改成了北韓；北京的醫師一邊品嘗著中國品牌的伊利牛奶，一邊把鋼鐵人救回來）。

事實證明性騷擾的新聞要約人最難喬。說好要爆料的女演員一個接一個抽腿，而這當中往往看得到赫赫有名的公關公司介入。「這實在不是我們想要談論的話題。」是我們經常得到的回應。但這些電話也產生了打草驚蛇的效果，一個名字開始一而再再而三地現身於我們的調查視野中——這人即哈維・溫斯坦是也。

此時一名製作人荻德・尼科森（Dede Nickerson）為了中國影響力的新聞，來到了洛克斐勒廣場三十號受訪。我們坐在《換日線》（*Dateline*）節目上出現過不下百遍的空白會議室裡，盆栽與色燈是僅有的妝點。訪談結束後，麥克修跟組員開始拆卸設備，而尼科森則開始步向最近的電梯間。我則跟在他的後面。

「我有一事想請教。」我追了上去。「我們在做一條業內性騷擾的新聞。哈維．溫斯坦是妳的前老闆對吧？」

尼科森的笑容開始潰散。

「很抱歉。」她說。「我幫不了你。」我們已經來到了電梯前。

「了解，好吧。那要是妳想到有誰我應該去找來談談……」

「我有班機要趕。」她說。進了電梯之後的她頓了一下，補了一句說，「可以的話……小心一點。」

❖

幾天之後，我人在新聞編輯室邊緣一間專門用來打私人電話的玻璃隔間裡。我趴在桌子上，撥了電話給我已經先用推特聯絡上的蘿絲．麥高文。我們在二〇一〇年曾見過一面，當時我還在國務院任職。五角大廈（國防部）官員發布了她要來訪的消息，並問我午餐時要不要一起來。那感覺就像他們需要一個語言專家幫忙翻譯，而國防部評估我的好萊塢女演員語非常流利。麥高文在近期一次USO[15]的巡迴勞軍時見過那些官員。照片上可以看到她就在一個像是喀布爾又像是坎達哈機場的地方，做螢光低胸T恤與緊身牛仔褲的裝扮，長髮飄散空中。「我看起來就像顆花枝招展的炸彈。」她後來回憶說。麥高文十分有螢幕魅力，說起話來有哏反應又快，幽默感也夠酸，這在她早期的一系列作品中都有目共睹——《受詛的一代》（*The Doom Generation*；一譯《玩盡末世紀》）、《風騷壞姊妹》（*Jawbreaker*）與《驚聲尖叫》（*Scream*）——她也由此成為了獨立電影界的知名甜心。惟近年來她能拿到的角色愈來愈少，作品的預算與品質也每況愈下。我們見面的當時，她最近出演女一的作品是《恐怖星球》（暫譯，*Planet Terror*），一部B級的致敬電影。她在這部由她當時男朋友勞勃．羅德里奎茲（Robert Rodriguez）執導的電影裡，飾演櫻桃．達令——一個有隻腳是機關槍的脫衣舞孃。

在二〇一〇年的那頓午餐裡，麥高文跟我一拍即合相談甚歡。她小聲但一字不漏地背出了搞笑電影《銀幕大角頭》（*Anchorman*；威爾．法洛主演，為諷刺新聞主播的喜劇）的某個橋段，而我也設法嗆了回去。她知道我出身好萊塢家庭，所以跟我聊起了演戲——有趣的角色、性別歧視或剝削人的角色，後兩者她可是經驗豐富。她挑明了說自己很厭煩這個產業，也很厭煩電影裡壓迫女性的狹隘視角。隔天她在電郵裡說：「此後不論有什麼我能做的，我都義不容辭，請你不用客氣。」

❖

二〇一七年，麥高文接起了我從新聞編輯室打去的電話。反文化風格依舊清晰可見的她，告訴我說洛伊．普萊斯（Roy Price），亞馬遜新成立的電影與電視製片廠負責人，已經放行了一個她以另類宗教為題創作的超現實表演。她預見從好萊塢裡到好萊塢外，一場以父權結構為癥結的戰爭即將展開。「沒有人報導希拉蕊的敗選對女性的意義。」她說。「這世界真真切切地在對女性宣戰，而這裡就是第一現場。」她用比在推特中更堅定也更明確的口氣，談及她指控溫斯坦強暴過她的事情。

---

15 United Service Organization，聯合勞軍組織，為海外美軍提供勞軍服務的民間組織。

「妳願意在鏡頭前點名他嗎？」我問。

「這我得想想。」她說。她正在寫一本書，也在思量著要在字裡行間中透露多少資訊。但對於在出書之前就啟動說故事的流程，她也保持開放的態度。

麥高文說媒體已經封殺她，而她也封殺了媒體。

「那妳為什麼還要跟我說話呢？」

「因為你也是過來人。」她說。「我看過你寫的東西。」

大約一年前，《好萊塢記者》雜誌整理了我父親伍迪．艾倫在影壇的豐功偉業，但關於我姊姊狄倫提出遭他性虐待的指控，雜誌卻只輕描淡寫。這篇文章一出，雜誌社飽受外界的嚴厲抨擊，為此《好萊塢記者》編輯珍妮絲．閔（Janice Min）決定正面回應，而她的作法便是請我寫篇文章，就這次的風波是否有正面意義發表我的看法。

事實是，我幾乎一輩子都在逃避我姊姊做出的指控——而且是於公於私都在逃避。我不想在父母親的陰影下被定義，也不希望別人一看到我就想到我母親跟姊姊，乃至於我童年時最黑暗的一段日子。米亞．法羅是很優秀的一代女演員，也是一個為了孩子犧牲奉獻的好媽媽。然而她的才華與名聲，卻被她人生中的男人們消費殆盡，而她的例子給我的啟發，就是我想要做自己，想要不論在哪個崗位上，都能因為工作表現獲得肯定。這麼一來，我童年的遭遇就被凍結在琥珀裡，在陳年八卦報導中成為一宗懸案——沒找到答案，也不會有答案。

於是我決定要第一次針對此事，鉅細靡遺地採訪我的姊姊。我一頭栽進了法庭紀錄，以及所有我能找得到的書面資料。根據狄倫在七歲時所做成，後來也一再明確複述的筆錄，艾倫把她帶回我們康乃狄克老家，並在地板下方的一處爬行空間裡用手指侵犯了她。事實上在這之前，她便已經向一名治療師抱怨過艾倫對她有不當的碰觸（但這名由艾倫雇用的治療師直到後來上法庭，才把真相說出）。而就在狄倫指控的性侵害發生沒多久前，也有保姆目睹艾倫把臉埋在狄倫的大腿裡。等終於有兒科醫師把指控通報給有關當局，艾倫的作法是通過一個由律師與包商所組成的人脈網，雇用了根據某律師估計達十人或以上的私家偵探。這些偵探的任務是跟蹤執法的官員，蒐集他們酗酒或賭博的證據。一名康乃狄克州檢察官法蘭克．馬柯（Frank Maco）後來描述那是「阻撓檢警辦案的行動」，而法蘭克的同事表示他不堪其擾。馬柯最終放棄了起訴艾倫，理由是他表示不想讓狄倫在法庭上受到二次傷害，並痛心疾首地說他原本有「相當的根據」可以把程序往下走。

我告訴閔說我會寫篇評論。我無意自詡我處理起姊姊的故事會有多客觀——我既關心她，也支持她——但我仍主張她的說詞屬於具有可信度的性虐待指控，而這類指控卻經常被好萊塢的業內媒體跟更廣大的新聞媒體給忽視。「這樣的沉默不僅在是非上有虧，而且還非常危險。」我寫道。「這傳遞給受害人的訊息是咬牙站出來一點也不值。這也讓大家看清了我們是什麼樣的一個社會，我們會視而不見哪些事情，會忽略誰，看誰重於泰山，誰又輕如鴻毛。」我希望這文章會是我對這件事情第一次，也是唯一一次的發言。

「我受邀發表些意見，而我也照辦了。」我告訴麥高文，然後結束這個話題。「然後事情就到此為止了。」

她咬牙切齒地笑了笑。「事情才不會就到此為止。」

❖

嘗試接觸麥高文的記者，不只我一個人。賽斯．費里德曼，也就是致電班．華萊斯說願意幫忙報導的英國《衛報》寫手，就持續以電郵聯絡哈潑克林斯（HarperCollins），也就是要幫麥高文出書的出版社。費里德曼的堅持，表現在他不斷主動表達的支持上，同時他也不斷遊說麥高文受訪。但等到終於與服務麥高文的版權經紀人蕾西・林區（Lacy Lynch）通上電話後，他卻對報導事宜顯得閃爍其詞，話說得模模糊糊。他說他正跟一群記者合寫一個關於好萊塢的故事。他不肯說這故事最終會不會出書，但林區告訴麥高文說，她覺得這名作者不像是個壞人，而這看起來也像是個滿有趣的機會。

於是在我與麥高文的對話之後不久，她與費里德曼通上電話。費里德曼告訴她，說他人位於其家族在英國鄉間的農場外面，而他說話小聲是怕吵醒其他人。「所以你想要跟我講什麼？」麥高文問。

「我們想速寫從二〇一六到二〇一七年，生活在好萊塢是一種什麼樣的感覺。」他解釋。他問起了麥高文對於唐諾・川普的尖銳批判，並表示這可能發展成她如何從事社會運動的「衍生作品」。聽他的描述，流入他手中的資源似乎不在少數。他反覆提及有其他記者在幫忙他蒐集資訊，但並沒有明說這些記者的名字。

麥高文不是沒被背叛或虐待過，平常的她也不太會把心防放鬆，但費里德曼集溫暖、直率於一身，甚至連自己的事情都無話不說。他不只一次在言談中講到自己的妻子，與成長茁壯中的家庭。慢慢地，麥高文也覺得這人還不錯，對他說起了自己的人生故事，說到某個分上還哭了。而隨著她卸下盔甲，他則變得愈來愈有針對性。「很顯然我們現在每句話都是私下聊天而已，但我接觸過一些在，嗯，你知道，米拉麥克斯等地方工作過的人。他們會對我說『我被NDA[16]了』，所以他們不能談自己的遭遇。但他們會忍不住想說『某某人虐待過我，或某某人讓我生不如死』。」

「這些事情很多會在我的書裡提及。」麥高文說。

費里德曼似乎對她的書非常感興趣，也對她打算在裡頭講些什麼非常感興趣。「妳是怎麼說服書商幫妳出書的？」他指的是她的指控有什麼根據。

「我其實有一份簽名的文件。」她說。「性侵害當時簽署的文件。」

但他在想要是她料爆得太多，會產生什麼後果呢？「妳曉得我在好萊塢訪過的大多數人都會說，我不能公開這麼說。」他說。

「那是因為他們膽子太小了。」麥高文回說。

「但要是他們真的心一橫說了，」費里德曼說，「那他們就會再也沒辦法在好萊塢工作，或是他們將永遠無法再——」他最終還是沒能把永遠無法再怎樣說出來。麥高文此時已經欲罷不能，說起了她的下一個重點。

一、二、三次，費里德曼不住地在心中猜測媒體圈有誰，會讓麥高文計畫在出書之前就接受訪談，而她又打算在訪談中說到什麼程度。「妳現在要訴說妳的故事，有沒有哪個人是妳理想的平台？」他問。「這代表妳之所以不把名字在媒體上說出來，是怕自己會吃到苦頭嗎？」他藉這話再一次影射爆料的後果。「妳是怕萬一把名字丟出去，有人會來找妳算帳嗎？」

「我不知道。這我可能要在內心再摸索一下。」麥高文說。

費里德曼字字句句都充滿同理心，感覺像個盟友。「所以，」他問，「怎樣才會讓你有點想放棄？」

16 Non-disclosure agreement，保密協議。

第六章　歐陸早餐

「他們已經為此吵了好幾年。」我說。在與麥高文通過電話的一星期後，我坐在1A攝影棚的主播台前，轉動著的攝影機屬於《今日秀》。我剛結束一段報導是在講道路安全促進者與貨運產業之間的戰爭，他們爭議的焦點是貨櫃拖車的側邊要不要安裝護欄，以免小車滑入大車車底。道安派認為此舉可以救命，而代表貨運業的遊說團體則說這麼做成本太高，業者負擔不起。「羅南，讚喔！」麥特．勞爾誇了我一句後，便俐落地轉頭去接手下一段報導。「真的是可圈可點。」他趁下一段廣告的空檔走下布景，讓蜂擁而上的製播助理們送上大衣、手套與稿子時補了一句。「後續的人氣凝聚也很不錯，有掀起話題。」

「謝了。」我說。他走近了一點。

「嘿，其他那些新聞跑得如何？」

我一瞬間不是很確定他說的其他新聞是指哪些新聞。「加州農地污染是條大新聞，你應該會感興趣。」

「當然，當然。」他說。然後當下有一拍的沉默。

「然後奧斯卡典禮前後，我會把之前提過的好萊塢新聞準備好。」我試探性地說了一句。

他微微蹙眉，然後瞬間又重新露出了笑臉。「很好。」他往我背上拍了一下，走向出口的路上回頭補了一句：「有什麼需要就來找我，懂嗎？」

我看著他踏進冷風颼颼的廣場中，在旋轉門後的粉絲爆出一團驚聲尖叫。

❖

時間來到二〇一七年二月初。麥克修跟我黏在跟電視網法務與倫理規範部門一起召開的會議中，他們正忙著用放大鏡檢視好萊塢系列報導當中的大小內容，免得不久播出後有爛攤子得收。編輯監督之責落在一名NBC老臣李察・葛林柏格（Richard Greenberg）的肩上，他最近才被指派為電視網調查新聞部門的代班主管。葛林柏格身穿皺不啦嘰的花呢外衣，戴著閱讀眼鏡。他在NBC幹了快十七年，其中十年是《換日線》的製作人，其他幾年則在倫理規範部門負責報導內容的確認。他官僚而寡言，但也常年代言堅定的道德信念。在身為《換日線》製作人的部落格裡，他會管性虐待的加害人是「變態」跟「怪物」。在與實境秀《逮住掠食者》（*To Catch a Predator*；內容是把戀童癖釣出來抓住）的克里斯．韓森（Chris Hansen）合作過一則講柬埔寨妓院的新聞後，葛林柏格寫道：「夜不能寐的我躺在床上，眼前揮之不去的臉屬於那些沒被救出來，依舊在被侵犯的女孩。」負責確認好萊塢系列的律師是一名哈佛法學院的校友，名叫史提夫・鍾（Steve Chung），你可以形容他認真嚴肅。

二月的那個禮拜，麥克修與我偕同葛林柏格，坐在他距離四樓新聞編輯室不遠的辦公室裡，由我們向他說明未來一星期的拍攝行程，包括要讓某些當事人在刻意安排的陰影中受訪，這在我自己的調查新聞工作中，也在《換日線》的許多報導中，都是頻繁使用的作法。葛林柏格於是在讚許中點了點頭。「你們這些都跟鍾律師交換過意見了嗎？」他問。我說我有，實際上也有。葛林柏格於是像砲塔一樣轉向電腦螢幕，拉出了瀏覽器的頁面。「我只是想確認一下——」

他輸入了我雙親的名字跟溫斯坦的名字。「聰明。」我說。「我沒想到還有這招。」搜尋結果一如我們所想：就跟多數的製片廠負責人一樣，溫斯坦經手過我父母參與拍攝的電影。他在九〇年代發行過數部伍迪．艾倫的作品，較近期則在二〇〇〇年代理發行過我母親出演過的幾部電影。電影發行是一門不太需要與人密切往來的生意：我從來沒聽過父母親提到溫斯坦的名字，一次都沒有。

「看起來還行。」葛林柏格滑完了幾篇文章後說。「只是確認一下你沒有要公報私仇，顯然我多慮了。」

「我動手，只是出於對這個議題的關心，沒有別的心思。」我說。事實上在由CBS[17]新聞主播查理．羅斯（Charlie Rose）作東的活動上，跟溫斯坦的那一面之緣，我是喜歡這個人的。

❖

數日之後，我坐在聖塔莫尼卡的飯店房間裡。丹尼斯．萊斯（Dennis Rice）這名資深的行銷經理，卯起來在噴汗。攝影棚燈搭配方塊形的遮罩，讓他陷入了陰影裡。一開始我們的計畫只是探討獎項作弊的新聞，然後我問起他從九〇年代尾聲到二〇〇〇年代初期，於米拉麥克斯擔任溫斯坦的行銷總監，是怎樣的一個情形，結果他竟然緊張了起來，他告訴我說，「你不知道我要是說了什麼，處境會變得多艱難。」但萊斯似乎察覺到他有機會盡份力來推動一件重要的事情，於是他才同意坐回強光前，接續這之後的訪談。

「遇到有輕浮的行為需要擺平，就會扯到錢。」他說起了在米拉麥克斯時代的經歷。

「什麼樣的行為算是輕浮？」我追問。

「霸凌、身體虐待、性騷擾。」

他說他曾第一手目擊他老闆「不當觸摸」妙齡女子，如今他很後悔當時沒有試著發聲。「她們都被塞了封口費。」他說的是那些被摸的女人。「她們被暗示不要把事情鬧大，除非她們在業界不想混了。」他說他知道有特定的個案遭到報復，而等攝影機停止轉動後，他左右張望說道：「去找蘿珊娜・阿奎特（Rosanna Arquette）。」這名女演員嶄露頭角是因為在《神祕約會》（*Desperately Seeking Susan*）一片中擔綱主角，另外在溫斯坦發行的《黑色追緝令》裡，她演出了戲份不重但令人印象深刻，某個滿臉又是釘又是環的毒販之妻。「我不確定，」萊斯抹去了前額流出的汗水，「也許她會願意開口。」

後來在看毛片的時候，我倒轉到話題談到溫斯坦身邊文化的部分，按下了播放紐。

「在他身邊，所有眼睜睜看著這類事情發生的人裡面，」我問，「有誰跳出來仗義執言嗎？」

「沒有。」他說。

❖

那天晚上跟後來的幾天，我都一直拿著電話在撥。我統整出一張人數持續增加的女性清單，上頭多半是女演員跟模特兒，但也偶爾會出現製作人或助理，她們的共通點都是據傳曾對溫斯坦頗有微詞。特定的名字不斷重複出現，像麥高文就是一個，再來就是一名義大利女演員兼導演，艾莎・阿簡托（Asia Argento）。

17 Columbia Broadcasting System，哥倫比亞廣播公司。

我回撥了電話給尼科森，之前那個對溫斯坦不肯多說什麼的製作人。

「女性在這個產業裡受到的待遇，我實在看不下去了。我想幫忙，真的。」她說。「我看到了一些事情。然後他們付了我封口費，要我簽了張文件。」

「妳看到了什麼？」

她頓了一下。「他控制不住自己。他就是那樣的人。一個掠食者。」

「而妳願意以目擊者的身分發言？」

「是。」

她同時也同意了讓攝影機拍攝。坐在她當時位於恩西諾（Encino）宅邸房間的陰影中，獨自娓娓道出了一個與萊斯所言契合到會讓人起雞皮疙瘩的模式，一個掠食者捕食獵物的模式。

「我想那應該是一個常態，亂摸人的事情。」她在訪談裡表示。「那不是偶一為之的個別事件。也不是僅限於某個特殊時期。那是把女性當獵物的長期掠食行為——不管對方願或不願。」她說那深植於溫斯坦的企業文化裡，到了一個荒謬到幾乎讓人想發笑的程度；她說公司的給薪名單上有個其實就是牽猴仔的工作，用薄弱到不行的假工作內容偽裝，真正做的事情就是替老闆找女人。

「按妳的用語說，他這種『掠食』女性的行為，在公司裡是一種常識嗎？」我問。

「絕對是。」她說。「公司裡人盡皆知。」

「跟你說一聲，那條線有點愈演愈烈，現已儼然是一則相當嚴肅的好萊塢新聞。」我傳了簡訊給歐本海姆。「兩名公司幹部都在鏡頭前指名道姓了，但其中一人請我別把他講出名字的影片播出去。」我寫道，而這話指的是萊斯。「大家都滿緊張會遭到報復的。」歐本海默回覆說：「我可以想像。」

❖

隨著我用電話聯絡上的人愈來愈多，萊斯與尼科森版的說法也獲得了愈來愈多的確認。我也同時在尋找替溫斯坦辯護的平衡報導，但我發現支持他的聲音都顯得有些空洞，經不太起推敲。尼科森提到一個她認為是受害者的製作人，而我也最終找到她在澳洲展開新人生的行蹤。當她告訴我說她對溫斯坦一事無話可說時，你仍能聽出她語氣中的糾結與傷痛，我認為這代表我讓她陷入了兩難。

與《莎翁情史》製作人唐娜·吉格利奧提的對話，走的完全是另外一種路數。

「我是說，你要是問我有沒有耳聞到什麼？也許有。但你是問我有沒有看到什麼嗎？」她問。

「你聽說到的是什麼？」

電話另一端傳來一聲惱怒的嘆息，彷彿我問了一個很無厘頭的問題。

「他這人不是什麼聖人，相信我，我跟他談不上有什麼交情，我也不怕得罪他。但他絕對沒有做出什麼這一行另一個百萬身價的男人沒做過的事情。」

「妳是說這當中沒有內情值得報導嗎？」

「**我是說**，」吉格利奧提說，「你這個大忙人，時間花在別的地方會比較有用。之前不是沒其他人查過他，但你知道，他們全都一無所獲。」

我不知道。但很快就有人介紹別的線索給我，讓整個故事兜了起來。兩年前，一名《紐約》雜誌的寫手珍妮佛·希尼爾（Jennifer Senior）發了則推特：「所有懾於哈維·溫斯坦淫威而不敢作聲的女性，終得在某個點上手牽著手奮起。」稍後的另外一則則說：「這是個令人不齒的公開祕密。」底下的評論催生出幾篇部落格文章，然後就不了了之了。我私訊她說想聊聊。「我並沒有報導溫斯坦的事情。」她告訴我。「是大衛・卡爾（David Carr），我當年在《紐約》雜誌的辦公室老公，做了一個關於他的專題，然後帶回來一個又一個他是怎樣一頭豬的故事。」卡爾這名專文作家與媒體記者已經不幸於二〇一五年去世，而他生前曾對希尼爾講述過溫斯坦如何對女性暴露私處跟上下其手的八卦，只是當時他並沒有足夠的真憑實據可以將之寫成公開的報導。「想弄出這則新聞的人，可多了。」希尼爾對我說，然後祝我好運，口氣就像在風車前鼓勵唐吉訶德。

我打了電話給卡爾生前其他的熟人，得到了一些額外的資訊：那則專題讓卡爾愈做愈心神不寧，他的遺孀吉兒・魯尼・卡爾（Jill Rooney Carr）告訴我，說她丈夫認為自己遭到監控，只是不知道是被誰。「他覺得有人跟蹤他。」吉兒回憶道。除此之外，卡爾似乎已經與所有祕密一起入土為安。

在萊斯跟尼科森受訪之後，我跟一個朋友見了面。這個朋友是NBC環球某大頭身邊的助理，從她手中，我收到了另一輪潛在消息來源的聯絡資料。「我的問題是，」她在文字訊息裡說，「這種東西《今日秀》會播嗎？感覺對他們來說沉重了點。」

「諾亞，我們節目的新老闆，」我回說，「他會讓我靠。」

❖

隔周二月十四日上午，伊果・歐斯卓夫斯基這個跟俄羅斯禿頭羅曼・凱金在咖啡見面的矮胖烏克蘭人，坐在曼哈頓中城一間飯店的大廳。伊果是被凱金派來為神祕的新客戶執行一項任務。歐斯卓夫斯基假裝忙著講電話，但其實正偷偷地在側錄一名身穿風衣的灰髮中年男子跟一個穿西裝的深色皮膚高個握手。然後他跟著兩人進到了飯店附設的餐廳，找了張桌子當起兩人的鄰居。

這之前的數日，歐斯卓夫斯基都忙著在華麗的飯店大廳與館子裡處理這類事情，監控由神祕客戶派出的密使與看似渾然不覺的目標開會。歐斯卓夫斯基的任務是「反偵蒐」：他要負責確認客戶的密探沒有遭到跟蹤。

那天在飯店餐廳內，歐斯卓夫斯基先用訊息發了會議的照片給凱金，然後點一套歐陸早餐。美食是出這種任務的福利。「儘管吃，」他的老闆說，「點頓好的。」果汁跟麵包卷送上來的同時，歐斯卓夫斯基正豎直了耳朵聽取隔壁桌的對話。這兩個人操著他聽不出確切出處的口音。東歐是一種可能性，也許。他側耳聽到了斷斷續續的對話，內容裡一直冒出些天高皇帝遠的地點：賽普勒斯、盧森堡的一家銀行，還有一些俄羅斯人怎樣怎樣。

大致上，歐斯卓夫斯基過的日子有兩種，一種是獵捕假裝不良於行來詐領勞工撫卹金的傢伙，另一種是去抓因為暈船而違反婚前協議的有夫之婦或有婦之夫。關於在這些新任務中登場，某些人看來有軍方背景的西裝密探，則來自不同於上述兩種日常的另外一個維度。他滑動著這些密探的影片，納悶著他在監看的這些人究竟是誰，叫他這麼做的神祕客戶又是誰。

第七章　地心駭客

我人在車裡，車子則在西好萊塢裡穿梭，目的地是下一個要拍攝的地點，而消息就在此時傳遍了各家媒體：諾亞．歐本海姆被拔擢為新任的NBC新聞網總裁。歐本海姆將與他的老闆，也就是同時主掌NBC新聞網與有線電視頻道MSNBC的董事長安迪．列克（Andy Lack）聯手，共同面對一連串不成功便成仁的工作挑戰。而他們新官上任的第一項調度，就是發布原福斯新聞網主播梅根．凱利（Megyn Kelly）將在NBC出任新職。好幾則順勢捧他的報導都強調了歐本海姆的常春藤盟校光環、之前的劇作家生涯，還有他如何在割喉競爭的電視圈裡平步青雲。歐本海姆與列克的前任都是女性。其中歐本海姆的前任黛博拉．特尼斯（Deborah Turness）在稍微有點性別歧視的側寫裡，被形容說走路有一種「搖滾妹的大搖大擺」，但就我看來，這只是在說她偶爾會穿褲裝。至於列克取代的派翠莎．菲利—庫什爾（Patricia Fili-Krushel）則是個有著人資部門跟日間電視背景的管理階層人才。新的指揮體系現在全是男性，而且是白人男性：諾亞．歐本海姆、歐本海姆上面的安迪．列克、列克上面的NBC環球執行長史提夫．柏克（Steve Burke），然後是NBC環球母公司康卡斯特的執行長布萊恩．羅伯茲（Brian Roberts）。「這消息讓我相當、相當、相當地喜聞樂見。恭喜了，我的朋友！」我給歐本海姆發了這樣的簡訊，三分馬屁但也有七分誠意。「哈——謝了。」他回我。

我翻閱聯絡人，目光在我姊姊狄倫的名字上盤旋，然後睽違數月打了第一通電話給她。「我正要去採訪一個人。」我告訴她。「對方是知名女演員，而她對一個位高權重的傢伙提出了非常嚴重的犯罪指控。」

在家族合照中，大我兩歲半的狄倫常藏在我的身後：包著好奇紙尿布的我們共享客廳那張醜醜的棕色沙發；在第一場幼稚園話劇前夕，我被穿著連身兔子裝的她鎖住脖子，頭頂則承受她指關節的按摩伺候；在各式各樣的觀光景點前有說有笑，通常還抱著彼此。

我有點驚訝她接起電話。她通常不把手機放身上，因為她說過手機響會讓她緊張得心跳加速，尤其如果接起來是男性的聲音，她更會覺得挑戰十分艱鉅。從小到大任何需要打一堆電話的工作，她都直接打槍。狄倫的才華在於寫作跟視覺設計。她的作品扎根於她的想像中，與現實世界相距說多遙遠就有多遠的多元宇宙裡面。我們都還小的時候，一起發明一個栩栩如生的奇幻王國，裡頭住著小小的白鑞火龍跟精靈。奇幻世界一直是她從現實中逃脫的出口。她寫了數百頁充滿細節的虛構小說情節，還畫出了許多世外桃源般的風景。但這些作品都一直在她的抽屜裡躺著。我建議過她整理個自己的作品集，或是把手稿拿去投，她會整個人凍結住，然後防護罩全開。我不懂啦，她會這樣說。

二月分那天在電話的那頭，她先是頓了一下，然後問出了一句：「而你要我的建議嗎？」關於她對父親的指控，我有沒有遲疑、表現得夠不夠堅定，都讓我們的關係盤旋著很多問題，而這些問題也讓長大後的我們多很多兒時照片裡看不見的隔閡。

「是的，我要聽聽你的意見。」我說。

「嗯，這是最難熬的部分。你會不斷地左思右想，等待故事出現。但一旦你把自己的聲音給放出來了，事情就會一下子容易許多。」她嘆了口氣說。「幫我跟她講要堅強。這就像撕OK繃一樣。」

我謝過她，她又是一陣沉默。「如果成功拿到了新聞，」她說，「千萬不要放手，好嗎？」

❖

蘿絲．麥高文住在跟一般人想像完全沒有落差的好萊塢明星家裡：一堆黃褐色上世紀中的現代主義箱子，藏在好萊塢山丘高處，柏樹樹叢的後方。屋子外頭有一片寬敞的露臺，露臺上裝了一個可以飽覽整片洛杉磯全景的浴池。屋內擺設得好像準備要轉賣一樣：沒有半張家人照片，放眼所及都是藝術品。挨著前門是一個圓頂禮帽形狀的回收霓虹招牌，念起來是「德比：女賓入口」[18]。再過去一點，在一組通往客廳的階梯頂端，有一幅女子關籠的畫作籠罩在光線下。客廳的白磚壁爐旁有一尊黃銅模型：《恐怖星球》裡麥高文扮演的角色，正用她的機關槍腳在瞄準著什麼。

坐在我對面的女子，已經不是我七年前認識的那個人。現在的麥高文看得出些疲態，繃緊著一張臉。她身穿寬鬆的米色毛衣，臉上畫著淡妝，另外剃了一個像是阿兵哥的光頭。此時的她基本上已為了音樂放棄演戲，而她的音樂有時會搭配她自己擔綱的超現實表演藝術畫面。她曾嘗試導演，並以短片《棠恩》（暫譯，*Dawn*），參加二〇一四年的日舞影展。在那部年代設定於一九六一年前後的電影中，一名壓抑的少女棠恩被兩個年輕男人引誘到一處荒郊野外，然後在那兒先被石頭砸腦袋，再被用槍打死。

麥高文的童年過得並不輕鬆。她生長於義大利郊區一個名為「上帝之子」的邪教環境裡，那兒的女人非常嚴厲，男人則很暴虐——她後來告訴我說老家有人不由分說，就把一顆疣從才四歲的她的指頭上切下來，讓她飽受驚嚇而且血流不止。青少女階段的她曾有段時間無家可歸。等在好萊塢闖出名號後，她曾以為自己不用再擔心遭到剝削。她告訴我說在遭到溫斯坦攻擊之前不久，亦即一九九七年日舞影展期間，她曾經轉身對著一組跟拍她的攝影人員說：「我覺得我的人生終於要輕鬆一點了。」

在她的客廳裡，隨著攝影機持續轉動，她描述起自己的演藝事業經理人[19]是如何安排了那場她宣稱遭到侵害的會議，乃至於場景如何突兀地從飯店的餐廳轉到飯店的套房。她記得會議的第一個小時只是例行公事，與會的只是一個她當時單純認為是自己老闆的男人。還記得當時他誇獎了她在他製作的兩部電影裡表現很好，一部是前一年的《驚聲尖叫》，一部則是還沒殺青的《地心駭客》（*Phantoms*）。然後她想起了那仍歷歷在目，令她心有餘悸的過程。「要走的時候，原本的會議突然不再是會議。」她說。「一切都發生得太快，卻又有慢動作之感，我想任何活下來的人都會有同感……突然之間，你的人生轉了一個九十度的彎，開始離你而去——系統性的震撼，讓你的腦袋只能拚命趕進度，試著了解現在究竟是怎麼回事。然後一轉眼，妳整個人已經一絲不掛。」此刻的麥高文試著控制住自己的情緒。「我哭了出來，我完全不知道那是什麼狀況。」她回憶說。「而且我很小隻，而那人是個大塊頭，所以我的下場可想而知。」

「那是性侵害嗎？」我問。

「是。」她用一個字解決了這問題。

「那是強暴嗎？」

18 Derby是加州的連鎖餐廳名，招牌用圓帽造形是因為derby也有圓頂禮帽的意思。

19 好萊塢的藝人有經理人跟經紀人，經理人要負責栽培藝人，經紀人主要負責接工作。

「是。」

麥高文說她諮詢了刑事律師，也考慮過要提起告訴，但律師卻叫她閉嘴。「我拍過床戲，」她記得律師指出的字字句句，「所以我的話絕不會有人相信。」麥高文最終決定不提告，而是與對方協調用金錢補償，條件是她得簽字放棄控告溫斯坦的權利。「我非常掙扎。」她說。「當時我覺得十萬塊是很大一筆錢，但那是因為我還是個孩子。」她認為這筆錢對他而言，「等於是承認了自己有罪」。

麥高文描述起一種體系——當中組成者有助理、有經紀人，有產業裡的權力掮客——並強烈譴責這代表的一種共犯結構。她說工作人員在她走進會議跟走出去的時候，都像說好了似地迴避她的眼神。「他們死都不肯看我。」麥高文說。「這些男人，他們一個個都低著頭，不願跟我有眼神交流。」而她記得跟她合演《地心駭客》的班・艾弗列克（Ben Affleck），曾看出她明顯在事發之後神色不對勁，也聽說她剛從哪裡出來之後，嘴裡說出的話是：「真他媽該死！我跟他說過不要再幹這種事的。」

麥高文認為她在事件發生後被列入了「黑名單」。「我從此幾乎再也接不到戲，而我原本情勢一片大好。然後等我好不容易又拍了一部電影——片子發行的時候卻又被他買走。」她指的是《恐怖星球》。

對任何倖存者來說，記憶都會一直陰魂不散。而萬一加害人是個大咖，那種無處可逃的感受又會更加刻骨銘心。「我會翻開報紙，」麥高文對我說，「就看到葛妮絲・派特洛（Gwyneth Paltrow）頒獎給他。」他就像神一樣「無所不在」。更別說還有星光大道的紅毯，有電影出來時要打片、要宣傳，而這些場合都逼著她要跟他一起擺姿勢、陪笑臉。「我只能再一次靈魂出竅，」她說，「把笑容不斷地複製貼上。」在指控他性侵之後第一次與他見面，她就先對著垃圾桶吐了一遍。

在鏡頭前，麥高文還沒能說出溫斯坦的名字。她還在武裝及準備自己。但她確實在訪談當中一而再再而三地提到他這個人，敦促著觀看者「把點連成線」。

「哈維．溫斯坦是不是強暴了妳？」我問。現場突然安靜到可以聽見針頭落地的聲音。麥高文像被按下了暫停鍵。

「我一直不喜歡這個詞。」她說。「這兩個字我說不出口。」

鏡頭之外，她已經能在我面前對溫斯坦指名道姓。在鏡頭前謹慎，有一部分是出於法律上的考量。她要確定有新聞媒體真的願意把這件事報到底，才能放心讓自己暴露在被告的風險之中。但我很坦白地告訴她：這對NBC來講也是非常敏感的議題，我需要她知無不言言無不盡，這樣我們的法律盔甲才會沒有空隙。

「讓你們的律師看看這些東西。」她說。

「喔，這妳不用擔心，他們看定了。」我苦笑著說。

「要看仔細，」她用淚眼直視著鏡頭說，「不光是草草讀過去而已。而且我希望他們別是軟腳蝦，因為你知道嗎，他們的女兒、母親跟姊妹都是受害者。」

第八章　手槍

「蘿絲的訪談很震撼。」我傳了訊息給歐本海姆。

「哇嗚。」他答道。

「感覺就像炸彈爆開。外加有兩名米拉麥克斯的幹部在鏡頭前，說他們看到過性騷擾的行為模式。法務應該可以玩得很盡興。」

「哇咧。」他寫道。「恭喜他們了。」

麥克修跟我在拍完好萊塢新聞之後，與新聞調查主管葛林柏格及鍾律師分別通上了電話。此時的我已經跟麥高文經紀團隊裡的兩名成員聯繫過，而這兩人都曾在麥高文與溫斯坦那場會面之後馬上接到她的抱怨。所以如果麥高文在說謊，那就會是一個從一九九七年那天就開始說的謊。

「她確實聽來有點……飄。」葛林柏格說。

某個好天氣的日子，麥克修跟我又回到了聖塔莫尼卡的那間飯店，準備要採訪一名中國製片。

「嗯，不然我們排了那麼多實證在後面幹嘛。」我跟葛林柏格說。「她也說她會把跟溫斯坦簽的合約提供給我們——」

「小心一點。」葛林柏格說。

「什麼意思？」麥克修問。

「我們從何時開始可以介入合約內容了？」葛林柏格說。「總之要是合約交到我們手上，行事謹慎一點就對了。」

麥克修表情有點受挫。「這新聞我們應該播。」他說。「這有爆點，是真正的新聞。」

「我只是不覺得這則新聞趕得上好萊塢的系列報導。」葛林柏格回答。好萊塢系列排定了要在一周之後，趕在奧斯卡獎前夕播出。

「我覺得我可以在播出前找到其他女性發言。」我說。

「不用趕，給這新聞它需要的時間。」葛林柏格說。「其他條可以先走，然後你們手上的新聞可以做大。」我跟法務還有倫理規範部門的同仁都處得很好。我捍衛自己的新聞，可以說都是以一種在咖啡因提供的亢奮中所做的行為。但我本身也有律師身分，而且我也十分欽佩ＮＢＣ《夜間新聞》在製播每一則新聞時所流露出的老派與嚴謹。ＮＢＣ是個嚴正的職場，是個奉真相為其價值的地方，是個從收音機起家，一路歷經了無線電視、有線電視、網際網路的社會中堅——從半世紀前老三台（ABC／CBS／NBC）的時代，到如今進入支離破碎與山頭林立的網路時代，它的重要性都不曾更改。兩相權衡，只要我們能用多出來的時間讓故事獲得補強，那遲一點播出我覺得也無妨。

「好，」我說，「我們先hold著。」

❖

事實證明，這條報導的擴散就像墨漬一樣暈開。拍完麥高文的隔天，我們人來到《好萊塢記者》的辦公室，要採訪他們跑獎項線的文字記者史考特·費恩伯格（Scott Feinberg）。要聊獎項就不可能不聊到哈維·溫斯坦，這是繞不開的：你說他是運作現代奧斯卡獎活動的發明人，也不過分。溫斯坦為自己的影片造勢，就像在打游擊戰。米拉麥克斯的一名公關，曾匿名寫了一篇社論來盛讚自家電影《紐約黑幫》（*Gangs of New York*），然後謊稱作者是時年八十有八的《真善美》（*The Sound of Music*）導演勞勃．懷斯（Robert Wise）。此外，溫斯坦精心籌畫了抹黑勁敵《美麗境界》（*A Beautiful Mind*）的活動，亦即在新聞中置入男主角原型——數學家約翰．奈許（John Nash）——是男同性戀（當這招行不通之後，溫斯坦又改打奈許反猶）。《黑色追緝令》競逐最佳影片敗給《阿甘正傳》（*Forrest Gump*）之後，溫斯坦公開威脅說他要到導演勞勃．詹麥吉斯（Robert Zemeckis）的住處草坪上，讓他見識一下「中世紀的酷刑」。

在離開《好萊塢記者》辦公室前，我見了他們的新編輯麥特．貝隆尼（Matt Belloni）。我聽到謠傳說他的前任，也就是說服我寫評論表示性侵害應該得到更多強硬報導的珍妮絲．閔，已經有好幾年的時間都在追查溫斯坦受到的指控。當我問起雜誌社有沒有查到什麼東西，貝隆尼搖了搖頭。「沒有人願意談。」

但他倒是知道業內有些人可能知道其他女性對溫斯坦的指控。他建議我打電話給蓋文．波隆（Gavin Polone），前經紀人跟經理人——一個《綜藝》雜誌形容是「開法拉利，前十趴的有錢人」。他後來成為一個成功的電影製作人，也慢慢成為外界心目中的「議題火種」。

二〇一四年，他替《好萊塢記者》寫了一篇專欄文章，名為〈比爾．寇斯比跟好萊塢的遮羞費、性侵與粉飾太平文化〉。他在文章裡有一組指控把矛頭指向某個不知名的片廠負責人，因為這人會「用權勢與金錢讓抗議噤聲」。蓋文．波隆指控記者都不敢碰這條新聞，因為他們「擔心會陷入訴訟，也不敢開廣告收入的玩笑。」波隆的挑戰，看來是沒人敢接下來。

波隆偶爾會兼差當MSNBC的節目名嘴。那天要結束前，我已經跟他通上電話。「這事必須得攤在陽光下。」他告訴我。他耳聞過若干溫斯坦遭到的指控。有些他是直接聽當事人說，有些則是轉傳的二手貨。「其中最駭人聽聞，最令髮指的案例、這類指控中的聖杯，是安娜貝拉・席歐拉（Annabella Sciorra）。」他說。「那已經不是普通的騷擾，而是強暴。」我請他幫我問問那些向他傾訴過的女人，會不會願意也跟我說說。他接下了我的委託。

「還有件事兒。」他在我最後謝過他之後說。「你最好背後要長眼一點。這傢伙，有人在罩，而且牽涉的利益很大。」

「我一直都有在小心。」

「你沒聽懂我的話。我是說你要準備好，以防萬一。身上最好能帶把槍。」

他這樣講我笑了，他沒有笑。

❖

消息來源都怕到了，拒絕開口的人不在少數，但也有些人決心比較強。我洽詢了一名英國女演員的男性經紀人，主要是麥高文與其他人都說這名演員可能對溫斯坦有意見。「我們一開始合作，她就把事情的前因後果都鉅細靡遺地告訴了我。」這名經紀人對我說。「一回拍攝工作中他掏出老二，然後繞桌追著我跑。他撲到她身上，壓制住她，但她最終掙脫了出來。」我確認了一下女演員是否願意跟我談。「她事發當時的態度很開放。」經紀人回說。「我想沒有什麼理由她現在不肯談。」隔天他回電給了我她的電話號碼跟電郵信箱，並說：「她很樂意討論一下受訪事宜。」

一名與蘿珊娜・阿奎特合作過的經紀人似乎一聽到聲音，就猜到我的心意。「這對她是很難啟齒的事情。」經紀人說。「但我知道她很在乎這個議題。我想她應該會義不容辭。」

我在推特上聯繫到了安娜貝拉・席歐拉。我告訴她說這事關一個很敏感的問題。她似乎有點害怕，有點想保護好自己，但最終我們還是敲定了在電話上談的時間。

我同時在追的，還有在溫斯坦遭到的指控中，唯一一個進入過司法體系的案件。二〇一五年三月，安珀拉・巴提拉娜・古提耶若茲（Ambra Battilana Gutierrez）這名曾經進入義大利小姐選美決選的菲裔義籍模特兒，從溫斯坦在紐約翠貝卡（Tribeca）的辦公室開完會議出來，就立刻直奔警局報案。她說她被溫斯坦摸了。紐約執法單位把溫斯坦叫來問話，這事兒也因此在小報上鬧得沸沸揚揚。

接著一件怪事發生了：原本一條條聚焦在溫斯坦身上的報導，突然不見了，取而代之的是極盡詆毀之能事的新聞拿古提耶若茲開刀。多家小報在版面中提到在二〇一〇年，當年輕的古提耶若茲還在競逐義大利小姐的頭銜時，她參加了一場名為「蹦嘎蹦嘎」（Bunga Bunga）的性交派對，作東的是時任義大利總理的花花公子希爾維歐・貝魯斯科尼（Silvio Berlusconi），而他也遭控當場與妓女進行了性交易。這些報導指稱古提耶若茲本身就有「在賣」，義大利老家不乏有錢的甜心老爸包養她。此外，《每日郵報》（*Daily Mail*）表示在不當觸摸疑雲發生的隔日，古提耶若茲就出席了溫斯坦製作的百老匯音樂劇《尋找夢幻島》（*Finding Neverland*）。後來，《第六頁》報導說她要求要在電影裡軋上一角。做為回應，古提耶若茲說她是妓女的說法完全是子虛烏有，她說性交派對上有她，是因為她以為那是工作上不得不去的應酬，而一發現有十八禁的事情，她也就立刻掉頭而去，更沒有什麼要索電影角色的事情。只不過她的否認要麼被描繪成事後的託辭，要麼就是被徹底忽視。古提耶若茲的照片也變了樣：她開始每天照三頓穿著性感內衣跟比基尼登上報紙。小報帶的風向，愈來愈像在說她才是掠食動物，她才是那個用自身的美豔來陷溫斯坦於不義的人。就這樣經過一堆風風雨雨，溫斯坦的罪名一夕消失，而安珀拉・古提耶若茲也一起沒了蹤影。

但這時在公開的報告中，出現了一個代表過古提耶若茲的律師姓名，而你知道律師都是有電話號碼的。「我不方便談這件事。」他告訴我。「也罷，」我說，畢竟我在法學院還沒有太混，人生閱歷也沒少到聽不懂他在暗示自己簽了保密協定。「那不然你能幫我傳個話嗎？」

古提耶若茲幾乎是立刻就回了訊息。「哈囉，我律師說你想跟我聯絡。我只想問問您有何貴幹。」她寫道。

「我是NBC新聞的記者，而我聯絡您是為了《今日秀》上我負責的一個專題。我想也許在電話上講會比較清楚，如果您不排斥的話。」我回說。

「關於您『負責的專案』是什麼，可以講得更明確一點嗎？」她說。

安珀拉．古提耶若茲不是傻蛋，這點一下子變得非常明白。

「那牽涉到另外一個個人所做出的指控——甚至於好幾個人的指控——而這些指控都可能與您在二〇一五年向紐約警方報的案，有某些雷同之處。如果能與您當面談談，我想對其他當事人會有很大的幫助。」

她隨即同意隔天見面。

在與古提耶若茲會面之前，我開始有系統地打電話給曾牽涉到此案的人。而我在地區檢察官辦公室的一個聯絡人來了通電話，說的是那兒的職員都認為古提耶若茲這人信得過。「關於她的過去，有人提出過一些……嗯，特定的事情。」聯絡人顯得欲言又止。

「什麼樣的事情？」

「我不能深談。但這事完全沒有讓檢察官辦公室的人感覺她說話不老實。而且我還聽說我們辦公室掌握了一些證據。」

「什麼樣的證據？」

「具體是什麼我不清楚。」

「你可以幫我查查看嗎？」

「當然可以，如果我不想幹了的話。」

第九章　小小兵

當我來到葛雷門西酒店的時候，古提耶若茲已然在室內後方的角落坐定，直挺挺的坐姿一動不動，活像個假人。「我一向習慣早到。」她說。但我後來發現她這話說得真是輕描淡寫，因為她這人根本就超級有條理，而且超有策略。古提耶若茲生在義大利的杜林（Turin），從小看著她有如化身博士[20]的義大利父親毆打她的菲律賓母親。古提耶若茲要是想保護媽媽，就會一起被打。進入青少年階段，她成了家裡負責照顧人的那個。她一方面得撫養媽媽，一方面要吸引弟弟的注意力，免得他受到家中暴力的影響。她有著非比尋常，有如動漫人物的美貌：彷彿風一吹就會飄走的纖細身軀，還有大到不成比例的水靈眼睛。那天在餐廳，她看起來有點緊張。「我想幫忙。」用她那義大利口音顫抖地說。「只是我的處境也有點艱難。」後來是聽我說有另外一個女人已經在鏡頭前指控溫斯坦，同時後頭還有不少人考慮跟進，她才開始講起了自己的遭遇。

二〇一五年三月，古提耶若茲的模特兒經紀人邀請她到無線電城音樂廳參加音樂劇《紐約春光秀》（暫譯，*New York Spring Spectacular*）的歡迎會。《紐約春光秀》是溫斯坦的製作，一如以往，

---

20 *Strange Case of Dr. Jekyll and Mr. Hyde*。英國小說，講述傑奇博士喝了自行調配的藥劑而分裂出海德先生這個邪惡人格的故事。

他也動員了業界的親朋好友來捧場。他跟NBC環球的執行長史提夫・柏克咬了耳朵，而柏克也同意提供NBC環球旗下無所不在的《小小兵》動畫角色戲服。在歡迎會上，溫斯坦大剌剌地猛看在室內另外一角的古提耶若茲。最後他甚至走過來打了招呼，然後反覆告訴她跟經紀人，說她跟當紅的蜜拉・庫妮絲（Mila Kunis）有明星臉。應酬結束後，古提耶若茲的模特兒經紀公司傳了封電郵給她，告訴她說溫斯坦想盡快安排跟她開個會。

隔天剛入夜沒多久，古提耶若茲便帶著她的走秀作品集，來到溫斯坦位於翠貝卡的辦公室赴約。兩人一起坐在沙發上瀏覽她的作品，但他眼睛其實已經飄向了她的胸部，而且還問她那是真的假的。古提耶若茲說溫斯坦接著便撲倒她，摸起她的胸部，還在她的抗議聲中嘗試把一隻手朝裙底伸進去。等他好不容易退開，他對古提耶若茲說他的助理會拿當晚稍後的《尋找夢幻島》門票給她，他會在劇院等她。

那一年，古提耶若茲二十二歲。「因為兒少時的的創傷，」她告訴我，「身體接觸於我是一件大事。」與溫斯坦一場混戰後，她記得自己先是抖個不停，然後來到一個洗手間裡，撲簌簌掉下淚來。她招了輛計程車去到她經紀人的辦公室，然後在那兒繼續哭個不停。接著她在經紀人的陪同下，前往了距離最近的派出所報案。她記得自己是怎麼走進派出所裡，又是怎麼跟幾名警員報出了溫斯坦的名字，結果其中一個警察說，「誰？」

溫斯坦當晚稍後打了電話給她，不太高興地質問她為何沒有來看秀。她接起電話時，身邊正好坐著「特殊受害者部門」（Special Victims Division）的調查人員，也側聽到通話內容的他們設計了一個計畫：讓古提耶若茲裝上竊聽器去看隔天的秀，然後設法套出溫斯坦的自白。

「那個決定讓我嚇得皮皮剉，這點自不在話下。」她說。「當然我那天晚上也都睡不著。」任何人被要求冒這麼大的風險去讓真相大白，都必須在自利與利他的動機之間取得平衡。有時在某些案例裡，私利與公益會重疊在一起，但在此例中，古提耶若茲幾乎討不到任何便宜。為了這事兒跳出來，她面對的只有法律上與職涯上的雙重毀滅性打擊。她唯一的目的，就是阻止溫斯坦繼續有這樣的行徑。「大家都說這人可以讓我在業界毫無立足之地。」她說。「但我願意賭一把，因為我認為不管怎麼說，都不能再讓這種人對任何人做出這樣的事情。」

隔天古提耶若茲在翠貝卡大飯店的教堂酒吧，一個藍色牆壁以模板印製上金星與雲朵的豪華房間裡，跟溫斯坦見了面，同時有一隊便衣警察在旁警戒。溫斯坦的嘴還是那麼甜，一而再再而三地誇獎她有多美。他告訴她說他會幫她拿到戲劇工作，而她只需要跟他做朋友就好。為此他舉出了好幾名知名女星，據說都是他幫忙過的對象。她的義大利口音會需要矯正一下，這點不在話下，但他說會幫忙安排老師給她上課。

後來溫斯坦說要上廁所，離開了下，回來時突襲般要求兩人一起到樓上的閣樓套房，他說他想要沖個澡。怕他會再對自己出手，也擔心他發現自己被竊聽，嚇壞了的古提耶若茲抗拒他的請求，但溫斯坦不為所動，還是反覆想要把她帶上樓去。溫斯坦開第一次口時，她用了警察教她的辦法，故意把外套忘記在樓下，然後堅持要回去拿。第二次，打扮成八卦網站 TMZ 攝影記者的便衣警察開始用各種問題困住溫斯坦，逼他去跟飯店人員抱怨。古提耶若茲想盡各種方式脫身但都不得其法。最終溫斯坦還是把她帶到了樓上，並朝著房間而去。這時他們已經擺脫了樓下的便衣警察，而且問題更大的是她做為備案的手機雖在警方的指示下沒有關機且持續錄音，但電池卻在此時有點無以為繼。

隨著凶狠的真面目慢慢藏不住，溫斯坦令她進入房間。被嚇得魂不附體的古提耶若茲苦苦哀求，並試著逃走。而就在這樣的互動過程中，溫斯坦不打自招地承認了他前一天摸了她：一段完整而極富戲劇性的自白被錄了起來。她繼續懇求，而他也終於退讓，然後兩人便下了樓。不再隱藏身分的便衣走向了溫斯坦，告訴他警方想跟他好好談談。

當時要是被起訴，溫斯坦面對的會是第三級的性虐待罪名，依法最重可判處三個月徒刑。「我們什麼證據都有。」古提若耶茲說。「每個人看到我就是『恭喜，我們阻止了這隻禽獸。』」但這之後小報就紛紛開始拿她的過往做文章，說她是妓女。曼哈頓地區檢察官小賽若斯．凡斯（Cyrus Vance Jr.）的辦公室也開始與此口徑一致，對她提出了質疑，後來凡斯還派了他的性犯罪部門主管瑪莎．拜西福特（Martha Bashford）來問訊，並以貝魯斯科尼跟她私人的性經歷為題展現了強得出奇的敵意，至少這是我在執法部門中的兩名消息來源所說的。地區檢察官的發言人辦公室後來告訴《紐約時報》（*New York Times*）說他們對古提耶若茲的問訊過程「正常而例行」，其目的只在於為法庭交叉詰問中會出現的問題做好準備。但我的那兩名消息來源並不這麼看。「看他們攻擊她的樣子，你會以為他們是溫斯坦請的律師。」其中一人告訴我。「那感覺很怪，」古提耶若茲回憶起問訊過程說。「我心想『這些問題跟案子有什麼關聯？我不明白。錄音證據一聽不就什麼都清楚了嗎？』」

二〇一五年四月十日，古提耶若茲報案兩周之後，地區檢察官辦公室宣布不起訴溫斯坦，並附帶了簡短的聲明說：「本案自始便獲得了嚴正的辦理，並由本辦公室的性犯罪部門進行詳實的調查。而在對現有證據進行了分析，包括與兩造進行過筆錄問訊後，我們認為進行刑事告訴的基礎並不存在。」

紐約警局被地區檢察官這個決定徹底惹毛——他們讓特殊受害者部門發動了內部調查，重新檢視曼哈頓地區與此次類似的案情，跟強制或不當觸摸有關的近十件報案紀錄。「那些案子的證據量還不及我們的四分之一。」另一名政府執法部門的線人告訴我。「他們沒有警方監控下的會面，監控下的電話對談也不多。」但那名消息來源說，「那些案子通通都以嫌犯被捕作收。」凡斯手上可以將溫斯坦定罪的證據，社會大眾從頭到尾都不知悉。

執法部門的官員開始口耳相傳說，地區檢察官辦公室的表現很奇怪。凡斯的手下會源源不絕地收到關於古提耶若茲過往的資料，但資料從何而來卻沒人知道。那感覺，一名官員告訴我，就像是溫斯坦把手伸進了凡斯的地盤。

❖

古提耶若茲出事的時節，正好躬逢其盛地遇上溫斯坦手上有支政壇影響力驚人的法律團隊，像前紐約市長魯道夫．朱利安尼（Rudolph Giuliani）就涉入其中甚深。「魯迪（魯道夫的暱稱）在安珀拉的事情發生後就天天到辦公室報到。」溫斯坦影業的一名員工回憶說。「他當時還沒有神智不清（朱利安尼後來傳出失智）。」朱利安尼在古提耶若茲的案子上花的時數之多，後來還鬧出了跟報帳有關的茶壺內風暴。如果把溫斯坦的生意比作一首交響曲，那這類請款爭議就是會反覆在樂章中出現的主題。

溫斯坦律師團隊裡的好幾名成員，都在凡斯競選時捐過政治獻金。其中一名律師艾爾坎．阿布拉莫維茲（Elkan Abramowitz）是凡斯前東家的企業合夥人，並在凡斯二〇〇八年競選時捐助了兩萬六千四百五十美元。我認得阿布拉莫維茲的名字，因為我姊姊重申伍迪．艾倫性侵害她的時候，艾倫派了一個人到晨間節目上去陪笑否認一切，那個人就是阿布拉莫維茲。但這段歷史讓我對阿布拉莫維茲的切身之恨沒有變多，反而變少，因為這代表他不是特別針對誰，而是對阿布拉莫維茲這樣的律師而言，這就是一個家庭手工業，案子來就接。

大衛・波伊斯是另一名對錯綜複雜的古提耶若茲一案有所著墨的律師，同時他也跟曼哈頓地區檢察官走得很近。他長年是政治獻金的金主，並在溫斯坦確定不起訴的幾個月後，拿了一萬美金給凡斯的競選連任團隊。

❖

在溫斯坦確定全身而退後，古提耶若茲先是受到震撼，然後便開始擔心起自己的未來。「我寢食難安，睡不著也吃不下。」她告訴我。隨著溫斯坦靠小報的人脈炒起古提耶若茲是妓女的風向，她感覺彷彿歷史重演。她相信自己會被傳說在義大利老家當過妓女，是因為她曾經以證人身分，在貪污案裡指控過貝魯斯科尼。她告訴我說貝魯斯科尼曾濫用權力去詆毀她的名譽。「他們說我是性交派對的援交妹，說我被有錢男人包養。」她說。「認識我的人都知道那些是子虛烏有。」而罵人是婊子來侮辱人，顯然是一種世界語言。不只一名小報編輯後來告訴我說他們很後悔如此報導古提耶若茲，並感覺那很刺眼地昭示了溫斯坦與小報產業間的利益糾葛跟狼狽為奸。

其中溫斯坦用的最爽的小報人脈，得算是《國家詢問報》的佩克與霍華。溫斯坦的員工記得他打給佩克的電話量曾經明顯增加過。而霍華曾下令要員工對古提耶若茲的指控按兵不動，然後又去徵詢把她的新聞買下來壓掉的可能性。這之後就是《國家詢問報》最終刊出的那篇報導，當中顯然倒果為因，指鹿為馬地把自己去找古提耶若茲要買新聞的事情，說成是古提耶若茲在公開市場兜售這個故事。

那就好像是「身為內衣模特兒或什麼的是我的原罪，我說什麼都不對。」古提耶若茲說。「我聽到有人告訴我：『可能是妳穿衣服的風格不對吧。』」（她曾經做專業的ＯＬ打扮去見溫斯坦，而且還因為天冷穿了厚絲襪）。她的形象被弄臭了。「形象是我的飯碗，而那形象如今已毀於一旦。」她說。工作電話從此沒再響過。狗仔成天在她的公寓外站崗。她弟弟從義大利來電說記者跑到他上班的地方堵他。

等古提耶若茲諮詢的律師建議她接受和解時，她第一個念頭是不要。但她的決心確實慢慢在動搖。「我不想繼續看到家人受苦。」她說。「我那時才二十二歲，我知道如果他能操控整個媒體到這種程度，那我肯定不是他的對手。」二〇一五年四月二十日早上，古提耶若茲人在曼哈頓中城一間律師事務所裡坐著，面前擺著一支筆，外加厚厚一本法律合約等著她簽。想拿到合約中載明的一百萬美元，她得承諾從此不再公開場合談論溫斯坦或這件案子。「那些文件讓我眼花瞭亂，我有點不確定自己在做什麼。」她告訴我。「我一整個分不清東西南北，英文又很爛。協議裡的一字一句都超級艱澀。我想就算我現在重看，應該還是霧煞煞吧。」桌子的對面，來自朱利安尼公司的溫斯坦律師陣營丹尼爾・S・康納利（Daniel S. Connolly），在古提耶若茲提筆之際抖得非常明顯。「我看著他發抖，才意會到這是件多大的事情。但當時我想著我得養媽媽跟弟弟，而且我的人生也被弄得支離破碎，所以我還是硬著頭皮簽下去。」她對我這麼說。

「簽下去的那瞬間，我真的感覺自己做了件錯的事情。」她知道拿了錢，就得面對外界的批評聲浪。「很多人無法同理。」她說。「他們沒辦法設身處地。」在合約簽完後，古提耶若茲陷入抑鬱，並開始出現飲食失調的問題。最終她弟弟在擔心之餘踏上了美國的土地。「他曉得我狀況很糟。」她說。他把姊姊帶回義大利，然後又到了菲律賓「去展開人生新頁」。她告訴我，「我當時被徹徹底底毀了。」

第十章　媽媽

兩年後，古提耶若茲在回憶面前閉上了雙眼。「你還留著那份文件嗎？」我問。她張開雙眼盯住我。「我向妳保證，」我說，「不論我今天在此得知了什麼，我在使用時都會顧及妳的感受。就算得放棄這條新聞，我也不會做出讓妳不舒服的事情。」她拿起了白色的iPhone手機，開始又點又滑，然後把手機推向我，任由我閱讀起了那份價值百萬美元的保密協定。

那份文件共長十八頁，最後一頁上有古提耶若茲跟溫斯坦的簽名。參與起草的多位律師肯定對這份文件的效力充滿自信，他們絕對不會想到這東西還有重見天日的可能性。合約內容要求銷毀所有溫斯坦承認不當撫摸的錄音檔備份，而古提耶若茲也同意交出手機跟其他可能存有相關證據的電子裝置給德安華（Kroll）這家溫斯坦養兵千日，用於一時的民間徵信公司。她後悔的還有把電郵密碼跟各類數位通聯方式的密碼都交了出去，斷了自己可以將備份偷渡出去的途徑。「溫斯坦的保密協定有可能是我執業十年來見識過最吃人夠夠的一份。」一名代表古提耶若茲的律師後來告訴我。保密協定裡有個附件是一份由古提耶若茲預簽的宣誓聲明書，預定會在她違約時公布，當中載明溫斯坦在錄音中承認的行為，從未發生過。

我從合約跟用來拚命寫筆記的記者本子裡抬起頭來。「安珀拉，錄音帶的電子檔，真的一份也不剩了嗎？」

古提耶若茲把雙手疊在大腿上，好讓她的視線有個聚焦的地方。

❖

沒一會兒我快速走出餐廳，開始朝著地鐵站而去，並同時打電話給李奇．麥克修。我把事情跟他說了一遍。「是真的。」我說。「而且有他自白的錄音檔案。」

我傳了文字訊息給諾亞．歐本海姆。「我已經聯絡上有五名女性對哈維．溫斯坦提出指控，跟你說一聲。其中我剛跟一名模特兒見面，她曾經在二〇一五年的一個案子裡為協助紐約警方調查戴過竊聽器。她答應要放當時的錄音給我聽。她原本希望能受訪，但她簽了跟和解金綁在一起的保密協定——合約她也給我看過了，是真的。哈維．溫斯坦簽了字，雙方一百萬美金和解。」他在幾小時後傳來的回覆裡只問了一句：誰當你這則新聞的製作人？然後就沒再多說什麼了。

回到洛克斐勒廣場三十號後，麥克修跟我坐在四樓李奇．葛林柏格的辦公室裡，他本人的對面。「這可是條大新聞啊。」葛林柏格往他網狀透氣椅背上一靠。

「應該說，這是條超級大新聞。」麥克修說。「他可是親口認了罪。」

葛林柏格轉起屁股下的椅子，面向了電腦螢幕。

「我們來看看喔……」他邊說邊把古提耶若茲的名字輸入到谷歌的查詢列，然後按下了圖片搜尋。他滾起捲軸，古提耶若茲身穿性感內衣的撩人姿態讓人應接不暇。「還不錯。」

「再堅持一下，一項重大證據就會到手了。」我有點急了。「她說她會把錄音放給我聽。」

「嗯，這我們就等著看嘛。」葛林柏格說。

「然後還有合約的問題。」麥克修加了進來。

「合約的部分會比較複雜。」葛林伯格說。「我們總不能逼她違約。」

「我們什麼事情都不會逼她。」我回答。

那天下午稍晚，我打電話給NBC的鍾律師。「理論上，有人可以說是我們引誘她違反合約。但這種民事侵權行為非常詭異。關於如何才能證明侵權，實務上有很多種相互衝突的詮釋與見解。有人說你得證明被告有違約的單一犯意，但這顯然不符合你們的情形。」他說。「我相信李奇只是覺得小心使得萬年船。」

❖

我下午試了幾次打給強納生，但直到我溜出公司到洛克斐勒廣場上時才接通，這時已經是日落時分了。「六通電話！」他說。「我還以為是有什麼急事！」他剛開完會出來。「五通而已啦！」我嚴正抗議。我們在他下班不久後見了面，而他上的是總統文膽的班。我們在一起的那幾年他飄飄蕩蕩，一邊創作短命的情境喜劇，一邊泡在推特上面發文。兩個月之前，他跟他的幾個朋友開了間媒體公司，並主打西岸的播客內容。公司業務起飛的速度比預期得快，由此他來紐約的次數愈來愈少，停留的時間也愈來愈短。

「我正在查。」他說。

「快啦。」我回答，然後我等了三十秒。「強納生！」

「抱歉！忘了你還在電話上。」這種事發生的頻率比你想得高。這些時日，我們的關係幾乎全在無止盡的電話上進行。時不時他會想對我按暫停，他忘了那是對播客才能做的事情。

我的手機登了一聲。我低頭看見一串二三十條的IG訊息提醒。這些訊息全都來自一個沒有大頭照的帳戶，讀起來千篇一律都是：「我在盯著你，我在盯著你，我在盯著你。」我滑掉了這些提醒。奇怪的訊息本就是任職電視新聞的一項職業災害。

「瘋子都很愛我。」我對強納生說，然後把訊息念給他聽。

「他覺得他愛你，但那是因為他沒有跟你交往過。」

「你這話是什麼意思？」

「意思是我愛你。」

「是嗎？」

「我剛剛才在給婚禮誓詞打草稿耶。我們婚禮要辦在月球表面，大家都要穿重力靴與會。」

那是我們之間的老笑話了。

強納生的母親想要孫子，而且她說她可不想等到人類建有月球基地的時代。

「又來了？」我接下他的哏說。

「拜託去找個NBC的人員看看這些威脅訊息好嗎？別那麼鐵齒啦。」

❖

在與古提耶若茲的第一次會面之後，我再次接觸了在地區檢察官辦公室裡的聯絡人。「有件怪事。」聯絡人說。「那個錄音檔，檔案夾裡有紀錄，但我們這裡卻找不到。」這照理講不太可能。地區檢察官辦公室的標準作業程序是保留所有證據，以防將來調查要重啟。我說了句「謝謝你」，然後只當那是對方沒有仔細去找而已。

經過第一次對話的一周後，我跟古提耶若茲又見了第二面，這次是在紐約聯合廣場（Union

Square）附近的一間地下室麵店裡。她前一個行程是角色的試鏡會，所以來的時候是整理好的頭髮跟全妝，我感覺自己好像在訪問洗髮精廣告的女主角。她這天講到了貝魯斯科尼的腐敗媒體帝國，還有她是如何率領反對力量為推翻他盡了一份心力。而隨著我們見面對話的次數不斷累積，她似乎又慢慢找回了當年把貝魯斯科尼拉下台的初衷與動力。

這天稍早，她給我傳了一張古早蘋果MacBook筆電的照片，並解釋說她弄丟了充電線。我找到了一條年分規格相符的線，然後一邊跟她聊天，一邊讓筆電靜靜在我們一旁的椅子上充電。我不斷緊張地用眼睛瞄著筆電，最終我盡可能裝得若無其事地問她覺得這筆電還活不活得過來。麵館環境相當吵雜，所以我們轉移陣地去了轉角的邦諾書店。她這時再度打開筆電，然後從左邊瞄到右邊，搜尋了一系列的檔案分類，途中略過當模特兒的照片，還有一些看似人畜無害的文書Word檔。

「在正式命令要我交出所有手機跟電腦之前，」她一頭鑽入老硬碟說，「我寄了錄音的備份給自己，包括我所有的電郵帳號。」她答應把所有帳密都給了德安華公司，也知道自己沒說的帳戶對方也查得出來。但為了給自己買一個小小的保險，留一扇機會的小窗，她還是跟對方說自己想不起其中一道密碼。然後隨著德安華的人把其他帳戶一一刪除，她登入了那個表面上要去回復密碼的帳戶，轉傳了音檔到一處暫時性的匿名中轉電郵（burner email），然後清空了寄件備份。最終，她把音檔下載到了這台老骨董上面，塞在了一個櫃子的背面。「我不知道這東西靈不靈光。」她說。「這就像——」她深吸了一口氣，屏住了呼吸，就像是在演出什麼叫作準備接受打擊。但德安華的人並沒有再跑來敲門，這台筆電也持續積著灰塵，在不曾充電的狀況下冬眠了兩年。

在面前的螢幕上，古提耶若茲來到一個名為「媽媽」的檔案夾，點開之後裡面分別是媽媽一、媽媽二與媽媽三這三個音檔：會分成三個檔案是因為當年配合警方辦案時，每回她的手機發出電力下降過快的推播警示，她就得忙著重新開啟錄音。用她遞來的耳機，我開始聽起了錄音。東西全都完整無恙：他對於要捧紅古提耶若茲的承諾、他說他「提攜」過的女星芳名錄、他跟他以為是TMZ攝影記者的便衣警察互動，全都在檔案裡原封未動。在錄音檔裡，古提耶若茲的驚恐聽來非常立體，讓人非常能感同身受。「我不想。」她站在飯店房間外頭的走廊上，在溫斯坦愈發咄咄逼人的行徑中，用了這幾個字拒絕就範。「我想要走了。」她還說。「我想下樓。」某個點上，她質問他為什麼前一天要亂摸她的胸部。

「喔，我求你了，對不起啦，進來嘛。」溫斯坦答道。「我習慣了這樣嘛。進來吧，拜託。」

「你習慣了這樣？」古提耶若茲在想自己是不是聽錯了什麼。

「是。」溫斯坦說。「下不為例。」

在走廊上往復僵持了快要兩分鐘後，他終於同意回到樓下的酒吧。錄音裡的溫斯坦又是威脅利誘又像個惡霸，可以說盧得不得了。但真正重要的是，這錄音是冒著煙的槍，是無法帶風向的鐵證。他就在錄音裡承認了自己不是一時衝動犯下此案，根本就是個慣犯。我習慣了這樣。

「安珀拉，」我脫下耳機，「我們得把這東西公諸於世。」

我從口袋中生出了一枚隨身碟，然後將之滑向在吧檯對面的她。

「我不能命令你一定要怎麼做。」我說。「決定權在你。」

「我知道。」她回答。她閉上雙眼，似乎猶豫了一陣。「我願意，」她說，「但要再等等。」

第十一章　布魯姆

跟古提耶若茲的第二次見面，讓我沒能準時去跟我ＭＳＮＢＣ的前老闆菲爾．葛瑞芬的一名前助理喝兩杯。「這是我追過最大條的一則新聞了。」我傳簡訊跟她說。「我若遲到絕對是情非得已。」我生平三大志向：新聞記者、戲精、遲到大王。

「無妨，希望一切都還順利。」她是好人。

我就這樣一路道歉，來到了我們約好見面的精緻法國餐酒館。當面我問她的第一件事是葛瑞芬還好嗎，而她說你們是講好了嗎——葛瑞芬也要我問候你說。

葛瑞芬是在我身上賭一把，把我帶進ＮＢＣ大門的貴人。他是名才華洋溢的製作人，且一路從有線電視新聞網（ＣＮＮ）的各個崗位跟後來在《今日秀》與《夜間新聞》的工作上爬了上來。在ＣＮＮ時期，他的重心是體育新聞。他是個棒球迷，迷到可以對這運動滔滔不絕，但也非常有風度地接受我的鴨子聽雷。他會說自己一生的志願是去紐約大都會隊任職，但你總覺得他九成是在開玩笑。在擔任ＭＳＮＢＣ扛壩子的期間，他創造出該有線頻道前所未見的巔峰，也陪伴它走過風中殘燭般的低谷。葛瑞芬是梅西百貨主管的子弟，成長在紐約市與托雷多（Toledo）郊外的高級住宅區。精瘦、光頭、很嗨，無憂無慮的屬性來自於他挫折甚少的人生旅程。

在我的節目被取消後的兩年當中，我跟葛瑞芬的接觸僅止於禮貌性地在辦公室遇到。我在想眼前的前助理提到葛瑞芬提到我的事情，是否也只是出於同樣的禮貌而已。但若他提到我是真有其事，我也有點想不通自己為何還沒徹底在他的雷達上消失。

❖

蘿絲．麥高文在前一年秋天的推特上發文後不久，哈維．溫斯坦就開始打電話給他的律師波伊斯，但他提起ＮＢＣ的名字，已經是這年春天的事情。

「我聽說他們在做一則新聞。」溫斯坦說。他想知道波伊斯有沒有聽聞什麼。波伊斯說他什麼都沒聽說。幾天不到溫斯坦的電話又打了過來，同樣的問題又問了一遍。

在與波伊斯的第二通電話中，溫斯坦似乎不太滿意律師的答案。「我在ＮＢＣ也認識一些人。」溫斯坦提醒波伊斯。「我會把這事兒搞清楚。」

溫斯坦會緊張兮兮地打電話給律師，詢問媒體有無在追蹤會給他添麻煩的新聞，已經是行之有年的事了。但這次的狀況有一點不同：他開始對身邊的人宣傳說，他能直接從ＮＢＣ得到情報。很快地，他就開始轉述新聞網究竟掌握了多少內情，還點名負責在追新聞的記者是誰。

❖

接下來的幾周，我繼續在聯合廣場的邦諾書店跟古提耶若茲碰面。她告訴我說她願意見我、葛林柏格，還有ＮＢＣ的法務部門，到時候她會把錄音播給在場的人聽，合約也會讓他們過目。但至於要不要把證據交出去，她內心依舊在天人交戰。

在某次跟她見面過後，我再次在猶豫中播了電話給姊姊狄倫。「所以你又要我給你建議了嗎？」

她話說得有些淘氣。

我解釋了情況給她聽：消息來源一名、錄音帶檔案一份、合約一本。任何一個跟我談過話的人，都是潛在的告密者，他們都可能把情報透露給溫斯坦。要是我哪天真能把新聞全貌拼湊出來，那我自然會把真相在溫斯坦面前全盤托出，要他給個回應或交代。但在那之前，現在的我必須要保護好自己，保護好新聞，而來自消息來源的警告，都讓我對溫斯坦可能出的招數感到坐立難安。「這種時候我應該向誰求助？」是我丟給狄倫的問題。「誰能讓我靠？」

她想了一會兒。「你可以撥個電話給麗莎．布魯姆（Lisa Bloom）。」

麗莎．布魯姆是那種在電視上飾演律師，現實人生中也是律師的律師，但她看似用這樣的平台不只去保護自己的客戶，也試著保護一種理想，而這種理想就是她想要保護性暴力的倖存者，讓這些受害者可以有本錢去對抗有權有勢的加害人。在絕大多數人選擇袖手旁觀的時候，她曾經多次用書寫與發聲來捍衛我的姊姊。「你，你的姊姊，跟你的母親，一路走來都用優雅的風度與令人感佩的尊嚴，度過了風暴，由此各個角落，都有性虐待倖存者從你們母子三人身上獲得了力量。」她曾經寫過這樣的信給我。「聲援狄倫無庸置意的公信力，是我能力所及的一點點心意。」

布魯姆曾經是我節目的常客，當時她是代表比爾．歐萊利（Bill O'Reilly）與比爾．寇斯比案的原告來上節目。「有權有勢的富人可以為所欲為，在我執業生涯的每一天裡不斷上演。」她在討論《天才老爹》的那一趴節目裡這麼說過。「我代表的是許許多多的受害人，而殘害她們的是事業成功的掠食者。這些掠食者最愛做的事情，就是去攻擊受害者，在她們過往的人生中扒糞，然後藉此去讓受害者感覺到受辱與難堪。」她親眼見識過「女性被抹黑，或受到被抹黑的威脅」。

❖

當布魯姆接起電話時，我主動表示這通電話不用列入正式紀錄。但她對此嗤之以鼻。「少來這套。」她說。她有著溫暖的聲音跟一絲絲直接。「大部分時候我都會想要發表評論，這你應該知道吧。」

「謝了。」我說。「但我還是希望妳能幫這通電話保密。」

「當然，這我懂。」她說。

「我知道我們之間沒有律師與客戶間的守密義務，但忝為一名沒在執業的律師，我相信妳是可以信賴的同業。如果我問妳一個敏感的問題，妳願意保守祕密到消息正式曝光為止嗎？」

「一定。」她說。

我說我手上的一則新聞牽扯到一份要求很嚴格的保密協定，然後我問她對這種協定的實務執行力有什麼看法。她說這類協定通常可以達到想要的效果，並表示：這類協定往往會針對洩密的行為制定讓對方傾家盪產的違約金，並會內建有仲裁條款可以讓違約金祕密執行，不需要上法庭（有趣的是古提耶若茲簽的那份合約雖然其他方面都顯得張牙舞爪，但就是少了這樣一條可以讓溫斯坦要求私了的仲裁條款）。

有些法人實體，像是福斯新聞網，曾於近期拒絕執行由前員工所簽署的性騷擾保密協定。布魯姆說這全都要看執行的人或主體是誰。

「要是我能知道這到底是在講誰，羅南，我想我會比較能給你具體的建議。」她咬字變得非常清晰。

「那妳能發誓不把任何一個字說出去嗎？」

「我發誓。」她說。

「這牽扯到哈維・溫斯坦。」

我人站在自家公寓裡，外頭看出去是倉庫風的整片窗戶牆。通過其中一扇窗，肉眼可以稍微瞥見芭蕾舞蹈工作室的一隅。某人緔緊舞衣的背部在窗框中一閃而過。

「等時機成熟了，我會主動去請他發表意見。」我接著說。「但在那之前，事跡敗露是大忌中的大忌。考慮到被他傷害的女性，調查的過程絕不能傳到溫斯坦黨羽的耳裡。」

又一陣沉默。然後麗莎・布魯姆說，「我完全了解。」

古提耶若茲與麥高文都說過她們需要律師。身為一名記者，我必須要與消息來源的法律案件保持距離。我跟這兩人說過我無法給予任何法律上的建議，也不能直接推薦律師給她們。但我可以指出一個方向，讓她們自己去參考公開資訊，並藉此知道相關領域裡有哪些專家可以找。由此我向布魯姆請教了在保密協定這一塊上，有沒有哪位律師前輩的經驗比較豐富。後來麥高文也真的找上了一位布魯姆推薦的人選。

❖

哈維・溫斯坦要打電話給人的標準作業程序，是對著駐於辦公室外接待室的助理們大吼大叫。在與律師波伊斯針對NBC的動靜通過電話後不久，他對助理們嘶吼出兩個新的名字。「給我找安迪・列克，馬上，」他說。「還有菲爾・葛瑞芬。」

溫斯坦聯絡上列克後，分別是片廠負責人跟電視網高層的兩人先禮後兵了一下，而口氣很焦急的溫斯坦馬上就切入了重點。「嘿，」他說，「你們家的孩子，羅南，在拿我做一條新聞，好像是跟九〇年代有關的事情。」

列克對我的名字好像沒什麼很深的印象，於是便建議溫斯坦去問問我在MSNBC的前老闆，葛瑞芬。對此溫斯坦發起飆來，拚命說自己多無辜，而這則新聞又有多愚蠢。

「安迪，那可是九〇年代，你懂的吧？我有沒有跟一兩個不應該蹚的助理出去？我有沒有睡了她們其中一兩個人。當然有。」

列克對此沒有任何回應。

「那是九〇年代，安迪。」溫斯坦第二次把九〇年代拖下水，彷彿一直強調這一點就可以讓他全身而退。最後他還語帶威脅，自顧自下了個結論：「當年我們誰不是那樣。」

兩人之間接著先是一陣沉默，然後安迪・列克才開口，「哈維，別說了，我們這邊會去了解看看。」

❖

布魯姆再次來電時，時間是晚上，正在返家路上的我剛出地鐵站。「你好嗎？」她問。「我在想啊，那個，我其實跟大衛・波伊斯有點交情耶，還有——我甚至跟哈維也不是完全不認識。」

「我找你商量的事，你沒有跟任何人說吧？」我問了布魯姆。

「當然沒有！我只是，你知道，有個想法。我在想我也許可以幫忙替你跟他們牽線。」

「麗莎，這是非常敏感的問題，而且時機距離成熟也還早。但我向你保證只要時候到了，我一定會跟他聯絡。只是現階段請妳千萬千萬守口如瓶。妳發過誓的。」

「我只是覺得這是一個選項。」她說。

「事情有所進展我會讓妳知道。」我回答。

此時我正好經過使徒聖保羅教堂，我家公寓附近那座要塞一般的哥德式復興教會。我抬起頭望了一眼，然後快步踏出了教堂的陰影。

「你有任何需要都可以找我，好嗎？」布魯姆說。「什麼都可以。」

第十二章　有趣

那星期，麥克修跟我坐在葛林柏格的辦公室裡，向他更新我們與古提耶若茲的對談進展。我把古提耶若茲願意跟公司的法務部門見面，並把證據帶來給他們過目的提議，告訴了葛林柏格。「我們趕快來排時間吧，免得她又縮回去了。」我說。

葛林柏格不肯把答應見面的話說死。他說我們需要把錄音拿到手，而不是聽一聽就算了。我同意葛林這番話的意思，但也表示古提耶若茲眼看就要把證據攤在我們面前了。我強調這時若能跟她見上一面，肯定有助於NBC說服她把證據交給我們。葛林柏格仍提出了他認為看過合約會導致我們在法律上脫不了身的疑慮。「你得讓法務就這一切全部評估過。」他說。從頭到尾他都拿著桌上的一支筆在眼前翻來轉去。

就在我提醒他說我報導的每一步行動都找法務確認過的同時，葛林柏格桌上的電話響了。他看了一眼來電顯示，停下了動作。

「是哈維．溫斯坦。」葛林柏格說。「他今天稍早也打過電話來。」麥克修跟我面面相覷。這對我們來說可是新聞。葛林柏格說溫斯坦施壓要知道這則新聞的細節。他會先好言在先，說自己是我的粉絲，是新聞網的粉絲，但再來他就會開始嚇唬人。

「他說他律師都請好了。」葛林柏格翻閱著面前的筆記說。

「大衛・波伊斯？」我問。

「他有提到波伊斯，但還有別人。喔有了，查爾斯・哈德（Charles Harder）。」哈德是律師界有名的鬥牛犬，他最近在一場由身家數十億美元的彼得・提爾（Peter Thiel，PayPal創辦人）所提起的隱私侵入訴訟中，成功讓八卦新聞網《高克》（*Gawker*）關站。

「當然我跟他說我們沒辦法跟他討論特定內容。」葛林柏格說。「我們按規矩辦事，他要打電話就讓他打個夠。」

❖

我們的報導陷入了五里霧中。古提耶若茲仍在糾結著要不要交出音檔。蘿珊娜・阿奎特的經紀人已經不回我電話了。這名英國演員確認了她經紀人告訴我的故事為真，然後就因怯場而陷入沉默。艾胥莉・賈德的網路評論提到一個不知名的片廠高幹，當中在在讓人聯想到麥高文與古提耶若茲的指控——會議從飯店餐廳開到飯店客房裡，然後溫斯坦要求她看著他淋浴——但艾胥莉跟我也斷了聯繫。

那個三月的一天下午，我找了一排因為要整修而整個空出來的辦公室隔間，然後在那兒打了電話給安娜貝拉・席歐拉。在這之前的幾個星期裡，其他人提到她那邊可能有內幕。席歐拉是由義大利雙親在紐約撫養長大，後來先靠驚悚片《推動搖籃的手》（*The Hand That Rocks the Cradle*）闖出名號，然後又因為客串演出《黑道家族》（*The Sopranos*）而獲得艾美獎提名。她的螢幕形象是強悍的硬派角色，但那天她接起電話時，聲音聽來卻氣勢頓失且疲憊不堪。「你會找上我真的讓我嚇了一跳。」她說的是我打這通電話之前在推特上的留言。「我不確定您有何貴幹，但我是MSNBC的觀眾，所以說嘛，我很樂意跟你談談。」

我告訴她說我在調查一件跟哈維．溫斯坦有關的性騷擾案件，而有兩個人表示她這邊可能有資訊可以提供。

「啊，那件事喔。」她擠出了空洞的笑聲。「怪了，那件事我聽說過。是誰叫你來找我的？」

我告訴她說我不能隨意透露消息來源。「要是你真知道什麼事情，很多人將會因此得到幫助。」我說。「匿名也可以。」

在電話的另一頭，席歐拉人在她布魯克林家中的客廳裡，向外瞭望著東河。她遲疑了一下，然後說：「不，沒發生什麼事。」又一聲薄弱地笑。「我不知道，我想大概我不是他喜歡的類型吧。」

我謝過她，然後請她要是想起什麼可以打電話給我。「我也希望自己能幫上忙。」她回答。「不好意思。」

❖

那年的四月初，我人坐在自己的辦公桌前，看著一份剛傳來的訊息。「嘿……，」上頭寫道，「這是馬修．希爾特齊克（Matthew Hiltzik），我有一個問題想很快請教你一下。」希爾特齊克是知名的專業公關。他是新聞從業人員很信得過的公關選擇，CBS晚間新聞主播凱蒂．庫里奇（Katie Couric）的對外聯繫多年來都由他經手。多年前當我因為我跟家人陷入小報報導包圍而感到絕望時，也曾在MSNBC的建議下，去短暫請他提供了服務，而他的表現可以說非常之暖。希爾特齊克身為一個秉持人人機會均等信念的「形象化妝師」，跟柯林頓與川普家族都關係匪淺，像伊凡卡．川普（Ivanka Trump）就是他公司的客戶，而他的兩名後輩霍普．希克斯（Hope Hicks）跟喬許．拉斐爾

（Josh Raffel）則都在川普主掌的白宮卡到位子。

沒多久，希爾特齊克的電話就打來了。「嘿，你好嗎？」他話說得開朗。我從背景聽得出一股人聲交織出的嗡嗡聲，就像他正踏出某個派對似的。「我在參加一個活動，」他解釋說，「希拉蕊在發表演說。」

希爾特齊克來電不會沒有理由。我沒有明說自己是好或不好。「手上有幾個拍攝工作在忙。」我告訴他。「還有一本書要趕著截稿。」我最近夜夜都瘋狂地設法把一本醞釀許久的書寫出來，談的是外交部門在美國對外政策上的角色式微。

「這麼聽起來，你有其他新聞被稍微擱置到靠裡的爐子上了[21]。」希爾特齊克說。「我剛剛說了希拉蕊在現場，哈維也在這裡，我跟哈維合作好多年了。」

我一語未發。

「其實，他剛走進來了。」希爾特齊克接著說道。「他問我說：『這個叫羅南的傢伙是誰？他到處在打聽我？他在調查我什麼嗎？』」

「你是代表他在發言嗎？」我問。

「那倒也不是。我跟他交情不是一天兩天。他知道我認識你，而我說我可以幫點小忙。我跟他說，『聽著，你冷靜一點，哈維，羅南這人不錯。』說你跟我會小小聊一下。」

「我調查了很多線索，但新聞沒準備好發表之前我什麼都不能說。」

「這是替ＮＢＣ在查事情嗎？」希爾特齊克問。

「這怎麼說呢——我本來就是ＮＢＣ的調查特派員啊。」

「那你查的事情跟蘿絲·麥高文有關嗎？」他緊追不捨。「是的話，他說他可以澄清一下。」在遣詞用字非常小心的狀況下，我告訴他我歡迎所有的情報提供。背景傳來悶悶的叫囂聲。「他這人就是這麼有趣。」希爾特齊克說。「他剛剛說了些，」——他暫停做了一下效果——「很有趣的事情。」

兩個小時過後，希爾特齊克傳了簡訊，「他這人就是有點搞笑。我傳達了你的訊息。他要我回你電話。」然後希爾特齊克就又來了通電話，然後在當中提到了溫斯坦，「他這人很少能平心靜氣處理事情，」而且「他現在又很焦急，很不高興。」

「聽你這麼講我很遺憾。」我說。

「有時會有人想攻擊他，想要弄他，包括會不惜影射自己手中有什麼內幕。他說他已經習以為常了，這些流言蜚語從來都沒消失過，但每次的結果都是無的放矢，或至少比事實誇大很多。」他提到說《紐約客》跟《紐約》雜誌都追過這條新聞。一名記者才剛「把哈維生活圈裡每個人的電話都打了一輪，把他嚇壞了。」溫斯坦「對這種事情愈來愈敏感了。」

「你說『敏感』是什麼意思？」我問。

「他也上了年紀，人稍微比較成熟穩重了。所以我不覺得他會馬上採取什麼行動，但——」

「採取行動？」我說。

「嗯，他不笨。他遲早會有動作的。聽著，你有你的書要完成，是吧？所以這新聞對你來說應該也不急啊。」他說。我看著自己一邊通電話一邊做的筆記，靈光一現挑起了眉毛：希爾特齊克露出了一個不算大但挺有用的馬腳。

希爾特齊克那頭傳來了掌聲。「你參加的是什麼活動？」我問。

21 這是英文慣用的比喻，把事情放到靠裡的爐子上，代表事情被認定沒那麼急。

希爾特齊克解釋說希拉蕊．柯林頓結束了與老朋友跟募款大將溫斯坦的綠廳（休息室）對話，然後上去發表了以全球女性為題的演講。

❖

我立刻傳簡訊給葛林柏格，匯報了希爾特齊克的來電。隔天葛林柏格來電。他劈頭先一本正經地稍微聊起了我的外交政策書稿，感覺就像是慢慢在為他真正想說的事情鋪哏。果然他接著說道，「對了，我今天見了諾亞，而你知道嗎——我們談了大概有十件不一樣的事吧，所以倒不是說我們專門為了某個題目見面，但他確實問起了你最寶貝的新聞。」他呵呵笑了兩聲。「我告訴他說我們看到有煙，但還不確定火在哪邊，也還不到鐵證如山。我跟他說，『諾亞，你現在問我，你知道，我會說我們手裡沒什麼確切的把柄。』」

我提醒他說我聽過溫斯坦承認攻擊女性的音檔，也看到了他在百萬和解金的保密協定上簽名，然後又補上一句說我們應該盡快安排古提耶若茲跟我們家的律師們見面。「這件事還不是條真正的新聞，所以我覺得我們不用急於一時。」葛林柏格說。「我覺得以我們現在的立場，應該是暫時放手會比較好。」

「什麼叫作『暫時放手』？」我問。

「你知道，就是——就是放到靠裡的爐子上，先擱置不管。」葛林柏格說。關鍵字爐子跟擱置果然出現了，我心想。「羅南，你有那麼多有搞頭的事情等著去做。你在追的新聞也不只這一條啊，好萊塢系列也口碑很好，你知道的，所以你沒必要單戀一枝花。」

幾分鐘後，我講電話的對象換成了麥克修。他跟我一樣感覺一頭霧水。「這感覺就像有人打了電話給他們。」他說。「希爾特齊克跟哈維先找上你，然後就輪到葛林柏格對你說這些？要說這是巧合也實在太巧。」

「我確定高層有接到電話，也確定他們面對那些人會拿出立場，諾亞肯定會支持這則新聞。」

「嗯，但我們的直屬上司不要你再往下追。你得決定我們要不要照他的話去做。」

「我們會把更多證據擺在他們面前，到時他們會回心轉意的。」我說。但當麥克修跟葛林柏格說他要騰出一個下午的空檔，打電話追蹤溫斯坦的新聞時，葛林柏格只冷冷地說，「那種事不急吧。」我們卡在了一個怎麼做都不對的難題裡。我們需要更多證據才能做這條新聞，但公開蒐集證據又會讓這條新聞在上司心中扣分。「現在只是打電話，真不知道要追加訪談錄影時會被怎麼刁難？」麥克修納悶起來。

❖

「你現在是絕好調啊。」創新藝人經紀公司（Creative Artists Agency）的艾倫．伯格（Alan Berger）說。聖安德列斯斷層可以裂開，洛杉磯市可以狠狠墜入太平洋裡，但一個個經紀人還是會跑來跑去，到處向他們的藝人保證現狀好得不得了。「你那條跟獄政有關的夜間新聞報導，咻，太強了！」伯格還沒說完。他說起話來既慈祥又溫暖，一聽就是長島高速公路那一帶的口音。在這一行裡，他被認為是一出手就能搞定事情的能手。

「你知道你的合約到今年秋天吧。」

「我知道。」我在自家公寓裡說。在對街的芭蕾舞蹈工作室裡，有人正在給地板打蠟。隨著事情牽涉得愈來愈廣，溫斯坦的新聞開始排擠到我其他的報導工作跟職涯考量。我的外交政策書約已經錯過太多次截稿，所以就在那個星期，我的出版社終於決定放棄，出書計畫就此告吹。

「他們很欣賞你的。」伯格說起NBC。「諾亞眼中你是人才。大家都覺得你前途不可限量。」

「這個嘛，我手上的一些新聞讓氣氛有些──」

「讓氣氛有些怎樣？羅南。」

「細節我不能說，艾倫。總之有什麼事不對勁，記得告訴我就是了。」

「羅南，你真是會吊人胃口。」伯格笑說。「你好好加油就是了，啊記得盡量不要惹到誰。」

第十三章　御用探長

我翻閱著跟希爾特齊克的電話筆記，看著他對於《紐約》跟《紐約客》雜誌的評論。在《紐約客》，卡爾憑藉著他對於監視與威脅等情事的懷疑，曾經追過這新聞一陣子，但那已經是二〇〇〇年代初期的往事了。希爾特齊克會提到溫斯坦最近比較敏感，顯示近期有人在另起爐灶。

我傳了一封新訊息給跟卡爾合作過的寫手，珍妮佛・希尼爾。「妳能幫我注意一下在《紐約》雜誌裡，有沒有別人在調查我們討論過的那則新聞嗎，主要是在大衛查過之後，近期有沒有別人接過他的棒子？」我問。「我最近一直聽說可能有這樣的事情。」

「你的懷疑沒錯。」她回了訊息給我。「我剛看了我的電郵。但以此例而言，我不太希望把名字是誰講出來。」繼大衛之後，追查這則新聞的又一次嘗試，顯然沒有什麼太好的下場。我請希尼爾幫我捎個信給這名神祕的寫手。

在《紐約客》雜誌裡，肯恩・奧列塔（Ken Auletta）是一支把對商界與媒體經理人的評價做到鞭辟入裡，因而相當出名的健筆。而這樣的他也曾在二〇〇二年側寫過溫斯坦。在那篇標題下為〈美女與野獸〉的專文裡，肯恩並沒有挑明著寫性掠食的情事，而是把重點放在溫斯坦的殘忍獸性上。

溫斯坦的為人按照奧列塔所寫，「少見地粗野，甚至會讓人感覺受到威脅」。另外文中還有一段耐人尋味而慷慨激昂的段落，暗示這份報導保留了什麼沒說。奧列塔提到跟溫斯坦一起做過生意的合夥人，都會「感覺被他『強暴』——事實上但凡跟溫斯坦互動過的人，都會不自覺地用上這個字眼來描述自身的感受。」我傳了則訊息給一名在《紐約客》工作的熟人，跟對方要到了奧列塔的電子郵件地址。

❖

七十五歲的奧列塔故鄉在紐約的康尼島，由一名猶太母親跟義大利父親撫養長大，舉止言談中流露著一種優雅跟古風。而身為記者，行事謹慎跟經驗豐富是他的特徵。「當然，能印出來的只是我們所掌握資料的冰山一角。」他在電話上告訴了在調查新聞編輯室附近，一間空辦公室裡講話的我。時間推回二〇〇二年，奧列塔正在追查溫斯坦獵豔的傳聞，甚至他還在做為正式紀錄的訪問中問起了相關的指控。他與溫斯坦曾坐在後者位於翠貝卡的辦公室裡，面紅耳赤的溫斯坦站起身來對著奧列塔破口大罵。「你是想讓我跟我老婆他媽的離婚嗎？」這話讓奧列塔也站了起來，「完全做好要打得他屁滾尿流的準備」。但就在此時溫斯坦崩潰了，他向後一倒坐了下來，開始泣不成聲。「他基本上是在對我說，『我可能行為不太檢點，但那不代表我不愛我老婆。』」話說到底，溫斯坦對於指控並未否認。

奧列塔並未能做出像麥高文那樣有紀錄可查的指控，也不像古提耶若茲那樣握有音檔跟合約等鐵證，但他跟薩爾妲．柏金斯（Zelda Perkins）談過話。柏金斯是米拉麥克斯倫敦的前員工，而她跟那兒的另外一名同事曾共同涉入與溫斯坦的性騷擾和解案中。雖然她害怕到不敢明目張膽指控溫斯坦，但她的陳述已經足以讓奧列塔用作槓桿，撬開了溫斯坦的嘴，讓他對曾在倫敦與柏金斯跟另一名員工達成某種和解一事坦承不諱。

溫斯坦甚至把交易中所使用、但已作廢的支票呈給了《紐約客》雜誌，以確立一件事：這張支票並非由米拉麥克斯的母公司迪士尼背書，而是連結到溫斯坦胞弟鮑伯名下帳戶的私人存款。

但這些支票是私底下被秀給奧列塔看。當哈維與鮑伯兄弟偕大衛・波伊斯來與奧列塔跟《紐約客》雜誌編輯大衛・蘭尼克（David Remnick）正式會面時，哈維・溫斯坦完全沒有提供任何進一步的資訊，奧列塔與雜誌社希望能藉此取得足夠材料，好將事件寫成新聞印行的希望也就此落空。溫斯坦那天只給出兩樣東西：怒氣沖沖的否認與有如脫韁野馬般的脾氣。

事隔多年，奧列塔的挫折感依舊清晰可見。他就像是一名凶殺案的警探，夜不成眠想著那沒能在他手中水落石出的案件。「這是我的一個執念，」他告訴我。講到最後，他說：「我慢慢確信他就是一個獵豔的掠食者，就是一個連續強暴犯，而揭穿他的真面目就是在為社會除害。」這些年下來，他曾經兩次想要翻案，較近一次是在古提耶若茲的事件後，但兩次都無功而返。「如果有一絲絲機會可以成功扭轉我的失敗，」他告訴我，「都請務必堅持下去。」

❖

蘿絲・麥高文除了跟我保持聯繫，也一直督促我們要多來找她拍些東西。她在與我們的多次對話中提到她持續在累積支持者。版權經紀人蕾西・林區除了之前替同情我們的前《衛報》寫手賽斯・費里德曼牽線以外，此時也持續轉傳更多新同志的訊息過來。像在我與奧列塔通話的那天，就有一封這樣的電郵傳自魯賓資本管理公司（Reuben Capital Partners），這家位於倫敦的財富管理業者。他們來信的目的，是想邀請麥高文為他們名為「女性出頭天」（Women in Focus）的慈善計畫出一份力。該公司計畫在年底辦一場晚宴嘉年華，而他們希望麥高文可以出席並發表專題演講：「我們非常肯定蘿絲．麥高文女士為促進女性權益所做的努力，並相信她所致力推廣的價值，與本公司新計畫所推崇的理念高度重合。」

「我覺得這聽起來不錯。」林區寫信給麥高文說。「我會想安排通電話來進一步了解。」

魯賓資本電郵上的署名屬於黛安娜．菲利浦（Diana Filip），該公司的永續經營與社會責任投資部門副主管。

❖

隔天上午，一封我會在許多個月後取得的電郵，出現在了哈維．溫斯坦的私人Gmail收信匣中，上頭標題寫的是：法律保密文件，限客戶閱覽。

「哈維，」那封信開頭說，「這裡是我目前能蒐集到關於羅南．法羅的概略資料。」說是粗略，但附件多達數十筆。信裡有一塊內容的標題是「法羅在追蹤的關係人」，當中把我找到的跟有些我還沒找到的指控者，都列成了清單。信裡指出麥克修跟我「青天霹靂地」在社群媒體上，追蹤了麥高文的一串工作夥伴，時間大概就落在我們訪談她的前後，並推測我已經成功讓她開了口。信裡評論說我是麗莎．布魯姆的「粉絲」，似乎在評估我能接觸她到什麼程度。同時描述我是如何嘗試接觸艾胥莉．賈德、席歐拉，還有阿奎特，並分析了她們每一位會開口的可能性，但凡她們任何一人發表過的性暴力公開發言，都會在信中被標註為警訊。

還有一塊內容的標題是「法羅的手下」，當中鉅細靡遺地列出了有可能提供人脈或訊息給我的同仁。那裡頭有在幕前與我共事的調查特派員，比方說辛西亞．麥可法登（Cynthia McFadden）與史蒂芬妮・高斯克（Stephanie Gosk），但也不乏在目前沒有露過臉的其他同事，比方說一名桌子在我旁邊的NBC實習生。

當中還有我的小傳，而這部分的重點似乎在確認我的罩門，裡頭提到我的「家庭倫理劇」因「他姊姊狄倫，法羅指控養父伍迪・艾倫性侵」而起。我多年來想甩開的童年陰影，一下子又飄回我的頭頂。

這封電郵的寄件者是莎拉・聶斯（Sara Ness），一名來自PSOPS公司的私人調查員。PSOPS是由傑克・帕拉迪諾（Jack Palladino）與珊卓拉・薩德蘭（Sandra Sutherland）夫妻檔所經營的企業，而《時人》（*People*）雜誌裡一次罕見的側寫將兩人比做尼克與諾拉查爾斯（Nick and Nora Charles），也就是一九三四年推理喜劇片《瘦子》（*The Thin Man*）裡的偵探夫婦，只不過當然要減去電影明星的魅力。在一九九二年的總統競選中，比爾・柯林頓聘了帕拉迪諾去「針對那些指控他在阿肯色州長任內發生關係的女性，摧毀她們的公信力」，《華盛頓郵報》如是說。到了九〇年代末期，帕拉迪諾已經在江湖上人稱「總統的御用探長」。他說他從來沒做過犯法的事情，但也趾高氣昂地表示，「我可以把事情推到信封的邊緣。」[22]

「傑克人在海外，但我有把調查的進度回報給他，本周也會與他就你我昨天討論過的問題與策略方向交換意見。」聶斯在四月的那天這麼回覆溫斯坦。她保證會有更完整而正式的卷宗寄來，而且時間上會很快。這段訊息釐清了兩件事情：一來是PSOPS的調查只是一項大計畫當中的一環，牽涉其中的還有PSOPS以外的人馬；二者，這兒說的卷宗也只是開場的第一砲而已。

22 Push the envelope（推開信封），是英文裡表達做事挑戰法律或道德底線的比喻。

❖

李奇・麥克修跟我不斷表示想繼續報導溫斯坦的新聞，而葛林柏格也不斷要我們去忙別的事情。葛林柏格是我們的老闆，這樣的你來我往變得愈來愈尷尬。但在與阿奎特通過電話後，很顯然我們掌握了前所未見的有力證據，而這些證據所對應的是一個被埋藏了數十年的祕辛。

「我們怎麼辦？」我問麥克修。我們倆湊在新聞編輯室的邊緣開會。

「我也不知道。」他回說。「我想你若去找葛林柏格——他又會叫你把這題新聞擱到靠裡頭的爐子上……」

「嚴格說他並沒有命令我們停手。」我疲憊地說。「他說這事兒我們可以見面再談過。」

「是喔。」麥克修一臉不是很相信地說。

「但在重談過之前，我們最好還是盡量多蒐集一點證據，就當作神功護體。」我也知道不能太樂觀。

「我也是這麼想。」他說。「那就事不宜遲，趕緊去忙吧。」

我們的共識是要盡可能補強報導的力量。為此我們打算先斬後奏，去找到一堆子彈打不穿的證據，然後再去跟老闆負荊請罪。問題是電話我們可以不動聲色地打，但要如何去拍攝訪談過程而不惹毛葛林柏格，可就傷腦筋了。

❖

隔天，麥克修示意要我到他的電腦前面。「上頭開綠燈的訪問，我們手上現在有，嗯，三條，還是四條新聞嗎？有幾條是講毒癮，有一條是講陶氏化學跟殼牌石油在加州農地傾倒有毒廢棄物。「你覺得我們有辦法魚目混珠，以合法掩護非法嗎？」他問。

「嗯，可以吧。但你只要去訪了，事後資料上還是會寫出那是溫斯坦新聞的訪問啊。」我說。

「不見得。」他說。「我們平常也一天到晚行程都排好了，才突然跑出臨時的採訪啊，標籤上還不是由著我們愛怎麼寫就怎麼寫。」

不過即便如此，我們能祕密行事的程度還是有其極限。因為任何新增訪問的費用報銷，都還是會詳細載明受訪對象的身分。但起碼這麼一來，我們可以避免在大頭的面前太過招搖。

在其電腦螢幕上，麥克修把畫面點進了NBC伺服器的公共槽。他滑起一連串的檔案目錄，裡頭全都是我們採訪過的新聞。接著他從一個名為「媒體大鱷」的檔案夾裡選取了溫斯坦的新聞檔案，丟到另外一個檔案夾中。我看著螢幕笑了出來。他選的新檔案夾是以加州有毒廢棄物新聞命名，上頭寫著「毒谷」[23]。

23 加州的中央谷地（Central Valley）。

PART II

WHITE WHALE

◆

第二部

白鯨

第十四章　菜鳥

在翠貝卡美式烤肉餐廳靠裡與廚房為鄰的地方，幾個人在哈維．溫斯坦習慣的用餐處坐成一桌。這天是四月二十四日。溫斯坦在，《國家詢問報》的狄倫．霍華在，黑立方的一名幹員也在。這名幹員看來年輕，另有著黑髮跟濃重的口音。

蘭尼．戴維斯（Lanny Davis）走進餐廳，先是巡視了環境一圈。七十出頭的戴維斯是個灰髮有眼袋的瘦子。他在澤西市長大，父親是牙醫，至於母親則是牙醫辦公室的經理。在耶魯法學院就讀期間，戴維斯先後與希拉蕊．羅德恩（Hillary Rodham）跟比爾．柯林頓相交為友。在一次競選國會議員失敗與數年的執業律師生涯後，他讓自己與柯林頓夫婦的交往，從私交發展成專業上的往來，成為這兩人在醜聞與政治風暴中最堅定的捍衛者。

然後等風暴過去，戴維斯就開始收割成果了。以百萬美元的價碼，他接案為侵害人權的赤道幾內亞遊說，或是付十萬美元的月費，他會設法替大剌剌在選舉中作票的象牙海岸開脫。要是你的遊艇甲板上有一抹血跡，然後有個乘客不見了，還是總統批評你的美式足球隊種族歧視，戴維斯都是你最可靠的夥伴。後來為了要聯絡上戴維斯，我曾問過強納生說，「你覺得誰會有蘭尼．戴維斯的電話號碼？」他說，「不知道耶，波布[24]嗎？」

溫斯坦會認識戴維斯，是在一場表揚希拉蕊．柯林頓的場合上，對於這位危機專家是如何嫻熟於替比爾．柯林頓收拾性醜聞爛攤子，他也早有耳聞。由此那年春天，他就打了電話說要麻煩他幫忙。

在那天早上的翠貝卡餐廳裡，戴維斯說他們不能在黑立方幹員的面前談正事，否則溫斯坦與他之間的「律師——委託人守密特權」就會破功。「我不能在不是律師的人面前表達意見。」戴維斯說。「否則萬一我收到傳票，我就得說出還有誰也在這裡。」

溫斯坦對此很不耐煩。

「喔，說啊，盡量說，」他說。「只要這個人是替我工作，那你的守密特權就還是有效。」這其實是過度簡化了法條，但溫斯坦實在是盧到讓人受不了，戴維斯只好由著他去。

溫斯坦開始滔滔不絕地口不擇言起來。他說麥高文是個謊話連篇的瘋子，還說要讓所有抹黑他的女人都失去信用。

「我的建議是不要這樣做。」戴維斯對溫斯坦說。「就算你覺得自己沒錯。」

溫斯坦聽到這話隨即爆炸。「憑什麼？憑什麼？憑什麼？憑什麼？」

「因為這會讓你形象大傷。」戴維斯說。

狄倫．霍華聽到都笑了，而他本來就很愛笑。但黑立方的代表則依舊板著張臉。會議結束後經過幾個小時，黑立方的總監兼財務長艾維．亞努斯博士（Dr. Avi Yanus）寄了一封電郵給溫斯坦在波伊斯—席勒—弗萊克斯納（Boies Schiller Flexner，BSF）事務所律師團隊，信中稱翠貝卡餐廳的會議「極富建設性」。他在信裡說溫斯坦已經同意將黑立方的行動合約延長十周，同時還附上了請款

24 Pol Pot，為赤色高棉的最高領導人，任內主導了大屠殺。

單。電郵後頭還說：「我們會一本初衷，帶給您能在本案中左右勝負的情報，並順利達成我們設定的所有主要目標。」

❖

我仔細研讀了奧列塔對於溫斯坦的陳年側寫，從中找到了跟倫敦兩次和解案有關的消息來源，然後一一打了電話過去。《莎翁情史》製片唐娜．吉格利奧提在我們第一次談話的時候，稍微潑了我冷水。但等我鍥而不捨地打了第二通電話後，她開始透露更多細節。「在有些文件裡，」她說，「他雖然死不認罪，但大筆金錢被付出去是事實。你需要那些文件。但受害者從來沒能獲准留下這些文件。」我問她的意思是不是說有文件關係到在倫敦陳情過的那兩名女子。「你要是能找到她們，」她說，「也許我可以說說。但在那之前，我恐怕不能多講什麼。」不過她還是給了我幾個同時間在倫敦待過的老員工名字，看我用不用得上。

我謝過她，但她並不表樂觀。「沒有東西擋得住哈維。」她告訴我。「他會把這則新聞捏碎。」

❖

名人相偕衝出休旅車，低著頭闖進了大雨中，然後魚貫進入了《時代雜誌》（*Time*）一年一度的〈百大影響力人物〉發表晚會。我不在那一百人當中，但還是跟著濕透。

「我是水瓶座。」我邊說邊走進了時代華納中心。「我是電影《唐人街》[25]的劇情。」我母親聳了聳肩說。「濕透裝永遠不退流行，那是經典。」

這個場合裡有滿滿的電視新聞同業，我只能胡亂跟他們尬聊。穿著亮片禮服出席的梅根．凱利變身時尚名媛，魅力強到你忘了現場不是只有你一個人。她提到自己即將在NBC開個節目，為此我恭喜她，然後脫口而出「推特的事情」我很抱歉。我立馬察覺到自己失言，因為凱利離開福斯新聞時留的一個尾巴，是有經過大幅剪輯的影片，顯示她說了一些有人覺得是用辭不當，有人覺得是惡意攻訐有色人種的發言。所謂「推特的事情」，是我在上頭說她的一則評論「種族歧視」。凱利的脖子上硬是凸出了一道青筋。「我生涯在你這個階段，也犯過很多錯誤。」她笑得很繃。「你還有點像是個菜鳥記者。」

我氣呼呼又溼答答地走掉，心想要去找個洗手間或喝點飲料，反正別再叫我聊天就好。但好死不死我又遇到了安迪．列克。我們握了手，他看著我的樣子就像是大腦的CPU在跑。列克有著幾撮灰髮，外加一抹親切又像在打量人的微笑。年近七旬的他有過精采而繽紛的職業生涯，但自始至終都是個創意十足的表演者。跟歐本海姆一樣，他也曾懷抱著好萊塢夢。他在波士頓大學念的是戲劇表演，畢業後在一齣茱立爾斯與艾瑟爾．羅森伯格（Julius and Ethel Rosenberg）夫婦所寫的百老匯戲劇《死因調查》（暫譯，*Inquest*）中獲得了角色，另外也出演了幾齣廣告。「他是個有魅力，會讓人想靠近的人。」一名列克的熟人後來告訴我。「劇場背景使得他創意過人。」八〇年代在CBS新聞服務時，他的招牌成就是一改新聞雜誌節目的傳統，豎立出前衛個人風格的《西五十七街》（*West 57th*）。九〇年代初始在NBC新聞任職主管時，他被認為力挽狂瀾有功，把新聞網從收視下降的危局中拉了出來。之後他又分別待過索尼音樂跟彭博電視台。二〇一五年，老東家NBC再次讓他回鍋來避免新聞網這艘大船傾覆。

---

25 *Chinatown*，七〇年代的著名黑色推理電影，劇情跟加州在二十世紀初的搶水大戰有關。

列克還在用那種搜尋的眼光看我。

「羅南。」我趕緊自介替他解圍。

「是。」他終於開了口，就像從深邃水體的底部打撈出一樣重物似的。「是的，當然。」

他說歐本海姆很常談到我。我謝過他支持新聞調查，並思考有什麼事情可以跟他攀個關係。有了，我哥最近買下了列克位於紐約布朗克斯維爾的房子。

「很顯然你留下了一個他們還沒能鑽開的巨大保險箱。」我說。

列克笑了。「那倒是真的。那裡有一個老保險箱。」他說那保險箱很早就有了，他之前也一直沒將之打開。他聳了聳肩。

「有些東西還是放著不動好。」

❖

室內的人煙開始稀少起來，賓客們紛紛流動到鄰近的禮堂用晚餐。我找到我那也朝同方向前進的母親。歐本海姆朝我們走了過來。「那是諾亞。」我壓低聲跟媽說。「跟他說你喜歡《第一夫人的祕密》。」

「但我不喜歡啊。」她說。我用眼神修理了她一頓。

他們彼此打了招呼，然後歐本海姆把我拉到了一旁。「所以哈維也來了。」他說。「他晚餐的位子就在我旁邊。」

我瞪著他。我一直有把報導的進度讓他知道。「你知道我親耳聽到過他承認自己是性侵害加害人吧。」

歐本海姆舉起雙手投降。「我相信你！」他說。

「這不是相不相信的問題……」我話只說了一半。「對他要守口如瓶，這不用我說吧。」

「當然。」他說。

沒多久我看著歐本海姆站在禮堂入口，跟一個身上黑色燕尾服像布袋一樣，高頭大馬的傢伙說話。哈維．溫斯坦只能拄著拐杖，因為他手術過的膝蓋還在復健。

五月的第一周，黑立方用電話給溫斯坦捎來了好消息。「我們告知客戶經過本公司不眠不休的努力，我們已經在下周安排了一場會面在洛杉磯，屆時我們可望替本次優質的情報工作畫下句點，並將各項扎實的證據成果展示在客戶的面前。」黑立方總監亞努斯如此在信裡告訴BSF事務所裡的律師團隊。這個新的工作階段會需要新的現金挹注。於是在幾天之後的五月十二日，在大衛．波伊斯的兒子兼公司合夥人，克里斯多福．波伊斯（Christopher Boies）的監督之下，又一筆五萬美金被匯給了黑立方。

在這之前的幾日，蘿絲．麥高文的經紀人林區已經應魯賓資本的邀約，撮合了麥高文與黛安娜．菲利浦兩人間的聯繫，主要是該公司希望延攬麥高文，成為他們「女性出頭天」活動中的一員。

「蘿絲，真的很榮幸能跟您聯絡上。」菲利浦寫道。

「彼此彼此。」麥高文回覆。

BSF律師事務所的尾款出現在黑立方帳戶上的同一天，菲利浦跟麥高文終於得以面對面，地點在美景宮這座空氣清新且美如粉彩畫作，位於比佛利山半島酒店裡的地中海餐廳。菲利浦有著高顴骨，挺拔的鼻梁，還有深金色的頭髮，一口麥高文判斷不出來源的優雅口音。麥高文對陌生人一向戒慎恐懼，但這位菲利浦似乎對她不僅知之甚詳，甚至還很懂她。這名女星於是一點點地卸下了心防。

第十五章　雜訊

珍妮佛．希尼爾說到做到地替我介紹了班．華萊斯認識，也就是在《紐約》雜誌裡，最近一次嘗試將溫斯坦的新聞翻案之人。那個五月的某天下午，我在離開洛克斐勒廣場時打了電話給他。華萊斯告訴我他有多挫敗於那次的嘗試，因為他一知道什麼消息，情報就會不可思議地立刻落入溫斯坦手裡。「每個人都是雙面諜。」他說。

好幾個自動送上門來的消息來源尤其可疑。他懷疑一名跟他說有溫斯坦內幕可講的歐洲女人安娜，可能不老實。她的一些問題感覺很怪，包括安娜不僅想知道他一共有多少消息來源，還想知道她們分別是誰。安娜卯起來想探聽的情報，似乎與她提供的資料不成比例。有時她會感覺不太中立地在對他「逼供」。在飯店酒吧，當她終於看似崩潰而說起了她與溫斯坦的交集時，情節其實相當溫吞而沒有重點。她說她跟溫斯坦搞不倫，但沒能好聚好散，所以她想報復。那表演很像在看長壽肥皂劇。看著她把手腕垂在他的面前，華萊斯突然驚覺她或許在錄音。他告訴安娜說兩情相悅是溫斯坦的自由，然後就離開飯店並與安娜斷了聯絡。

另一個讓他感覺不對勁的，是前《衛報》撰稿人賽斯．費里德曼來信說想幫忙。費里德曼寫說他「在跟一群國際記者合作一則有關電影產業的大型報導，希望讓外界對當前好萊塢等世界電影都有一些概念」。他宣稱自己「掌握了大票我們無法納進自身報導的情報，但或許可以為你們所用。若你們有興趣我很樂於分享」。但在與費里德曼的數次對談後，華萊斯還是沒拿到任何有意義的情報。「他只是在榨取我聽到跟知道的東西。」華萊斯說。懷疑之虞，他也斷了此線。

溫斯坦的手下開始打電話到《紐約》雜誌，時不時威脅要曝光華萊斯不特定的個人資訊。溫斯坦要求雜誌社與他的律師團跟德安華的調查員，三方開個會。華萊斯估計他是想「帶檔案來糟蹋我跟不同的女性。」雜誌社拒絕了會面。二〇一七年一月，在報導工作進行了三個月之後，華萊斯與其編輯亞當・摩斯（Adam Moss）決定放棄。「拖到一個程度，」華萊斯告訴我，「雜誌社也有時間成本要顧。」

這次經驗讓華萊斯不得不緊張起來。溫斯坦一夥開始打電話到雜誌社裡「分享」他們理應不可能知道的線索，而華萊斯則去買了台碎紙機把筆記銷毀。「我這輩子沒這麼被迫害妄想過。」他告訴我。「我做過的新聞不算少，沒一條像這次有這麼多的雜訊與干擾。」

華萊斯沒讓任何一名消息來源做出有紀錄的證詞，也沒發現可以一槍斃命的文件或錄音，但他整理了一張女性指控者的清單。他連珠炮地念了幾個我聽過的名字，包括好幾名溫斯坦前同事建議我去找的艾莎・阿簡托。他曾讓幾名消息來源在背景發言，故事一字不漏但身分必須模糊——包括一個被溫斯坦騷擾後跟公司人事申訴的前助理。

「拜託，」我說，「幫我問問她想不想說。」

❖

在隔開調查員牛棚（休息處）與四樓攝影棚的玻璃片上，我偶爾會瞥見自己的映影。那年春天我胖了點，也因為在洛杉磯跑來跑去拍東西變黑了點。麥克修跟我，還有我們小小的新聞調查系列，沐浴在一種衝勁裡面。我們開始得到那種出了電視新聞圈，完全不會有人聽過的獎項，報導媒體的媒體也開始熱情給予我們肯定。NBC新聞網的公關主管馬克·孔布勞（Mark Kornblau）曾是我在國務院時代的同事。在我從MSNBC調到新聞網，或是那之後我們偶爾的碰面，他都會跟我喝杯咖啡，給我打打氣。孔布勞帶隊做的是美化新聞網形象的工作，有時候他會自己對外發言，有時候他會給我這個機會。

我們的衝勁像是蔓延了出去。一名NBC老將大衛·柯沃（David Corvo）在走廊上攔住我。柯沃是《換日線》的執行製作，是個嬌小、生氣勃勃，留著落腮鬍的男人。九〇年代中期加入NBC的他與列克很親近。「哪天約一下聊聊。」柯沃說。「你們做的完全是我們要的新聞。」

❖

剛入夜，安珀拉·古提耶若茲跟我在劇院區一家名為巴西巴西的靜謐餐廳坐下。此前一個月，我嘗試走別的管道來取得錄音。警方消息來源說他們相信古提耶若茲，也相信自己有足夠證據控告溫斯坦，這一點與地區檢察官起不起訴無關。只不過說了這麼多，還是無助於我取得錄音。

對著古提耶若茲，我編起了各種能讓她把備份合法交給我的故事。萬一她離開去上廁所，而我剛好有她電腦的權限呢？不，她說不行，她的弱點太多，而且她不放心自己的弟弟。「我得把他從菲律賓帶來這裡。」她說。古提耶若茲感覺愈來愈動搖。

前一晚，強納生建議了另外一套裝沒事的劇本。

「如果你去把她的錄音錄起來呢？你就拿麥克風靠到喇叭旁，這樣等於你創造出一個新的東西，她什麼也沒有傳送。」

「這有差嗎？」

「就感覺隔一層，而且沒有檔案轉手。算了當我沒說，好像有點蠢。」

「等等，這可能行得通喔。」

「是不是，就說。」

我笑了。

反正除此之外，我也沒有更好的點子。所以我靠向在餐廳裡的古提耶若茲，孤注一擲地提出了強納生的創意。「這樣不會有數位文件足跡，也不會有隨身碟被發現的問題。就結果來說，我將擁有一個並不來自妳硬碟的檔案。

她深吸了一口氣。我向後一倒，看著她，心想我在騙誰啊。

「也許，」她從包包裡抽出筆電，「ＯＫ，也許值得一試。」

我感到腎上腺素狂分泌。我們都知道這說法很虛，她也是在冒險。

我謝過她。她點頭打開了筆電，而我則掏出手機。

「等等，」她說，「我們有個問題。」

原來老蘋果筆電的喇叭都不好使了。我靠過去很快地說。「安珀拉，我現在馬上去找外接喇叭，你願意在這等我一下嗎？」

她瞄了瞄四周，給了我一個不確定的眼色。

「二十分鐘就好。」我說。

我衝出餐廳來到西四十六街的人群裡。該往哪走？百老匯路上有賣「我愛紐約」帽子給觀光客的小店，而那群店面裡應該會有賣電器的商家，但說是這樣說，我並不知道確切的方向。我掏出手機，找到了最近的電器量販店。量販店距離比較遠，但也比較不冒險。我在推擠中突破了劇院前的人潮，來到了街角，瘋狂招起計程車。

等我踉踉蹌蹌來到量販店，人已經滿身大汗。我衝下電扶梯，在可能有幾千個喇叭的架子前緊急煞車。

「嗨，需要什麼嗎？」店員登場。

「我要買喇叭。」我話說得上氣不接下氣。

「嗯，先生，沒問題。」男店員開朗地說。「我們有接藍牙、接Wi-Fi、接USB的喇叭。還是你想找給Alexa（亞馬遜出的智慧音箱）用的機型？這一款有小LED的燈光顯示。」我像瘋子似地瞪著他。十五分鐘後我已經在奔回餐廳的路上，四款超貴的喇叭在我手中撞來撞去。沒放我鴿子的古提耶若茲對我露出了緊張的微笑。

在餐廳的後花園，我開箱了其中一款喇叭。老蘋果筆電的藍牙還能用，算是老天保佑。我們說好播放三個檔案裡中間的那個：任何錄音的斷點都會讓人聽出這東西來自她手機的備份，而不是警方竊聽器上那個完整的原檔。她深吸了一口氣說：「我希望其他女孩可以得到正義。」我們湊近在筆電的上方。她按下播放鍵，而我則捕捉了兩分鐘的原音重現：一個嚇壞了的女子拚命要逃離飯店套房，而兇狠的男人說什麼也不放。「進來嘛，」我又一次聽到溫斯坦說，「我習慣了這樣。」

❖

我需要建議。隔天我去敲了湯姆．伯考（Tom Brokaw）在洛克斐勒三十號五樓的辦公室門。我剛進入NBC沒幾個月時，伯考曾經主動跟也在排隊買咖啡的我攀談，我們大樓地下室的大廳有一家店。他說他看過我的節目，還肯定我想在原有的節目框架下做出新意。

「謝謝您，先生。」我說。「您這麼說我深感榮幸。」

「叫我湯姆就好，拜託。」他說。「我們不是校長跟班長在說話。」

明明沒有必要那麼頻繁，但我邀他上節目他總是會來，而且還總是會流暢而精闢地給我們上一堂歷史課。

伯考當時年近八旬，而早幾年他已被診斷出有血癌。五月的那一天，他在辦公室四周閒晃。看到我來，他先拿出結縭逾半世紀的梅若迪斯（Meredith）照片放閃，然後說了幾個好萊塢的陳年舊事。

「所以你今天有何貴幹啊？」他終於回歸正題。

我告訴他說我在做一條相當敏感的新聞，然後擔心這新聞會被打壓而無法出頭。我提到葛林柏格叫我把這新聞「往裡頭的爐子擺」。

「我知道諾亞會支持。」我說。「我就怕這新聞到不了他面前。」

「嗯，你得堅持下去，羅南。」他說。「如果你縮了，你的公信力也就玩完了。」我笑了。伯考說他覺得我想把線索補強之後再回去找當家者，是個好主意。他說他等我發難之後，也會幫忙打電話給安迪．列克跟諾亞．歐本海姆。

「對了，你這新聞是在講誰？」他終於問到重點。

我遲疑了一下，告訴他主角是溫斯坦。溫暖的室內一下子有失溫的感覺。「原來如此，」他說，「這個嘛，我得把話說在前頭，羅南，哈維．溫斯坦是我朋友。」

這兩人會搭上線，是因為伯考曾為一部老兵紀錄片去徵詢過各方意見，他說當時溫斯坦對他很好。

靠，我心想，這傢伙朋友會不會太多？

「我希望我還是能請您保個密。」我對伯考說。「沒問題。」他說。他送我離開了辦公室，看來眉頭深鎖。

❖

我踏出伯考的辦公室，就聽到手機響起，打來的是麗莎．布魯姆。「嘿！」她開心地說，然後閒聊起她一個模特兒客戶是被人惡意散布性愛實錄的受害者。「我們應該找時間聚聚，」布魯姆說。「我可以幫你約訪她。」

「好啊。」我回答得敷衍。

「對了，你還在做那個保密協定的新聞嗎？」

布魯姆說過她認識溫斯坦本人與其律師團。確實她很在意自身的品牌形象，又喜歡開記者會出風頭，但我總覺得她有我可以信得過的道德底線。

再者，她畢竟是名律師，而守密是這一行根本中的根本。

「還在。」我頓了一拍說。

「所以有進度囉。」她說。

「我——還在弄。」

「你有看到保密協定正本嗎？」

我又頓了一拍。「我知道有一些特定的協議存在，是。」

「你跟多少名女性在談？可以告訴我她們是誰嗎？」她問。「我或許可以幫你拿到些資訊，如果你願意透露你聯絡對象有哪些人的話。」

「我沒辦法透露確切的消息來源。」我說。「但有一群人沒錯，而且人數愈來愈多。要是你有什麼建議，可以讓我幫她們築起法律的防火牆，我非常歡迎。」

「一定。」她說。

掛了電話仔細滑動手機，我發現我錯過了另一輪ＩＧ訊息，而發訊的又是同一個ＩＧ帳號。這次壓軸的是一張手槍照片，而其中一則訊息說，「有時你不得不傷害自己所愛的。」我截了一些圖，然後在腦中提醒自己要去查ＮＢＣ員工的人身安全歸誰管。

第十六章　哈維之友

我的手機再一次響起，終於是比較好的消息。《紐約》雜誌的班．華萊斯來更新進度了。那名他之前搞不定的前助理，願意跟我談。

隔周在五月的最後幾天裡，我走進了比佛利山一間飯店的大廳。我事前並未去查這名消息來源的長相，但這並不妨礙我一眼認出她來，纖瘦金髮是個美人。她緊張地笑了一下。「嘿！」她說。「我是艾蜜莉。」

艾蜜莉．聶斯特（Emily Nestor）年近三十，有佩柏戴恩大學法律商業雙學位。她任職於一家科技新創公司，但似乎還在找更有意義的人生道路。她說到自己想投身教育，但或許是比較偏向弱勢兒童那個領域。早幾年前，她曾經心懷大志想勇闖電影業，目標是拍部電影，或甚至有朝一日能經營片廠。沒想到身為臨時助理時的一次經驗，徹底撼動了她對這一行的信心。騷擾者的不當回事跟習以為常，讓她不禁擔心起這是電影圈的慣例而非特例。而讓她徹底幻滅的最後一根稻草，則是她通報被騷擾之後得到的回應。

我把我手上有的東西都攤開在她面前：麥高文跟古提耶若茲的真名我都在故事裡提了，錄音、不斷有前員工在鏡頭前爆料之事也說了。最重要的，這是一場豪賭的事實我也沒瞞著她。

聶斯特依舊滿臉害怕地說她會想想。她怕被尋仇，但我看得出以其內心的怒火，這女子不可能善罷甘休。

想了幾天，她果然加入了我們。她同意拍攝，但要先匿名而且不露臉，之後看感覺如何再慢慢決定。而證據她是有的：為溫斯坦效力近三十載的得力助手厄文・萊特（Irwin Reiter），曾傳過可證明騷擾確有其事的訊息，字裡行間顯示性騷擾是公司裡的常態。第三位女性，更多的有力證據——感覺我們終於跨過了期待已久的門檻。

「這些東西端出來，」我告訴麥克修，「諾亞肯定會播。他沒有第二條路。」

此時在老家紐約，一場辦在動態影像博物館的晚宴上，紐約的媒體業冠蓋雲集，為的是向NBC主播萊斯特・霍特（Lester Holt）與亞馬遜製片廠（Amazon Studios）的總裁洛伊・普萊斯致敬。演員傑佛瑞・坦波（Jeffrey Tambor）當時在亞馬遜《透明家庭》（*Transparent*）劇中軋上一角，於是順理成章地率眾人對普萊斯敬了酒，而諾亞・歐本海姆則負責讓霍特有面子，舉杯讚美他報導起新聞來天不怕地不怕。說完他回到了NBC的桌邊，在《換日線》製作人大衛・柯沃的身旁坐下。不遠處在亞馬遜的那一桌，哈維・溫斯坦鼓掌著。

❖

不久之後，聶斯特、麥克修跟我坐在一間飯店房裡俯瞰聖塔莫尼卡一座光鮮亮麗的碼頭。我們持續躡手躡腳地進行新聞的拍攝工作，設法在去找老闆們發難前把報導弄到刀槍不入。訪問聶斯特的日期，被我們安排在去加州中央谷地採訪污染新聞的空檔。

我們打好背光，讓她的臉陷入一片黑暗。聶斯特說她期待看到這則報導的溫斯坦會「撕心裂肺，恨得牙癢癢」。二〇一四年十二月，二十五歲的聶斯特在洛杉磯的溫斯坦影業裡擔任臨時前檯助理。她算是屈就，但能在第一線看到娛樂產業的動態，讓她抱著玩心前來。第一天上班，她就聽兩名同事說自己的外表是溫斯坦的「菜」。果然等溫斯坦來到辦公室，他對她的長相很有興趣，說她是「正妹」。他問起她年紀，然後遣走幾個正牌助理，讓聶斯特在房裡寫下她的電話。

溫斯坦要她當晚跟他去喝兩杯。聶斯特編了個理由推託，但他不為所動，於是聶斯特假意說，不然隔天早上喝杯咖啡，沒想到溫斯坦還真說好。他要她去他沒事最愛待著的半島酒店找他。溫斯坦很花，娛樂圈的朋友與公司同事都已經警告過她。「我那天特別穿得很醜。」她回憶說。

見面時，溫斯坦給了她生涯建議，然後開始自吹自擂，說他跟其他女人怎樣好過，當中不乏知名女星。「他說，『妳要知道，我們在一起可以很開心。』」聶斯特回想。「『我可以安置你到我倫敦辦公室，你可以在那兒上班，工作就是當我女友。』」她說不好。他說要牽她的手，她也說不要。她記得溫斯坦說，「哎呀，女生都嘛說不要，妳知道，『不要啦，不要啦』。但一兩杯啤酒下肚，她們還不是朝我撲上來。」用一種聶斯特說「不知道在驕傲什麼」的口氣，溫斯坦補了一句說「他才不用像比爾．寇斯比那麼可悲，還要大費周章。」她認為他說的是比爾．寇斯比給女人下藥的事情。「標準的性騷擾」，是聶斯特給溫斯坦行為下的註腳。她記得那天她拒絕了溫斯坦不下十二次。「他聽不懂『不』就是『不』。」聶斯特說。

這杯咖啡喝下來，溫斯坦不停打斷兩人對話去對著手機大小聲，就連《今日秀》的管理層都被他吼好玩，他很火《今日秀》取消了艾美．亞當斯（Amy Adams）的那一趴，須知艾美是溫斯坦手中《大眼睛》（*Big Eyes*）一片的女主角。至於取消的理由，是當時索尼剛遭駭客入侵，一線女星片酬不如男星的消息不脛而走，而她拒絕對此發表意見。事後溫斯坦要聶斯特注意新聞，他說很快就會有風向替他教訓ＮＢＣ。果然當天稍晚，ＮＢＣ被批的新聞就已經出來。溫斯坦特地跑到聶斯特桌前，確定這一切她都看在眼裡。

溫斯坦這樣大動作去威懾新聞媒體，讓她看得心驚膽顫。她回憶當時，「我已經被他嚇到，也見識到他的人面之廣。我估計要是惹他不高興，會在這一行待不下去。」這事她還跟一個男性友人說了，而這朋友也代為聯絡了公司的人資部門。聶斯特就此事與公司幹部談過話，但她之後並沒有繼續追究，因為對方說會把她的每個字都轉告溫斯坦。後來有愈來愈多的溫斯坦員工，都對我說公司人資只是幌子，那裡其實是申訴的墳場。

厄文．萊特身為溫斯坦影業的會計與財報執行副總，曾經透過LinkedIn對聶斯特喊話。「我們非常嚴肅看待此事，而我個人對妳第一天上班就受此驚嚇非常抱歉。」萊特寫道。「之後若還有類似情事，請告知我們。」二〇一六年底，總統大選前夕，萊特再度來信說，「川普這些狗屁倒灶的事，讓我想到妳。」他形容聶斯特的經歷是冰山一角，而溫斯坦另有一系列的行為不檢。「比妳的事早三個禮拜，我就為了他對女性員工很壞的事情跟他吵過。我甚至被他說成是『性事警察』。」他寫道。「我為了妳跟他吵的那一架，更是經典。我跟他說妳要是我女兒，他可就沒那麼好混過去了。」聶斯特把訊息檔案給了我，最終也同意讓我公開播出。

聶斯特在這臨時工作告一段落後離職，但一整個身心受創。「我其實就是因為這件事，才決定不往娛樂業發展。」她說。她身後的太陽開始從碼頭上落下，「這世界就是這樣運作的嗎？」她不禁想。「男人可以想怎樣就怎樣，都不用付出代價？」

❖

麥克修跟我一邊揮汗訪問毒物學者、地方官員，還有在中央谷地接觸到有毒廢棄物的居民，另一邊出身米拉麥克斯與溫斯坦影業而願意開口的人也愈來愈多。在西好萊塢一間酒吧裡，我跟一名曾近距離與溫斯坦共事過的前員工見了面。她說溫斯坦的獵豔行徑與事業經營已經交纏為一體。溫斯坦跟年輕妹妹「開會」，會把她叫去參加開頭的部分，而這些所謂的會，很多都已經從白天改到晚上，地點也從飯店大廳搬到飯店房間。她說溫斯坦的行徑非常囂張。一次與模特兒會面時，他令我「告訴她我是多棒的男朋友」。她說若拒絕參加這些會議，溫斯坦時不時會暴跳如雷。有回他們在加長禮車裡，為此生氣的他不停用力把車門關了又開，開了又關，面紅耳赤地狂喊，「去死啦妳！妳可是我的幌子！」

溫斯坦會讓助理負責追蹤女性。這名前員工在電話裡有個芳名錄，標題是F.O.H.，意思是Friend of Harvey（哈維之友）。「這事他系統性地做了非常久。」她告訴我。

她拿出一支iPhone，到她幾年前抄在Notes這個app裡的一句筆記。那是溫斯坦一日又大吼大叫完後，像在自言自語的一句悄悄話。她聽到的當下超級不痛快，所以才特地拿手機做筆記。那句話一字不漏是：我做過的某些事，可以神不知鬼不覺。

那名前員工又幫我介紹了另外幾個人。從六月到七月，他們紛紛開始來到鏡頭前。「哈維跟想往上爬的小演員跟小模，開過超多這種會。」一名叫艾比・埃克斯（Abby Ex）的前主管在比佛利山一處飯店房間裡告訴我，鏡頭前她臉藏在陰影裡。「他會跟她們約在深夜，地點多是飯店酒吧或飯店房間。然後為了讓她們放鬆一些，他會找女性主管或助理作陪來開場。」她說她拒絕了溫斯坦要她與會的要求，但確有幾次會議在她眼前開展，而她也第一手見證了在肢體與口頭上五花八門的各種凌虐。

根據埃克斯所說，她的律師曾提醒她不要違反與雇用契約綁在一起的保密協定，否則可能面對數十萬美元的違約金。但她說，「我相信遵守某個守密義務為輕，說出真相為重。」

❖

在諸多訪談過後，我回到了強納生的住處，在他廚房桌邊坐下，仔細對著訪談稿研讀起來。他身上那間科學主題的太空人短T，其實也是他的睡衣。

「你吃了嗎？」他說。

「沒。」我說，眼睛依舊死盯著螢幕。「我們去哪裡走走？健康的噁心的地方都行。」

「無法。」我說。我這才發現我們很久沒有一起做點什麼了。我拿下眼鏡，揉了揉眼睛。「對不起，給你添麻煩了，我知道。」

他往我身旁的桌邊坐下。「知道就好。我們現在聊天半句話不離性騷擾，真是一點都不煩人呢！」

我的手機登了一聲，是簡訊通知。想收到天氣通知請輸入yes，上頭寫著。我盯著螢幕感到不解。這裡可是洛杉磯，天氣變化是零。

「你還在打簡訊！」強納生說。「希望他值得！希望他值得你跟你擁有的這一切說再見！」

「絕對值得！」我說著滑掉了訊息。

第十七章　六六六

隨著愈來愈多前員工有話跟我說，哈維．溫斯坦則有話跟黑立方說。六月六日，黑立方的幹員與由紐約BSF事務所律師陪同的溫斯坦見了面，幹勁十足地進行了深入淺出的報告。會後黑立方總監亞努斯聯繫了克里斯多福．波伊斯。「今天能跟您與您的客戶會面，真的非常榮幸，也很高興能把最終報告呈現在各位面前。」亞努斯寫道。「我們順利達成了專案設定的目標，也符合了三項成功付費條款……其中最重要的一點是要確認對客戶進行負面宣傳的藏鏡人身分。」附件是一張六十萬美金的請款單。合約規定一旦溫斯坦將調查成果使用在訴訟中或媒體上，溫斯坦要給付亞努斯所提到的「成功費用」給黑立方；另外兩個觸發條件分別是黑立方「成功阻止了（對溫斯坦的）負面宣傳」或是黑立方探員揭穿負面宣傳幕後的「個人或法人」。

一星期後，亞努斯又打了聲招呼：「早安，克里斯。我在想您能否撥冗為我們更新一下請款的進度。」這一次，又是音訊全無。六月十八日，溫斯坦跟黑立方在倫敦見了面，而按照亞努斯在一封不久後寄給波伊斯的電郵中，用不太爽的口氣描述，「（會中）再度詳細檢視了我們的調查所得，並討論了未來可能採取何種措施來強化您客戶的主張，而他也再次對我們的表現給予高度肯定」。

溫斯坦一邊把請款單壓在屁股下，一邊與黑立方的關係也愈來愈緊張。亞努斯會打電話來小心翼翼地說，「您還沒有付款給我們。」心情好的時候，溫斯坦會假裝不知情，打電話給溫斯坦影業的法務長。「怎麼沒人告訴我。」他會對公司律師大呼小叫。「把錢付給人家！」但多數時候溫斯坦只會跟黑立方大小聲。他會說，「我為什麼要多付錢給你們？那是你們分內的事！」

雙方在六月底的對話中變得針鋒相對。溫斯坦質疑黑立方的工作可能違法，而這可能會讓他在將來惹上麻煩。他堅稱黑立方的行動「沒有徹底解決他的問題」，一封寄自亞努斯底下某基層專案經理的匯報電郵解釋說。溫斯坦提醒黑立方「不只一家徵信公司參與了這次危機的解決——黑立方只是解開這個大謎團的一小片拼圖而已」。

最終在七月初，波伊斯與黑立方簽署了一份修訂版合約。溫斯坦同意支付十九萬美元的和解金來處理掉成功費用造成的不愉快，而黑立方則接下了新的工作進程，會針對一組更具針對性的目標忙到同年十一月。

私下在其內部，該名專案經理坦承他的幹員「在特定工作上的人手不很充足」。在與溫斯坦的唇槍舌戰中，他們承諾會再加油一點，表示自己還是可以把問題解決，他們只是需要更積極一點。

❖

每次麥克修跟我跟NBC的上司承認我們還在盯溫斯坦的新聞，就會被重新刮一頓鬍子，老闆們會嫌我們其他方面的工作在混。很快地，麥克修就被分派了新的任務要與其他特派員合作。NBC的律師史提夫．鍾，也就是在葛林柏格對觀看保密協定有所遲疑的時候出手安撫，起碼表明在判例法裡頭有灰色地帶，可以讓新聞媒體合法這麼做的那一位，來了通電話，內容是說他要離職了。「留下的法務團隊會繼續好好照顧你們的。」他說。

跡象顯示我們正面臨新聞被搶先的危險。為了讓艾胥莉．賈德開口，我孤注一擲打了電話給

《紐約時報》專欄作家尼可拉斯・克里斯托夫（Nicholas Kristof）。他曾經做過一支裡頭同時介紹我跟賈德的紀錄片。我十分敬重克里斯托夫，因為他曾不避諱地書寫過許多人權議題。我在想誰能說服賈德開口，也就只有他了。

我告訴他我在做一條新聞，跟賈德女士會在意的那種女權跟人權議題有關，他的第一個反應是，「這條新聞的主角，他的名字是不是H開頭……？」我一說是，克里斯托夫便沉默了一晌，才緩緩開了口：「我不方便繼續這段談話。」隨即切斷電話。

麥克修跟我左思右想，唯一的解釋是《紐約時報》在做同一條新聞。我一方面高興吾道不孤，一方面也急著有所突破。從我們口中聽到這消息，葛林柏格好像也挺滿意，但他高興是出於另外一個原因。「有時候，」他說，「我們不見得要去跟人搶燙手山芋。」

❖

跡象顯示不是所有的消息內容都有無止盡的保存期限。連著幾個月，蘿絲・麥高文都全心投入此事。在訪問過後的一則則訊息裡，她是這麼寫的，「我還有東西可以給你。」跟「這得是夜間的特輯。或至少得是加長版的晨間報導。我覺得你應該要多來拍個幾次。」

但那個七月，她的耐性似乎慢慢見底。「想過之後，我覺得我不太想跟NBC同進退了。」聽聞此言讓我內心一驚。她不是這條新聞裡唯一的女性，但她的訪談有其關鍵性。我懇請她聽完我的新發現，再下這個決定。我們約好再見一面。

我又一次步行到她位於好萊塢山上的住家。來應門的她穿著T恤，素顏，面帶倦容。我們坐在廚房裡，她泡起咖啡，順便告訴我她已經開始體驗到當出頭鳥的代價。她說她把自己被溫斯坦強暴一事告訴了亞馬遜製片廠的普萊斯，她跟片廠的合約沒多久就告吹。

此外她覺得有人在跟蹤她。她不知道自己能相信誰。我問她身邊有沒有親友，她聳了聳肩。她說她還有一點後盾。她跟黛安娜・菲利浦，那個負責女權計畫的理財經理，兩人算是走得滿近。然後也還有一些記者站她這邊，比方說替《衛報》寫過文章的費里德曼。

麥高文說她愈來愈無法對ＮＢＣ放心，一方面是事情一直拖，一方面是——她在此停頓了一下——她聽說ＮＢＣ內部某些人的傳聞。我追問她這話是什麼意思，她只搖頭說，「我只是不想變成晨間新聞的砲灰。」我說按計畫她不用擔心事情會變那樣，還說我同時也在替夜間新聞工作，而這樣的新聞有很大的潛力，不必然會淪落到晨間新聞。

我告訴麥高文說ＮＢＣ有很多好人，像有劇作家背景的歐本海姆就不會覺得自己得被新聞網的沉默傳統束縛住。但我也說我需要把事情全貌狠狠攤在他眼前，為此需要她的鼎力相助。接著我便把我們現有的情報告訴麥高文。我說我找到了其他知道溫斯坦過去的人——不是謠言或影射，而是真的有親身經歷——而這些人之所以願意開口，起碼有部分原因是因為知道麥高文會站出來。聽到這裡她熱淚盈眶，「我孤立無援了好久。」她說。

麥高文說她這段時間想了很多，也創作了些音樂。她跟我第一次見面，就因為彼此都寫歌而有了交集。那天在她家裡，我們各自彈了幾首試作的練習曲。在演出其中一首叫作〈孤獨之屋〉（Lonely House）的曲子時，她閉上了眼睛，沉浸在自身的歌聲中：

我代表那份決心
為了那些無能為力的女性

還有那些沒膽朝野獸打下去
的膽小男性
要看著他沉進水裡

麥高文恢復了冷靜。她說我們可以播出訪談內容，也說她願意再一次在鏡頭前，更無所顧忌地指控溫斯坦。甚至她主動表示願意在那之前先跟NBC的法務部門通個電話，清楚表達她要公開點名溫斯坦的意願。

幾分鐘後，我跟歐本海姆的助理通電話。告訴她說我的新聞有了突破，並會連夜搭機回去，希望隔天可以跟歐本海姆約見面，時間我可以完全配合他。

「新聞我們有了，」麥克修說，「接下來就是跟時間賽跑。」

❖

隔天早上在紐約，我走下一段螺旋階梯，進到一家美國銀行（BoA）分行的地下室。那是個少見的老派地窖，有著圓形的門，門緣上有若干門閂，門內則是一整條走廊的保險箱。一名銀行經理拉出一條薄薄的金屬盒，上頭編號寫著六六六六。

我們對著數字面面相覷了一會兒。

「我看這麼著，」他說，「我還是幫你們換個數字好了。」

在另外一個數字沒那麼不吉利[26]的盒子裡，我放進了我們一共數十名消息來源的名單，與他們對談的文字內容全文，還有對溫斯坦獵豔跟和解模式的剖析。另外我還添了含有警方便衣行動現場錄音的隨身碟。最後在物品上面，我留了一張短箋，當時疲憊的我已真心分不清何為迫害妄想的小題大作，何為符合實際的不卑不亢，總之我是這樣寫的：

如果你讀到這段文字，那就代表我因故無法自行公開訊息。盒內的資料是一則新聞報導的藍圖，足供人按圖索驥把一名連續強暴犯繩之以法。多名嘗試讓這則新聞曝光的記者都面對到恫嚇與威脅。我也收到過中間人的威脅電話。NBC的諾亞．歐本海姆應該有管道取得相關的拍攝影片。萬一我出了什麼事，請務必要將這裡的資訊公諸於世。

26 666在西方是不吉利的數字，典出聖經《啟示錄》第十三章，是獸像的數目。

第十八章　魁地奇

諾亞·歐本海姆有點不知該說什麼。我把報導的綱要交給他。「哇嗚，」他說，「這東西得花點時間才看得完。」那天是七月十二日。在歐本海姆的辦公室窗外，陽光灑落在洛克斐勒廣場上。我解釋說我們掌握了許多層實打實的證據，外加具有可信度的消息來源。當中有些人甚至認識歐本海姆。像在鏡頭前出現過的一名前溫斯坦手下主管，艾比·埃克斯，就曾在編制外聘他為萊恩·雷諾斯（Ryan Reynolds）的《換命法則》（*Self/less*）劇本增色。

「我們會拿東西去找葛林柏格，然後走正常的製播程序。」我話說得乾脆。「只是跟你打聲招呼。」

他再次掀開首頁，看了底下的東西。「當然我會聽李奇的，但是——」他把資料挪到了大腿上，嘆了口氣說。「我們有一些不得已的決定得做。」

「決定？」我說。

「比方說，這麼做真的值得嗎？」

他坐在張米色沙發上。在他身旁的牆上閃爍著一整排的螢幕，新聞快訊一道道滑過。不遠處有裱框起的雙聯畫，上頭描繪著哈利波特故事裡的魁地奇比賽。那幅畫用上了棕色與綠色的麥克筆，上頭還有歐本海姆八歲兒子的簽名。

「這是則大新聞。」我說。「一個大人物承認自身行為不檢，還被錄音下來。」
「嗯，首先，」他說，「我不確定他做的事情，你知道，有沒有犯法。」
「至少是輕罪，」我說，「有期徒刑判起來也得好幾個月。」
「了解，了解。」他說。「但我們也得判斷那有沒有新聞價值。」
我瞪著他。
「聽著，」他說，「你知道哈維．溫斯坦是何許人，我也知道哈維．溫斯坦是何許人。但我是圈內人，我不確定一般美國人會知道他是誰。」
「羅傑．艾爾斯也不是家喻戶曉。」我指出。「溫斯坦比他有名多了。而且這已經形成一個犯罪體系——不光是溫斯坦一個人的問題了。」
「我懂。」他說。「我只是說我們得向公司律師說明這麼做值得。我們這新聞一旦做下去，肯定會成為眾矢之的。」在聽過華萊斯飽受威脅的經歷後，我知道歐本海姆此言不虛。
在離開時，我謝過他並說，「萬一我有個三長兩短……」
他笑著點了點我交給他的資料。「這些就靠我告訴全世界了。」
「謝了，喔對了，《換命法則》第二集不要做了。」
「這我不能確定。」他換上冷面笑匠的表情。「這之後我可能得順勢轉行。」
那天下午，我收到又一批莫名其妙的ＩＧ訊息，裡頭又有一張槍圖。為此我傳了訊息給歐本海姆的助理安娜。「嘿，我不想把事情搞到諾亞那裡，」我寫道，「但我們ＮＢＣ內部有我可以去諮詢一下，優秀的安全事務人員嗎？」我說我遇到一點「跟蹤狂問題」，狀況感覺「比平常嚴重些」。
她說她會去研究一下。

❖

幾小時後，我接到又一通來自公關人員馬修．希爾特齊克的電話。「只是想用電話跟好朋友們請個安。」他開朗地說。「你也在我的清單上。」自從上次通過電話後，希爾特齊克曾傳過幾次訊息給我，問我要不要一起吃個飯，或是詢問我的近況。那種熱情說真的不太尋常。在那天的電話上，我告訴他說我還在趕書，外加有幾條ＮＢＣ的新聞要弄。

「所以哈維的新聞你還有在追嗎？」

我看著旁邊的攝影棚。在印有霜白孔雀圖案那面玻璃後面，看得到在念著新聞標題的午間新聞主播嘴形。「我有幾條ＮＢＣ的新聞在弄。」我重複了一遍。

「好吧！」他輕輕笑著說。「有需要跟我說一聲，我這裡隨時有資訊可以給你。還有我很高興聽到你還有其他的事情在忙。」

❖

我那晚回到家有一點不安。在電梯裡我被管理員老說有點像我的娃娃臉鄰居嚇了一跳，但他只是要跟我打招呼而已。沒多久，強納生從曼哈頓西岸的美國銀行分行來了電話，他剛在那兒完成手續，成為了我剛放了東西進去那盒保險箱的共同擁有者。「鑰匙，不要，弄不見。」我對他說。我們講著電話，手機同時登了一聲：又一則關於氣象報告的自動訊息。我滑掉它。

鑽進被窩，我收到一則來自麗莎．布魯姆的訊息。「嘿，羅南，你還在寫保密協定的新聞嗎？我的卡戴珊[27]案有一個新問題（你可能聽說了我接了布蕾．查納[28]的案子，而卡家提出了有保密協定的問題）。總之我明天會去紐約錄《觀點》[29]，星期四或五可以喝個咖啡或吃個午餐嗎？」

我推開電話，開始失眠。

❖

麥克修跟我約好早上八點半要跟葛林柏格見面。麥克修到的時候我人在隔間裡，電量非常低。

「你氣色好差。」他說

「謝了，我也很高興見到你。」

幾分鐘後我們人進到葛林柏格很擠的辦公室裡。「你們東西不少。」他翻閱著昨天我們交給歐本海姆的同一份報導綱要。然後他抬起頭說，「帶子可以讓我聽聽嗎？」

我把手機滑到他面前的桌上，按下播放鍵，然後我們三人就一起又聽了一遍溫斯坦說他習慣了這樣。

聽著聽著，葛林柏格嘴角慢慢流露出決心與笑意。「媽的，讓他去告。」他在聽完錄音後說。「這東西播出去，他就玩完了。」

我們說再來要在鏡頭前繼續訪問幾名溫斯坦影業的消息來源，然後會起草新聞腳本跟要放到網

---

27 以實境秀主角金伯莉·卡戴珊（Kimberly Kardashian）為首的名人家族。

28 Blac Chyna。金伯莉的前弟媳，二〇一七年與羅伯·卡戴珊（Rob Kardashian）離婚後，她的性愛影片被上傳到了羅伯的推特與IG上，雙方因此對簿公堂。

29 *The View*，ABC新聞網的評論節目。

路上的文字報導。還沒熱血完的葛林柏格要我們準備跟公司法務開會。麥克修跟我踏出了葛林柏格的辦公室，感覺像剛打了場勝仗。

關於跟蹤狂一事，歐本海姆的助理安娜有了後續。「東西轉給人資了，他們專門替人處理這類問題。」她在信裡寫道。「很遺憾這類事情不如我們想像中罕見。」人資把我轉介給湯瑪斯・麥可法登（Thomas McFadden）這名頭髮灰白的前警察。「這很典型的東西。」他在小辦公室裡滑起我的手機。「看過上百萬次有。」

「我想也是。」我說。

「我們會去調查看看。」他說。「基本上我們會釐清是誰在騷擾你，也許打個電話過去，他們多半會就此收手。很特殊的狀況下，我們會打電話給在執法部門的老朋友。」

「謝了。」我說。「我覺得除了ＩＧ上的瘋子以外，還有一些事情也不太對勁。我手機會收到奇怪的垃圾訊息，感覺就像——」

「就像你被人跟蹤？」

我笑了。「這個嘛……」我說。

他向後一倒，像是在咀嚼這事兒。然後同情地看著我。「你壓力太大了，這事兒交給我，你去休息一下。」

❖

那一整個月，麥高文跟她的新朋友，魯賓資本的黛安娜・菲利浦，透過電郵與電話有許多交流。不論麥高文人在東岸或西岸，菲利浦似乎都會同時出現。在我跟歐本海姆見面後的幾天，她們倆出門進行了一場女子會，地點在紐約的半島酒店。在菲利浦的旁敲側擊下，麥高文坦率分享了她打算把強暴指控公諸於世的努力。她甚至透露了她正與一名NBC的記者合作。從頭到尾，菲利浦都坐得很近附耳傾聽，一臉的同情。

同一天，傑克．帕拉迪諾在舊金山那家公司的調查員莎拉．聶斯，又寄了一封電郵給哈維．溫斯坦，內容裡有一份新的、更詳細的檔案。在十五頁的篇幅中，多名調查員徹底回顧了我在此前一個月的行蹤，認出了我許多消息來源的身分。該檔案下了一個結論是我與席歐拉搭上了線，而席歐拉經「哈維．溫斯坦確認」是「有潛在敵意的消息來源」。

檔案中的記者名單，也一起有所擴張：如今提到了金．麥斯特斯（Kim Masters），來自《好萊塢記者》的鬥犬寫手，還有尼可拉斯．克里斯托夫，外加班．華萊斯。其結論是華萊斯「可能在幫忙導引法羅」。最後還有一個新朋友：一名向《紐約時報》供稿的寫手，名叫茱蒂．坎特（Jodi Kantor）。

檔案指認出數名溫斯坦身邊的雙重間諜，這些人會先跟我談話，然後再把我的動態回報給他，聲音有點緊的那名女性澳洲製片就是其中之一。她曾「把法羅與她接觸一事告知哈維．溫斯坦」，檔案裡說。「她沒有提供任何負面情報給法羅。」

此外還有一些比較隱晦的指涉提到其他協力者。檔案中指出一名代號為LB的人曾幫著溫斯坦搜索情報，包括曾不動聲色地至少與一名指控者諮詢過的律師交談。

「調查仍未結束。」是檔案的結論。

❖

我們繼續遇見其他誤導我們，或把我們的行動回報給溫斯坦的偽消息來源，但也找到了更多願意挺身而出指控溫斯坦的盟友。一名前助理曾在溫斯坦出差到倫敦時，做為兼職被指派給溫斯坦。她表示溫曾性騷擾過她，惟她一開始並不覺有必要冒著被報復的險說出真相。只是在二十年的音訊全無後，溫斯坦的同夥又開始「相當強硬地」打電話恐嚇她，這加深了她的恐懼。「我感覺非常不安，」她告訴我，「他追蹤著你的一舉一動。」很諷刺的是，這些電話反而讓她想要出一份力。「我原本不想開口。」她說。「但被他聯絡上，讓我非常火大。我火大的是他以為自己還可以隨便叫人閉嘴。」

這名兼職助理也知道薩爾妲・柏金斯，那個跟奧列塔談過話的女子，還有柏金斯跟另一名同事共同達成的性騷擾和解。同樣知道這些的還有卡翠娜・沃夫（Katrina Wolfe），這名米拉麥克斯的前助理跟主管。那個月，藏身在陰影裡的沃夫在鏡頭前開了口。「在米拉麥克斯工作期間，我直接知悉了公司裡兩名女性職員對哈維・溫斯坦提出性侵害指控，也知道她們的案子以和解收場。」那並不是道聽途說：她親眼目睹了這筆交易的策畫與執行。

一九九八年的某晚，溫斯坦衝進辦公室要找史提夫・胡騰斯基（Steve Hutensky），這名外號在溫斯坦手下是「清潔工」的米拉麥克斯律師。足足有四十五分鐘，這兩人湊在一起開了作戰會議，期間溫斯坦聲音中的焦慮傳進了身邊所有員工的耳裡。會後胡騰斯基讓助理抽出了兩名女職員的人事資料，其中一人就是柏金斯，《莎翁情史》製作人的唐娜・吉格利奧提的助理。

從一天天過去變成一周周過去，溫斯坦馬不停蹄與他的顧問群瘋狂講電話，當中包括紐約的菁英律師賀伯・沃希特爾（Herb Wachtell，法學院時代，沃希特爾的事務所是我們同學裡夏天實習的第一志願。所以當申請被他們拒絕時，我完全表現出只有學生才做得到的崩潰。我只能委屈地跑去達維律師事務所〔Davis Polk〕，活像是那種在車禍現場追著救護車跑，只為了招攬客戶的律師，也像是在律師生涯中什麼案子都接的葛羅夫．克里夫蘭總統〔Grover Cleveland〕〕。沃希特爾與胡騰斯基給溫斯坦找了一名英國律師——胡騰斯基的要求是「全英國最強的刑事辯護律師」——然後溫斯坦就搭上協和號超音速客機，親自前往倫敦處理問題。

我正一步步接近，倫敦和解案可以報導出來的那天。

❖

上鏡受訪的圈子不斷擴大。在拍完沃夫的數日後，我又斬獲一名溫斯坦影業的前助理與製作人。他表明騷擾申訴做為一種慣例，並沒有隨著九〇年代的結束畫下句點。最近幾年，他的任務一直是把年輕女性帶進被其他前員工形容為蜂蜜罐的陷阱會議裡。有些女性似乎「沒意會到那些會面的真正本質」，而且「看得出非常害怕」，他說。

他有時候會因為這些會議的後續深感不安。「你會看到女人從房間裡出來，然後突然間你得拚了命去——我不想說收拾善後，但至少你得去確認她們在剛剛發生的事情之後，感覺有獲得像樣的獎賞或補償。」他回憶說。「而那些女人感覺相當的驚恐。」溫斯坦，他說，就是個「掠食者」，而且「高於正適用於我們多數人，也應該適用於我們多數的法律」。

我們在比佛利山的四季酒店拍攝了訪談，在場者有麥克修跟我，還有一名自由接案的攝影師，名叫尚—伯納．魯塔嘎拉瑪（Jean-Bernard Rutagarama），我們就這樣跟燈光與腳架還有攝影機一起，通通擠在一個小房間裡。

那個月，黑立方散布了最新版的名單。一名專案經理在黑立方位於倫敦的衛星辦公室裡，檢視了那份清單。辦公室位於羅普梅克街（Ropemaker Street）上一棟玻璃塔的半層樓裡，牆上繪製著探員的剪影俯視著熙來攘往的城市風景。檢視無誤之後，專案經理便把清單轉傳給一份聯絡人遍及全球的群組。

那份名單裡含有許多跟帕拉迪諾公司檔案中相同的姓名——有時候甚至描述的用語都相同，但這份報告的研究更深入。如今，證實麥高文、聶斯特、古提耶若茲所言非虛的次級消息來源，也都遭到鎖定。

隨著夏天向前推進，這份名單也愈來愈長，重點人物還會被標成黃色甚至紅色來凸顯緊急程度。有些姓名會被獨立出來，變成個別的側寫。在四季酒店的訪談後不久，其中一個這樣的側寫檔案，名為「ＪＢ魯塔嘎拉瑪」，就出現在同一批收件匣裡，而其副標註明：「相關性：與羅南．法羅跟李奇．麥克修在ＨＷ（哈維．溫斯坦）報導中合作的攝影師。」那份側寫內容涵蓋了魯塔嘎拉瑪在盧安達的成長歷程，並分析「有哪些辦法接近他」。標題使用的藍色斜體Times New Roman字體，跟英語非母語者特有的口誤，使其體例與格式看來相當獨特。

在專案經理寄送關係人名單與魯塔嘎拉瑪的側寫中，赫然有個收件人叫做賽斯．費里德曼，《衛報》的前寫手。

第十九章　螺旋裝訂

那年七月，我回撥了電話給奧列塔。告訴他我有關於倫敦和解案的更多資訊，順便問他有無其他資料可以強化我的報導，沒想到他竟然說，「還真的有。」他把自己所有記者的筆記本、列印文件、還有錄音帶都給了紐約公共圖書館。那批資料尚未對大眾開放，但奧列塔說我不妨去看看。

奧列塔的檔案被安放在大廳以外，善本書與手稿的閱覽室裡。那是一個灰暗的廳室，裡頭有封閉的玻璃架跟閱讀燈下一排排低矮的桌面。總計，紐約公共圖書館裡奧列塔文件有超過六十個大紙箱。麥克修跟我簽名進了閱覽室，一名圖書館員幫我們搬來了箱子。

麥克修跟我各取了一箱資料，然後開始K書。論量，奧列塔的資料遠不如我們豐富，但論質，他拿到了畫像裡很關鍵的那幾塊拼圖。看著相隔十五年但報導目標如此一致的筆記，有種說不出的怪。即便在當時，奧列塔也曾遇到無以為繼的線索。在某一頁的筆記上，他用醫生寫病歷時那種鬼才看得懂的藍色草書寫著：「大衛．卡爾——相信性騷擾。」

❖

在奧列塔的螺旋裝訂記者筆記本裡，我發現有線索帶我通往其他條線索，而這些線索又跟我手上溫斯坦與兩名倫敦助理間正逐漸浮出水面的情節，很有默契地同步了起來。

在九〇年代尾聲，柏金斯開始擔任吉格利奧提的助理。實務上，這意味著她大部分時候要替溫斯坦工作。「從我第一次必須與哈維獨處，」她後來告訴我，「我就得面對他在我面前只穿著內褲或赤身裸體。」他甚至會嘗試把她拉上床。柏金斯是個金髮的小個子，看起來比實際年齡小，但她的個性還挺強，而且即便在當時也很有主見地懂得說不。溫斯坦從未成功對她在肢體上有所進展，但要一直應付他的步步進逼也實在累人。而且很快地，他就在其他方面耗盡了她的耐性。就跟溫斯坦的許多前員工一樣，她發現自己得配合當個活動道具，好方便溫斯坦把小演員與小模騙上床去。「我們得當他的妹頭。」她說。「一開始我沒有意會到，但後來我發現自己扮演的就是蜂蜜罐。」溫斯坦會事前叫她買好保險套，事後叫她把飯店房間收拾乾淨。

柏金斯獲准聘她自己的助理，是一九九八年的事，而她曾希望這能讓她與溫斯坦之間拉開一點距離。她拿溫斯坦會毛手毛腳的事情警告過應徵者。她甚至打槍了「漂亮過了頭」的一些應徵者，「因為我知道他絕對不會放過她們。到時候騷擾將會沒完沒了」。到最後，她選擇了一名「聰明絕頂」的牛津畢業生，而這人即便事情過了幾十年，還是害怕報復到不敢透露真名。

一九九八年九月，在怡東飯店（Hotel Excelsior）的威尼斯影展上，那名助理第一次與溫斯坦在飯店房間「開完了會」，出來了的時候她邊抖邊哭地說他侵犯了她。柏金斯跑去興師問罪，也不管他正在飯店露臺上與一個有頭有臉的導演開一場真正的午餐會。「他站在那兒，謊話連篇。」柏金斯回憶道。「我說：『哈維，你在騙人。』而他說：『我說的是實話；我以我孩子們的性命發誓。』」

柏金斯說那名助理「受到打擊後顯得失魂落魄」，而且害怕到不敢報警。揭發這些指控的難度，因為他們當時的所在地——威尼斯的麗都島（Lido Island）——又變得更高了。「我不知道自己可以找誰。」柏金斯回憶說。「飯店的警衛？」

出差的後半段，柏金斯盡可能把新助理跟溫斯坦隔開來。在回到英國之後，她把事情知會了吉格利奧提，結果吉格利奧提幫她介紹了一名雇傭事務律師。最終她跟助理發出通知，表示他們要從米拉麥克斯離職，並將循司法管道討個公道。

她們的離職，導致米拉麥克斯內部瘋狂開會，如沃夫對我形容過的。溫斯坦與主管們開始對柏金斯與新助理奪命連環call。她辭職的當天晚上，柏金斯收到了「愈來愈狗急跳牆」的十七通電話。在文字訊息中，溫斯坦像喝醉酒似地在哀求與威脅中蛇行。「拜託，拜託，拜託，拜託，拜託，拜託回我個電話。我求你了。」他在一則簡訊中如是說。

柏金斯與小助理在倫敦雇用了賽蒙斯・穆爾黑與波頓（Simons Muirhead & Burton）事務所的律師。柏金斯一開始很抗拒接受她口中「染著血的錢」，並徵詢了報警，或把事鬧到米拉麥克斯母公司迪士尼的可能性。但律師們似乎一心只想求得和解金跟保密協定。最後她與新助理接受並平分了二十五萬英鎊的和解金，溫斯坦的胞弟鮑伯把支票開給了她們的律師事務所，藉此模糊迪士尼對這件事的注意力，也讓哈維與這件事保持距離。

在讓人精疲力盡的四天談判裡，柏金斯成功在合約中增添了一些她希望能改變溫斯坦行徑的條款。首先，合約要求指派的三名「處理者」，其中一人得是律師，以回應未來在米拉麥克斯的性騷擾指控。再者，公司必須提出證據證明溫斯坦接受了為期三年的心理治療，或「治療師認為治療足夠了為止」。最後，合約要求米拉麥克斯將溫斯坦的行為上報給迪士尼，且未來兩年內要是再有性騷擾達成和解，公司就必須要解雇溫斯坦。

公司執行了人資部門編制的改變，但對其他的要求則置之不理。柏金斯追了幾個月後只能無奈放棄。「我累了，我感到受辱。我沒辦法在英國業界繼續幹下去，因為外頭對於事情經過的傳聞讓我幹不下去。」她說。最後她搬家到中美洲。她受夠了。「錢跟權是幫凶，司法體系也是幫兇。」她最後告訴我。「話說到底，溫斯坦敢如此恣意橫行，是因為他遭到縱容，縱容他是我們的錯，是我們整個文化的錯。」

奧列塔沒有掌握到故事的全數細節，但他有把骨幹抓對。我看著他用心整理的筆記，這些蒙塵的箱子與箱子中承載的祕密，一瞬間感動了起來。我真的很想告訴自己這些新聞不會就此石沉大海，即便它們已經被打壓了這麼多年。

❖

電視腳本有了，要放到NBC新聞網站上的六千字報導也完成後，我過往的報導魂似乎匯集了起來。七月底，我終於打了電話給珍妮斯．閔，那位《好萊塢記者》的前編輯。她堅信這則新聞確有其事，同時也很懷疑真相會不會有曝光的一天。閔是從八卦報《美國週刊》（*US Weekly*）轉職到《好萊塢記者》，但早先在《新聞日報》（*Reporter Dispatch*）的犯罪報導經驗才是她的根。「我們都知道那是真的。」她告訴我。「但我們從來沒有帶著這則新聞衝過終點線。大家總是怕到不敢開口。」她說她會聯繫麥斯特斯．金，就是那個在閔任職《好萊塢記者》時期，追過溫斯坦新聞的寫手。

「那是條不可能寫成的新聞。」閔在我們掛電話前最後這麼說。「那就像是新聞這行裡的一條白鯨[30]。」

「白鯨。」麥克修那天稍晚在訊息中說。「這拿來下標超屌。」

麥斯特斯總會被形容成媒體記者的老將，而她開玩笑說那只是拐彎抹角在說她是老人家。她當過《華盛頓郵報》的內部撰稿，也供過稿給《浮華世界》（*Vanity Fair*）、《時代雜誌》與《君子》（*Esquire*）。她說她耳邊從未停止過關於溫斯坦的傳言，幾年前她甚至為此去堵過他。

「妳幹嘛拿我當題目亂寫一通？」他在比佛利山的半島酒店對午餐中的她大吼。「妳幹嘛說我是個惡霸？」

「這個嘛，哈維，」麥斯特斯說，「我聽說你會強暴女人。」

「有時你總是會跟不是你太太的女人上床，然後雙方可能看法會不一致，這時候你就只能花錢消災。」溫斯坦回答得理直氣壯。那天，身為公關專員的希爾特齊克也在場。麥斯特斯記得他大驚失色，而他後來否認自己聽到她提到強暴一詞。

麥斯特斯不覺得經過這麼多年，事情有改變多少。幾個月前，她做過一條新聞是關於有人指控洛伊．普萊斯性騷擾，而普萊斯除了是砍掉麥高文合約的亞馬遜製片廠高層，也是個身邊從沒少過性騷擾傳聞的傢伙。但麥斯特斯在那兒寫過七年文章的《好萊塢記者》卻跳過了這則新聞。那年夏天，她曾經嘗試把這傢伙救回來，為此她先後把東西拿去*BuzzFeed*跟《野獸日報》（*Daily Beast*）兜售，但普萊斯雇用了查爾斯．哈德，也就是溫斯坦請來把高克新聞網搞到關站的那名律師，逐間去警告各媒體。「終有一日，」麥斯特斯有點無力地說，「水壩一定會決堤的。」

❖

30 典出《白鯨記》，比喻讓人魂縈夢牽，但最終可能將你幾近摧毀的目標。

我回頭去找了肯恩．奧列塔，問他願不願意受訪。對我們而言，把做過某條新聞的平面媒體記者找到鏡頭前，算是稀鬆平常，但對他來講，這感覺是很不尋常的一步，因為這等於是要為舊新聞翻案。但當我告訴他我們所掌握了的資料，包括溫斯坦的自白錄音後，他說他願意破個例。我們在傾盆大雨中來到奧列塔位於長島的住家，冒雨把設備搬進去。他確認他看過了倫敦和解案的證據，並在結論中呼應我們認為用錢讓女方閉嘴是溫斯坦慣用的手法。奧列塔同時提到了他幾十年來如何像唐吉訶德般，一再試著復活這議題而未果。讓這則新聞問世非常重要，他說，「如果我們想讓他從此住手的話。」

奧列塔突然自發性的看向鏡頭。

「告訴安迪．列克，他跟我是朋友，他應該會把這新聞發出去的。他會的。」

「好。」我說。

「如果NBC明明有這些證據卻隱而不發，那就是醜聞了。」我們的攝影師跟麥克修交換了不安的眼神。我告訴奧列塔說我確信NBC會發布新聞。「嗯，你們最好快點，」他答道，「萬一《紐約時報》搶先——」

「我知道。」我說。然後我們一起望向了他家客廳外的狂風暴雨。

❖

同一天，黛安娜．菲利浦主動問候了蘿絲．麥高文。「我回到家了，只是想再次謝謝妳陪我度過一個愉快的晚上！」她寫道。「每次見到妳感覺都非常開心:)。我希望能早日回去，然後下次能跟妳有更多時間敘敘！」

然後她切入重點：「我在想羅南．法羅，上次我們見面妳提到的那個人。我一直沒辦法忘懷他的照片。他看起來是個很優秀也很可愛的人。我去看了一些他的資料，對他的作品印象深刻，真要說就是他家庭背景複雜了些……我想像他這樣的人要是能加入我們的計畫，應該會很有趣，也會有很多貢獻（我說的不是讓他參加會議本身，而是參加二〇一八年的活動），畢竟他是能站在女性立場的男性。」菲利浦說。「妳覺得為了確認一下合作的可能性，可以幫我們介紹一下嗎？」

第二十章　邪教

我們在七月底發展出來的腳本，是走「省吃儉用」的路線，沒有把材料排得很密。那當中有錄音帶內容，包括我們會帶到古提耶若茲的鼎力配合，有麥高文入鏡進行的正式訪談，還有聶斯特把臉藏在陰影中的訪問，這部分會搭配她從厄文．萊特處收到的訊息影像，用來佐證溫斯坦的行為是如何在公司內部被視為慣犯。我們針對兩起倫敦和解案所發現的證據，也會放進報導中，這部分會有多個一手的談判過程描述，還有出自鮑伯．溫斯坦帳戶的支票。再來還有從拍攝過程中剪出來，四名前員工的精選發言。

麥克修在此同時，意外發展出了新聞的支線。在一場冰球比賽裡——他很愛打冰球，所以時不時就會一拐一拐地帶著舊傷走進辦公室——他撞見了一個電影業界的朋友，而這個朋友對他透露了一則祕辛，那就是愈來愈多人覺得溫斯坦在愛滋病研究基金會（amfAR）董事會裡的角色很引人側目。其他董事會成員懷疑溫斯坦盜用了應做為慈善用途的資金，為此溫斯坦正試著要他們簽署保密協定。

「感覺像是案外案，」麥克修傳簡訊說，「但也許值得積極查看看？」

「是我會鴨子滑水地追。」我說。「反過來引發事端來影響到主線，可就划不來了。」

在麥克修把腳本筆記寄給我之後，他寫道，「是時候讓你、法務、李奇，還有我一起好好談一談，看看公司的立場究竟在哪兒了。」

「是啊。」我說。

「我們算是莫名其妙一組很好的搭檔。」他說。「不是因為我們合作無間，而是因為對任何想要個別起我們底或鬥臭我們的人來講，挫折感都會很大吧。」但這時我們都還渾然不知麥克修的名字——甚至我們其他組員的名字——都已經寫滿在調查檔案上，默默地傳遍了全世界。

惟我們一邊完成了新聞，一邊都心裡有數攻擊將漫天而來。我們不知道的只是這些攻擊會採取何種形式。「被逼到牆角的他，有輸不得的壓力。」麥克修點出。「這將是一場戰爭。」

❖

七月的最後一周，NBC的法務長蘇珊．維納與李奇．葛林柏格、麥克修跟我，在葛林柏格的辦公室裡排排坐著，各自翻閱著腳本與報導綱要。我之前曾在被認為分外棘手或會引發訴訟的調查新聞中與維納合作過，經驗告訴我她是名優秀的律師，有著絕佳的直覺。而她也一向支持報導工作，就算是我挑了個很愛興訟的韓國末日邪教，或其他同樣麻煩的題材去調查時也不例外。她在NBC服務了二十多年，在那之前，維納是紐約大都會運輸署（MTA；紐約大眾運輸的主管機關）的副法務長。她瘦而白，外加有著一頭毛躁的鬈髮。那天在辦公室裡，她不停從眼鏡上方探出視線，並老抿著嘴唇。「你的東西可不少。」維納說。

「你可以把錄音播給她聽嗎？」葛林柏格掩藏不住語氣中的興奮。他很喜歡這本他已經讀過的腳本。那天稍早與他開的一場會裡，麥克修成功說服他要弄一個比標準篇幅長的腳本，來用作網路版播放。以此為基礎，要剪出供《今日秀》與《夜間新聞》播放的短版並不困難。

隨著音檔慢慢播完，維納緊繃的表情慢慢放鬆成淺淺的笑意。

「哇嗚。」她說。

「消息來源也會見妳，或妳指派的任何法務人員，讓你們親眼確認溫斯坦簽名的合約。」我說。

我問她有沒有從目前可見的新聞材料中看到任何凸出的法務疑慮，她說她沒有。「我想我們的下一步就是要請當事人發表意見了。」她說。麥克修看著我的眼神鬆了口氣。新聞部的頭牌律師與新聞倫理部門的老將葛林柏格，都對這則新聞開了綠燈。葛林柏格對維納點了點頭。「我想先知會一下諾亞再動手。」他說。

❖

葛林柏格還在嗨，就帶著掩藏不住的笑意跟維納、麥克修、我一起在那天稍晚坐進了歐本海姆的辦公室裡。歐本海姆翻閱著他的那份腳本、網頁版新聞、還有報導綱要，眉頭深鎖了起來。

「這腳本只是一份草案。」我說。「我們會再統整過。」

「嗯嗯。」他敷衍地說。

「我們覺得您可以聽一下錄音。」葛林柏格說，但歐本海姆的漠然讓他有點愣住。「滿震撼的。」

歐本海姆點了頭。他視線還黏在資料上面，沒跟葛林柏格對眼。

葛林柏格對我點頭示意。我按下播放鍵，伸出手機。

「不。」安珀拉．古提耶若茲的聲音充滿恐懼的穿透力。「這樣我不舒服。」

「我習慣了這樣。」哈維．溫斯坦重說了一遍。

歐本海姆在椅子上陷得更低，就像想沉到自己身體裡似的。

音檔播完後，現場的沉默開始擴散。很顯然明白到我們在等他開口，歐本海姆的回應介於不耐煩的的嘆息跟無感的囈語，外加不置可否地聳了聳肩。「我是說……」他拖長了聲音說，「我不知道這能證明什麼。」

「他承認摸了她。」我說。

「他是想甩開她吧。男人為了甩掉這種女孩子，什麼話都說得出來。」

我瞪大眼看著他，一如葛林柏格跟維納也同樣瞪著他。

「聽著，」厭煩慢慢滲入了他的口氣，「我不是說這不噁心，但我還是不確定這能叫做新聞。」

「我們有一個名人在錄音中承認自己行為不當。」我說。「我們有多個資料來源描述了五例類似的行徑，包括兩名女性願意為此拋頭露面。我們有一堆前員工指稱溫斯坦是這類行為的慣犯。我們有他親筆簽名的百萬和解文件——」

他揮手打斷了我。「我不知道我們可不可以秀出合約。」他說。麥克修跟我互望了一眼。我們不懂一個一天到晚把同樣有合約保障的國安或商場資訊秀在螢幕上的媒體，為什麼會突然在區區性騷擾的和解文件前猶豫。

「很顯然我們不是只靠合約在說故事。」我說。「但一而再再而三的和解確實有新聞價值。像福斯電視的性騷擾新聞就——」

「這跟福斯的新聞不一樣。」他說。「我還是不覺得哈維．溫斯坦是《今日秀》觀眾都會知道的名字。」他又看起了資料。「而且我們哪有時段播？這看起來不是一般長。」

「我們在《今日秀》播過七分鐘的專題。這個長度我剪得出來。」

「也許梅根的時段可以播吧，但那節目要收了。」他自顧自地說著。梅根．凱利短暫主持了一陣子周日晚間的新聞雜誌，但收攤在即。

「我們可以在網路上播。」麥可修提議。

我點頭。「文字報導也可以一併上網。」

歐本海姆轉向葛林柏格。「你有什麼打算？」

「我們想聯絡哈維．溫斯坦，請他發表一下意見。」葛林柏格說。歐本海姆看著維納。她點了點頭。「我覺得以現有的證據，這通電話可以打。」她說。

歐本海姆繼續看著眼前的資料。

「不不不。」他說。一串莫名的傻笑像從他身體裡漏了出來。「我們不能打給哈維。這事我得轉給安迪。」

他手拿資料起身。會議就此結束。

「謝謝您。我覺得這新聞會是震撼彈，不論我們選擇什麼平台。」我一邊被歐本海姆請出去，一邊連珠炮地爭取。

麥克修驚呆地看了我一眼。我們倆都不知對歐本海姆的反應做何反應。

❖

這年的前幾個月對烏克蘭私人調查員歐斯卓夫斯基來說，滿滿的是他習慣的那種任務：四個小時在追外遇的另一半，六個小時在替擔心的母親尾隨誤入歧途的青少年兒子。由此他可換得光頭俄羅斯人凱金奉上說好的三十五美金時薪，外加報銷的費用。但伴隨夏天的開展，凱金開始發給他有點不太一樣的任務。這些工作會讓歐斯卓夫斯基考慮再三，讓他又變回從前那個不乾不脆開始問著一堆問題的他。

在七月二十七日黎明前，歐斯卓夫斯基出發去執行這些任務。他來到一個看似住宅區的地址，看到了凱金的車，一台銀色的日產探路者（Pathfinder）運動休旅車。他跟凱金說好兩人分頭行動，歐斯卓夫斯基盯著目標的家，凱金則去追查一個工作地址。

凱金沒有對這些新任務多說什麼。他只是寄來一系列出自某客戶一份檔案裡的螢幕截圖。這些截圖裡有地址、電話號碼、出生年月日，還有目標的出身背景，包括目標的配偶與家庭成員都一應俱全。歐斯卓夫斯基的第一個念頭是他們在替客人搶監護權，但這種推測隨著天氣變熱，也感覺愈來愈與事實不符合。

歐斯卓夫斯基一面壓低身體監視，一面翻閱著截圖。這資料的格式跟在倫敦羅普梅克街辦公室裡的那批文件一模一樣，都有著藍色斜體的Times New Roman字體，外加不太可靠的非母語英文。看著細節讓他內心益發彆扭，跟蹤記者不是他習慣的工作。

第二十一章 醜聞

與歐本海姆會後不久，一個潮濕悶熱的早晨，我穿過一身汗的人群，越過阿斯特廣場（Astor Place）上那個傾斜方塊的裝置藝術，朝著東村而去。我發了訊息給麥高文，她也同意見面。在留宿的Airbnb裡，她的裝扮是睡衣加兩眼底下各有個半月形的面膜。她示意我看了眼這房間有多浮誇，公主專屬的粉紅色系，到處都是毛茸茸的枕頭。「這可不是我裝潢的，」她冷冷地說。比起上回見面，這次她感覺氣色更差，更緊張，壓力也更大。我告訴她說我們累積了前所未見的證據，但她的發言將會非常關鍵。我希望她能按先前提議的，讓我們多拍一點，並且在NBC的律師面前確認想指控溫斯坦的意願。

「我信不過NBC的律師。」她說。

「他們一直……」我頓了一拍，「……很小心，但我知道他們都是好人，他們不會虧待這條新聞的。」

她吸了口氣，像是想讓自己硬起來。「好吧，」她說，「我答應你。」

她同意了在幾天後加拍一場訪談，但在那之前她得先去坦帕灣的動漫展接方・基墨（Val Kilmer）的班。「聽起來很有趣。」我踏出房間到了悶熱的外頭。「才不會。」她說。

我回到公司，在自助餐廳裡聽到電話響起。來電的是葛林柏格。

「好消息。」我說。「我跟蘿絲談過了，她說——」

「你方便講話嗎？」他說。

在他的小辦公室裡，葛林柏格讓我嘰哩呱啦講完了跟麥高文的新約定。

「我知道你一直想知道最新的進展。」他說。跟歐本海姆開完會的那兩天，我一共跑了三趟葛林柏格辦公室，都是想問列克那邊有沒有回話。

葛林柏格吸了口氣，就像是準備要接受衝擊似的。「新聞正交由ＮＢＣ環球審核。」他怪裡怪氣把後面幾個字說得特別用力，就像是在引用某首外國語的歌詞。どうもありがとうミスターロボット[31]。

「ＮＢＣ環球。」我說。「怎麼不是ＮＢＣ新聞網。」

「事情鬧到上頭去了。我不知道這牽涉到史提夫・柏克或布萊恩・羅伯茲。」他指的是ＮＢＣ環球與其母公司康卡斯特的頭頭。「但新聞正在進行法務審核。」葛林柏格坐立難安，膝蓋在桌子下面猛抖。「我好像看過一次，大新聞的播與不播被交由公司高層定奪，但這真的是非常不尋常。」

「他們審查的根據是什麼？」沒有人來跟我們多要幾份資料或錄音。

「我不知道。」他失魂落魄地說。

由ＮＢＣ環球進行法務審核，就代表這背後是ＮＢＣ環球法務長金・哈利斯。哈利斯曾經在去

31　整句話的意思是「謝謝你，機器人先生」，典出冥河合唱團（Styx）發行於一九八三年的專輯。冥河將該專輯ＭＶ製作成仿音樂劇，劇情敘述在機器人統治的未來世界中，搖滾樂被禁，而由主唱之一飾演的搖滾英雄被關進監獄，最後在一首單曲中獲得機器人的解救。

年跟維納一起，處理過川普「抓下面」的錄音風波，也曾在多年前聘過我當達維律師事務所的夏季實習生。

「我很樂意把資料寄給金。」我自告奮勇。「我可以把錄音播給她聽。」

「天啊，千萬不要！」葛林柏格被我嚇壞了，好像我剛建議跟他阿公阿嬤開濫交派對似的。「不不不！我們——我們還是尊重程序，保持一點距離吧。我會讓蘇珊把他們需要的東西都寄過去。」

我想不通要跟自家集團的律師「保持距離」，是哪門子的邏輯，但也只是說，「嗯，那我希望有消息能盡量、盡快通知我，我也會讓你掌握跟蘿絲的後續訪談進度。」

他瑟縮了一下。「我們可能要暫停所有報導工作。」

「李奇，我拚了命才說服蘿絲不打退堂鼓，現在我們跟她談到了更多東西，你卻要我去跟她取消嗎？」

「不是取消，」他說，「是暫停。」

「我已經跟她約好確切的訪問日期了，這當然是取消。」

我問他要「暫停」多久。

「我——我在想審查應該不會太快。」他說。「我是說，我不清楚他們的作業流程。但這絕對不是幾天內會有結果的事情。」

「李奇，我不覺得我們的指揮鏈裡有誰會想留下這種紀錄，這種在母公司進行新聞審查時把基層拚來的新聞給砍掉的紀錄。」

「新聞被砍有各種原因，出了公司沒人需要知道為什麼。」

「你要是把你對我跟麥克修說過的話，跟上頭也說一遍，結果一定會有差。」我指的是他那句

「媽的，讓他去告」，還有他說要去請溫斯坦表示看法的決定。此一時彼一時，真有判若兩人之感。

「這現在是史提夫．柏克的決定，是安迪的決定了。」他回說。他避開了我的視線。「我的話改變不了什麼。」我相信李奇．葛林柏格說他在乎新聞工作，是真心的。我相信要是沒有阻力，他一定會支持這條新聞跟我們要追加的麥高文訪問。但他的好幾名同事說他遇到麻煩跟衝突會閃。「只要不衝第一個，他真的很優秀。」一名資深特派員後來告訴我。「他受不了調查報導一定會得罪人的部分。」而還有什麼新聞會比這條更能開罪人呢。那天在葛林柏格的辦公室裡，記得我心想這人感覺器量真小——在自己幹了十七年的公司中綁手綁腳，什麼能做跟什麼不能做被限制得死死的，他似乎不覺得挫敗，反而好像如魚得水。

氣不打一處來的我告訴他，「聽著，肯恩．奧列塔對著鏡頭說了，安迪．列克你要是不發這則新聞，那就是醜聞一樁。」

葛林柏格猛然往上一看。「我們有這段嗎？那有在腳本裡嗎？」

我滿臉不解地看著他。「這在逐字稿裡。」

「寄給我。」他說。

❖

我推開洛克斐勒三十號的後門，踏進了炎炎夏日，並同時與麥克修用訊息在爭論著該怎麼辦。金字塔頂端的經營團隊似乎對錄音內容或這條新聞牽涉之廣都沒有興趣，這些他們都不想聽。唯一一個可能有管道接觸高層審查過程，但葛林柏格沒有阻止我們去主動聯繫的人，是維納，而維納身為新聞部的頭牌律師，得叫哈利斯一聲老闆。我一走出與葛林柏格的會議，就立馬打了電話給她。

接電話的助理叫我不准過去。在打了電話的幾小時後，維納傳了電郵說她在忙，然後就出發去度長周末了。

另一項讓我進退兩難的問題，在於約好的麥高文訪談該怎麼處理。「我們要拍蘿絲，我們不能取消。」麥克修傳訊說。我們都知道一延，這件事就吹了。但反過來說，抗命不取消拍攝會損及新聞網內對這新聞已經非常薄弱的支持。

由於法務不接我們電話，我有點茫然不知該找誰幫忙。回到家中公寓，我決定鋌而走險打電話給湯姆．伯考。「湯姆，我得請你兌現上次的承諾了。」我說。「我得請你不跟我們討論過的新聞主角透露任何消息。」

「我答應你。」伯考說。

我把新聞被公司內部關切的事情告訴他，也一五一十跟他說了我的訪談清單跟證據有哪些。

「這太不應該了。」他說。他告訴我他會去跟新聞網的高層談過。「你得去跟安迪談談。你得去找他，把錄音播給他聽。」

我按葛林柏格所說，把奧列塔的訪問逐字稿寄給了他，並表示不把奧列塔說的故事播出去，真會是醜事一樁。然後我把信轉寄給了歐本海姆。

❖

幾小時後電話響起。

「電郵我收到了。」歐本海姆說。「所以……」他拉長了尾音，就像是個講話誇張的青少年，「我希望以我們相處兩年半，或差不多這時間的同事關係，你能信任我會把這件事處理好。而這無關於『安迪不想這樣做』或『我不想這樣做』。如果我們能確立他是個──按照你的說法，一個『掠食者』……」

「嚴格說，這個詞不是我發明的。我們有文件跟溫斯坦影業內部的消息來源這樣稱呼他。」

「好吧，好吧。」他說。「你說的我聽到了。如果我們能確立他是一個不管叫什麼的渾蛋，我們當然會想要把消息送出去。我們只是需要，嗯，對這條新聞進行一下壓力測試，而我知道你搞不好十六歲就認識的金，會去做這件事，然後她會告訴我們該怎麼說才能像穿上防彈背心，怎樣才能就算上了法庭也萬無一失。」

我告訴他說只要報導工作不被阻撓，那其他的枝節我都還好。此時我提到排定要與麥高文進行的訪問。

「這你真的不好硬幹，羅南。」他回說。「金有可能認為非法干預或誘導違約是我們該避免的大忌，所以我們不能搶在她做此判斷前先斬後奏。」

「這問題你不用擔心。」我告訴他。「我們可以先把東西拍起來，然後再看後續要如何評估處理。除非播出去，否則不會有訴訟的問題。」

「這我不確定耶。」他話說得保守。「我不是律師。如果他們說這是對合約的非法干預，我也只能相信。」

「我**是**律師，諾亞。那是歪理。要是我們不跟違約的消息來源說話的話，那我們一半的政治新聞都不用報了。」這是真的：極少有站得住腳的案例顯示，身為善意第三方的新聞媒體會在這類狀況下面臨到嚴重的法律責任。

「嗯，很抱歉我聽了金・哈利斯的法律見解而不聽你的。」他話說得很酸。

我試著一面宣示團隊精神，一面分析這當中的利害。「我的感覺是這新聞遲早紙包不住火，」我說，「問題是我們會希望事情曝光時，我們是壓著還是沒有壓著一屁股證據。」

長長一段沉默。「你最好小心一點。」他最後說。「因為我知道你不是在威脅什麼，但有些人會**覺得**你是在威脅要把事情曝光。」我知道他想表達的意思，但這樣的遣詞用字讓我覺得充滿違和感。我們幹新聞這一行，不就是要把事情曝光嗎？

「但那就是問題所在。」我說。「我覺得威脅我們正是肯恩·奧列塔在做的事情。而我想就是何以李奇會叫我把那段話傳給他。也是為什麼我會把那段話轉給你。很多人知道我們有這些證據。」

「嗯，」他說，「我們不是『壓著證據』，我們只是很小心在檢視這些證據。」

他態度軟化了些，可能是想看我是不是吃軟不吃硬。「羅南，你知道我支持你這麼多年下來，我們播了很多會惹上官司的新聞，但我們也都力挺這些新聞。」

「我信任你會做對的事。」我說。「只是有些訊息讓人感覺很混亂。」

「我們只是按下暫停鍵，好讓我們有時間來充分認識、擁抱這條新聞。」他說。「我要求的就是這樣而已。」在某個層次上，我知道這些委婉的話——暫停鍵、充分認識——有多荒謬。取消訪談就是取消訪談。我腦海中開始浮現雙加不好[32]這個字眼。問題是我需要歐本海姆的支持，才能讓這則新聞衝過終點線。

我望出窗外。對街燈光已經熄滅，舞蹈工作室已經陷入黑影。「我很高興您能來電，」我說，「我真心信任您。」

「先撐著。」他說。「暫時別報那則新聞了。」

第二十二章　探路者

「我們閉嘴是對的。」麥克修傳訊息說。我們判斷我們已經把歐本海姆盡可能推開了。「我會好好放鬆，接接電話或什麼的，然後由著NBC團隊想怎麼審就怎麼審。你該說的都說了。」但這依舊沒有解決麥高文的訪問是要去拍或取消的難題。

「諾亞有說別拍嗎？」麥克修寫道。

「有。」

「那就麻煩了。」

「冒著失去她的風險來個推拖拉，也是滿誘人的。」我說。「這樣起碼可以避免跟諾亞起衝突。你覺得我可以放心去找葛林柏格給建議嗎？」

「這我已經不確定了。」他寫說。

我們已經開始自內心讓步，想說或許得冒險跟麥高文重約了。「我不確定多一段蘿絲的訪談會

32 Double-plus-ungood = superlatively bad（非常惡劣），為政治諷刺小說《一九八四》裡的「新語」用法。相對於原本的英語是舊語，新語的目的在簡化人的語言與思考能力，好讓以新語為官方語言的大洋國得以將人洗腦。這是在諷刺人用幹話來模糊真相、美化醜惡的事實。

對我們的新聞有多關鍵。但NBC對我們的支持，就某些方面而言確實不可或缺。」麥可修寫道。「我在想也許我們可以把訪談推到洛杉磯，這樣就可以為我們爭取到一點時間？」

我深呼吸一口氣，打了電話給麥高文。「我們在想也許訪談可以延後一點。」我邊說邊摸索她的感受。「我們可以回洛杉磯，到你家裡多拍一點。」

隔著電話她的聲音很小。「我不確定我能配合這樣改時間。」她說。「我接下來會很忙。」「就——就先讓我欠著。」我說。「拜託，就算是為了其他撩落去的消息來源。我保證不會拖太久。」

「我就知道NBC不會把這當回事。」

「他們非常把這當回事。我很把這當回事。」

「我都說我願意打電話給律師了。」

「他們——我們會安排你跟律師通話的，他們只是還在審視資料。」我說。她沒回話。「如果妳只能約周二的話，那我們就周二拍。」我趕緊說。「別擔心。」

她說我們可以好好想想自己要什麼。但我聽得出那慢慢滲進她聲音裡的不確定。

幾分鐘後，強納生從洛杉磯打了電話來，聽起來非常緊張。他覺得我應該把葛林柏格的命令甩一邊，打電話給金．哈利斯。他對於歐本海姆提出的法律疑慮感到不可思議。對一個不怎麼記得「非法干預」一詞的法律素人而言，這個高大上的說法給人最深的印象，大抵是CBS母公司曾以此為理由喊停該新聞網的菸害報導。那一天，麥克修跟強納生不約而同地做了一個比喻：這麼大一間公司，都沒人看過《驚爆內幕》（*The Insider*）[33]嗎？強納生聽來怒不可遏。

❖

隔天早上我打了好幾通電話到金．哈利斯的辦公室，她才回了我一封電郵。哈利斯表示她會出門幾天，她說我們或許可以約隔周見面，但隔周就趕不上麥高文的訪談了，於是我懇求她。「取消訪談，就不會有第二次機會了。」我說。為了釋出善意，我主動表示願意先跟哈利斯沙盤推演，讓她指定我在訪談中該有什麼立場，就像我在之前的訪談前都與鍾律師做過的那樣。然後我打了電話給維納，留下了同樣的訊息在她語音信箱中。「蘇珊，我想留下紀錄說，我不希望我們被迫得取消訪談。我知道妳們都出門了，但請務必給我回應。」

我一掛上電話，葛林柏格就示意要我進他辦公室。「所以，」他說，「我回電給了哈維。」

「你說了什麼？」我問。

「我告訴他說法務正在確認新聞，目前不會有東西播出去。」他說溫斯坦想寄封信給NBC的法務部門，而葛林柏格給他的窗口是蘇珊．維納。「他可能會指控你在對話中誹謗他。」他還說。

我笑了，而葛林柏格保持嚴肅。「很顯然我一直只問中性的問題，就是非常小心不要誹謗到他。」我說。「任何我說過或寫過的東西，我都不收回。」

「小心一點就是。」葛林柏格說。

---

33 二〇〇〇年上映的真實故事改編電影，原型是打破美國和解金紀錄的菸草公司訴訟案。在電影中，菸草公司的前研發部門主管向著名的新聞節目《六十分鐘》揭露了菸草公司隱瞞尼古丁致癌的事實，並錄下了可讓菸草公司一槍斃命的證詞，但就在訪問播出前，《六十分鐘》的製作人受到CBS內部多方的壓力，並臨時被告知這段訪問將不播出，證人也開始受到流言蜚語的中傷。

我問他有沒有任何關於麥高文訪談的消息，他說法務還在考慮放不放行。我想起麥高文的決心是如何被一點點耗掉，想起她如何在我疑似想取消訪問時的動搖。

不久之後消息傳來。我的懇求發揮了作用，法務對隔周的訪談開了綠燈。只可惜這決定下得不夠早，因為麥高文的決心終於被搖倒了。就在法務放行的同時，麥高文傳來了簡訊說：「我不錄了，也不想出現在你的報導中。很對不起，但我覺得法律面還是很讓我擔心，而我又沒有靠山。」

接下來的幾小時，我想讓她回心轉意的嘗試毫無進展。「我真的無能為力。」她撂了話。「我不能作證。」麥高文態度變得愈來愈負面。之後幾周，她的律師寄來了措辭強硬的存證信函。

我走進葛林柏格的辦公室，第一時間把事情告訴他。「我會設法把她找回來。」我說。他想了一下，聳了聳肩。「老實說她不在腳本裡，我心情輕鬆多了。」他說。「她總是聽起來有那麼一點——嗯，你知道。」

「艾蜜莉・聶斯特就快要在鏡頭前露臉了。我可以回去找她。」

「等等。」他說。

「那會變成打電話給已有的消息來源。」

「此後我們就照規定辦事吧。暫時不要做新的報導了。」他口吻跟歐本海姆一模一樣。

❖

我下班回到家裡，手機噹了一聲：又一封要我加入氣象預報的簡訊。我將之滑掉。接著又是一聲登：這次是老同學來電。我閉上了眼睛。「我沒辦法出去，艾琳。」我說。艾琳・費茲傑羅（Erin Fitzgerald）做的是那種別人解釋過一萬遍，但我還是聽不懂在幹嘛的高階顧問工作。

「你已經消失，嗯，六個月了吧。」她以雞尾酒會的人聲為背景。「搞什麼啊？」

「你知道的，就有條大新聞要做。」

「隨便啦。」

「嗯嗯。」我說。

「嗯，你今晚一定要出來。」她死活不讓我推托。就這樣，我跟她跟另一個朋友坐在了布魯克林一處摩肩擦踵的屋頂，看著紐約的夜景，然後意會到我整個夏天除了工作與公寓，幾乎哪兒都沒去。「手上的案子，讓我覺得我在一步步把自己逼上絕路。」我說。她聳了聳肩。「這邊，跟我來！」她拉著我到了女兒牆邊。我們站在閃閃動人的曼哈頓天際線前，擺姿勢拍起了照片。

隔天，歐斯卓夫斯基開始對我的社交媒體帳戶進行常態性的監控，外加我的親朋好友都不放過。來到ＩＧ，我跟正妹在曼哈頓天際線前的合照讓他停留了一會。他稍微鬆了口氣，畢竟我人還在市區。

此時他跟凱金已經開始了最新的任務，但成效並不太好。他們花了幾小時跟蹤《紐約時報》的那個女人，拍了幾張她在地鐵上的照片，然後在她消失在報社大樓裡之後棄追，而這幾小時他們都會記得收錢。客戶很快就把重點轉到了一名電視新聞記者身上，那記者手上的新聞似乎不斷有新的變化。

但這個電視記者顯然並不好追。他們有天早上在《今日秀》看到我的身影，但對於要如何善用這個上天賜與的契機，歐斯卓夫斯基跟凱金的看法不一。

「嘿，他在節目上耶。」歐斯卓夫斯基說。

「去看一下會划得來嗎？說不定可以堵到他出來？」凱金答道。

歐斯卓夫斯基想了一下。這選項讓他莫名不安起來。「那一區很熱鬧，洛克斐勒中心。」他指出。「我們不能搭車過去，也沒有足夠的人手看住全數的出入口。」

不久之後，隨著炎熱的七月讓步給更熱的八月初，我早上離開家，並步行經過了停在我家正對面街邊的日產探路者休旅車。直到後來，我才想起裡頭坐了兩個男人：一個是光頭的瘦子，一個是黑鬈髮的壯漢。

❖

那一整個春天跟夏天，關於性騷擾與性虐待的頭條開始慢慢累積出動能：福斯新聞網的醜聞有了新一輪報導；總統川普也開始被用放大鏡檢視；我則開始對支持我性別歧視報導的女權運動者展開了田野訪查。在歐斯卓夫斯基與凱金爭論著洛克斐勒三十號適不適合攔截人的同時，一則訊息來到了我的信箱裡，那封信介紹了一項由某財富管理公司主導的女權倡導計畫，並提到想在隔周約見面。我看了一眼電郵，沒怎麼介意也沒有回信。「我覺得你身為平權運動的男性倡議者，表現非常亮眼，並認為若有你的加入，我們的活動將會受益良多。」魯賓資本的黛安娜・菲利浦寫道。

第二十三章　坎蒂

八月進入第一周，我來到哈利斯的辦公室，那是高樓層一間光線明亮的企業套房。我趁隙按掉了我媽的來電，並用簡訊回她說，「正要去跟母公司的律師開會，幫我禱告。」我越級聯繫了哈利斯，而她也沒有把其他人加進我們的電郵往來裡。惟葛林柏格還是在幾分鐘後出現，然後維納不一會也跟了過來。

房內的兩名女性有著本質上的差別，我是說她們可能連身上的原子都不是同一種。相對於維納寡言而官僚，哈利斯則散發著與身形不成比例的魅力。她的母校全是第一流的常春藤盟校，而且是連就讀的順序都無懈可擊，可以說學歷之傲人已然封頂。她在歐巴馬的白宮裡服務過，也擔任過頂級事務所的合夥人。她腦筋動得比房內的公司前輩們都快，對形式則比較不拘泥。笑容可掬的哈利斯五官突出而親切，而這也讓她成為了那種最致命的律師，那種深諳人情世故，可以殺人於無形的律師。

她抽出一份腳本，提出了幾處令她介意的用語，然後突然切入正題：「我還覺得我們可能會遭到『非法干預合約權力』的攻擊。」我保持鎮靜的表情，因為我可不想跟ＮＢＣ環球的法務長辯論判例法的規定，只是這並不影響我內心覺得這話是狗屁。

但話說回來，跟哈利斯討論還是能讓人安心。她純粹出自法律角度的命令——無涉於新聞部的編輯決策——是不退讓地堅持下去。她要求我們根據討論進行修改，然後提出一份新的腳本。

幾小時後離開大樓時，我遇到了維納。外頭雨滴狠狠打在大廳的旋轉門上。我沒想到的是她意有所指地給了我一個眼色說，「繼續走，不要停。」

❖

由於牽涉愈來愈廣的溫斯坦新聞，已經占掉麥克修跟我早晚不少的時間，所以我得相當拚命，才能保住已經被取消過一遍的外交政策書約，我重新找了家出版社。所有還在世的國務卿都已經答應要鼎力相助，而為了取得他們的公開意見，我動不動就得從訪談拍攝現場直奔與前國務卿約好的取材地點。我在國務院替希拉蕊・柯林頓工作時，就向她提起過這本書，而她也很早就很熱絡地答應受訪。「謝謝你吾友，謝謝你的訊息；有你的消息真令我開心，而你的著作大有進展更是讓我欣喜。」她在那年七月寫道。那封信用草寫的裝飾藝術字體印在有浮雕效果的信紙上，看似《紐約客》雜誌的標題，或是出自射擊遊戲《生化奇兵》（*BioShock*）的某個布景。那信非常講究，完全不是那種威斯康辛州選民會買單的東西[34]。這之後經過好幾輪的電話與電郵來回，訪問時間訂在了當月的某天，就在她最新回憶錄要開始巡迴打書的前夕。

與哈利斯開完會的那天下午，就在我冒雨進入我家大樓前門的時候，一通電話來自尼克・梅瑞爾（Nick Merrill），他是柯林頓的公關。我們稍微討論了一下書，然後他說，「對了，我們知道你在跑一條大新聞。」

我在自家樓下大廳找了張椅子坐下。「嗯，尼克，我哪天沒有在跑大新聞啊？」

「你知道我在說啥。」他說。

「我真的無可奉告。」我說。

「嗯，你要知道，我們滿在意這件事的。」

我感覺脖子上流下一條小河。「我可以請教是誰跟你說了這些嗎？」

「也許私底下喝點小酒的時候，我可以告訴你吧。」他回答。「你就當外頭有人在傳吧。」

等我把話題轉回書跟柯林頓之後，他說她「真的很忙於打書」。我說所以我們才把訪問排在巡迴之前，不是嗎？「如我所說，」他就像沒聽到我說的重申了一遍，「真的很忙。」接下來的幾周，不論我再怎麼嘗試約時間，對方都簡短回說她突然沒空了。她要麼傷了腳，要麼太累。但同一時間在政壇上，柯林頓上遍了所有其他的專訪。

之後梅瑞爾會信誓旦旦地說柯林頓突然沒空只是巧合。但不論實情為何，感覺都不太妙——又一顆螺絲被旋緊，又一個我在新聞外的生活被限縮的跡象。每次帶著新的報導進度回去找上司，我都很難不注意到一種儼然浮現的模式，這則新聞似乎愈來愈多人知曉。麥克修跟我都不禁擔心起要如何保護消息來源。

「如果有人洩漏消息給柯林頓，那哈維那頭又會被洩漏什麼東西呢？」麥克修納悶著。

「Shit。」我說。「你說他們該不會——」

「我不知道。」他說。「問題就在這。」

隨著新聞承受的壓力不斷累積，麥克修跟我之間也出現了嫌隙。我們變得有點話不投機三句多。在我跟哈利斯開過會後，他一方面不高興自己為什麼被排除在外，一方面對我的忠誠產生質

---

34 威斯康辛應屬較支持民主黨的藍州，但希拉蕊在二〇一六年大選裡輸掉這州。

疑。「只是覺得你一個人去很怪。」他說。我解釋說我希望一對一的對話可以讓雙方更言無不盡，沒想到葛林柏格會突然跑來。「我只是不希望我們倆被人離間。」麥克修話說得很小心。

❖

那年八月初我一天下班回家，矮胖方臉的灰髮管理員跑到大樓遮棚下找我，臉色並不好看。

「你認識今天在外面的那些傢伙嗎？」他用阿爾巴尼亞口音說。

「什麼傢伙？」

「嗯，兩個人，原本在車裡，後來下車抽菸，一直抽一直抽。」

我巷頭巷尾掃瞄了一下，街上基本上空蕩蕩。「你為什麼覺得他們是來找我？」

他翻了個白眼。「拜託羅南，不是你還能有誰？你一搬來，地址到處被印出來，我都不得安寧了。」

我跟他說那一定是TMZ的狗仔缺新聞才會飢不擇食，「他們要是再來，我會買咖啡請他們離開。」他搖頭的樣子像在說最好有這麼簡單。

❖

愈來愈明顯的情勢是只要NBC願意，我們能報的東西就一天天愈來愈多。「我知道妳一直在考慮跨出最後一步，也就是露臉受訪。」我在腳本審查期間與聶斯特通電話說。「我不想給妳壓力，但妳要是能露臉受訪，那對新聞真的是意義重大。」

「我開始在找工作了，這樣我真的有點為難。」她說。

「如果不是真的有差，我也不會提出這樣的不情之請。」

她想了想。「要是真那麼關鍵，我也不排斥。」她說。「那就來吧。」

雖然我們的老闆立場有點奇怪，但麥克修跟我還是沒有停下腳步。他負責做各種功課，葛林柏格經過時就把螢幕點到別的瀏覽器視窗；我則熬夜打電話給溫斯坦位於世界各地的前員工。我需要爆炸性的突破來讓這新聞掙脫當前的泥淖。

❖

一天早上從家中出發，外頭一樣東西讓我一看到就緊急煞車：一輛銀色日產探路者休旅車，在我印象中的同一個地方再次出現。其他住戶自顧自地走進陽光裡。那個長得有點像我的鄰居，在經過我時笑了一下。我站在那感覺非常荒謬。兩個人會一星期有幾次把車停在哥倫布圓環不遠處，可以有千萬個理由，我這麼提醒自己。但最終我還是覺得在家工作的隱私比較好，所以又轉身上了樓。

葛林柏格電話打來，是中午十二點零一分的事情。「腳本改得如何？」他問。我一直照哈利斯的指示改稿。

「放心吧。」我說。「當然這段時間要是有消息來源打來提供新線索，我們也會繼續經手。」

「法務來電叫你們暫停報導工作。」他說。

又來了，我心想。

「為什麼？」我問。「他們不是對我們要訪問蘿絲開了綠燈嗎——」

「不，他們叫我們暫停了。你的書怎樣了？訪問還順利嗎？」

此前葛林柏格從未對我的書表達過一絲興趣。我們聊了幾分鐘的前國務卿康德黎莎・萊斯

（Condoleezza Rice）女士，然後我說，「李奇，關於停止報導的事——」

「我得掛了。」他驚呼。「我要搭飛機去我爸家。周末都不在。有事我們下禮拜再講。」

然後他就掛了。

「葛林柏格來電話。」我簡訊告知麥克修。「法務要我們停止繼續挖新東西，所以你低調一點。」

「哇咧，」他回道，「為什麼？」

這真的沒道理。不鼓勵是一回事，但不論就新聞或法務層面而言，公司對我們下的報導禁令全都說不過去。我回撥了電話給葛林柏格。

「李奇，很抱歉又打擾你。我只是想跟你釐清一些事情。『法務』究竟是怎麼說的？你說的法務到底是誰？他們為什麼下禁令？」

「我不知道。我不是律師。我真的得走了。我有飛機要趕。」他口氣聽來行色匆匆，但臨行又撂了一句充滿想像空間的告別，「很抱歉，老兄。」

我沒來得及回就被他掛了電話。這通電話只延續整整三十七秒。

我在公寓裡來回踱步，然後打了電話到哈利斯的辦公室說有急事，但對方也沒回我。這時我的手機響起：又是魯賓資本的黛安娜．菲利浦傳簡訊邀我見面談我對性別議題的報導。

那天下午要出門前，我先湊近到了前門邊，確認休旅車已經不在那兒。**你這種行為很白癡**，我心想。但我實在忍不住小心為上。我開始手寫幫敏感的資料留底，把新文件移到保險箱裡面。最終，我去請教了約翰．泰（John Tye）這名揭露政府監控民眾行徑的前吹哨人。他創立了一家非營利的法律事務所，名叫「吹哨人救助會」（Whistleblower Aid）。他幫我設定了一台專門的 iPod Touch，上頭只安裝了一個可加密傳訊的 app，而它上網靠的是用現金購買的匿名 Wi-Fi 熱點。這種 iPod

Touch都是用假名登記，像我這支登記的就是「坎蒂」。

「喔，拜託。」我覺得這選擇有點扯。

「名字不是我挑的。」泰一本正經說。

「我聽起來像是個不該搬到洛杉磯，純樸的中西部少女。」

「名字不是我挑的。」

第二十四章　暫停

「我一直在等你這通電話。」一個清脆的英國口音說。艾莉．卡諾沙（Ally Canosa）從二〇一〇年開始就替溫斯坦工作，而她也很乾脆地表示她曾意識到那些蜂蜜罐會議的常態性，而且還不止於此：「我自己也遭受哈維．溫斯坦的性虐待，」她說，「一而再地。」我賭了一把，秀出我的底牌，把我有的一切都告訴了卡諾沙。

「喔，我的天啊。」她開始崩潰。「真相終於要大白了。」

我問她願不願意上鏡頭，她聽起來有點害怕，但態度似乎還是開放的並沒有否定其可能性。「我想要盡一份力。」她說。「我們談談吧。」她同意在洛杉磯跟我本人見面。她周末有空。遇到消息來源給你這樣天賜的機會，你只能撲上去。

我訂了機票，但半途又停了下來。那天是星期四下午。要跟卡諾沙在周末見面，我得趕緊上飛機。但葛林柏格才剛下令說不准接觸新消息來源，而且這次還搬出了法務來壓我。

麥克修再一次建議我們先斬後奏再來負荊請罪。「只要你不把這事說出去，這場會議就穩了，你周末就可當面見到消息來源，然後可以跟她促膝長談，甚至說服她上鏡頭。但如果你把事情告訴上頭，那就是讓這場遊戲裡遠比我們有權有勢的人去主宰事情的發展。」一想到要踏出雷達能掃描到的範圍，再當一回我們那年春天當過的脫韁野馬，我還是像《奪橋遺恨》（*A Bridge Too Far*）片名所暗示的，沒能跨出最後那一步。於是我還是打了電話給維納，向她表示這場訪談真的很重要。然後我還寄出了一封告罪的電郵，懇請公司讓我繼續採訪。

這封信沒有人回，宛若石沉大海。「他們大概在開會，」麥克修說，「別放心上。」

我等了一天，然後訂了前往洛杉磯的機票。

❖

隔天早上又是下雨天，一個壓迫感很重的陰沉細雨天。麥克修一早就從辦公室打給在把沒疊的衣服塞進行李箱的我。「你不是說葛林柏格昨天上了飛機嗎？」麥克修壓低聲音問。

「是啊。」我說，好像還很趕呢。

「那就有趣了。」他說。「因為他人好端端地在這兒。」

「也許他的班機取消了。」

「也許。」

我正把行李擱進房車的後車廂，葛林柏格就來試探我了。他傳了封簡訊說：「盡快來電。」

「喂。」我說。「我正要去機場。」

「什麼?!」他一聽大驚失色。「我得讓蘇珊來聽電話。」然後我就聽到蘇珊不疾不徐，小心翼翼的聲音。「我們討論過了你說周末要去見某人的電郵。公司的立場是所有報導工作，以及跟消息來源的接觸都要暫停。」

「所有與消息來源的接觸？」我懷疑自己是不是聽錯了。我們這番對話開始浮現一股重量，彷彿這對話不僅限於我們之間，而是慢慢有了我們現在做的決定，將來都要攤在陽光下、對輿論有所交代的重量。我感覺到這重量，但隨即又覺得在往自己臉上貼金。但即便如此，我還是覺得自己隱隱然被賦予了一種氣勢，逼著他們把不想講的醜話講出來。

「我不懂耶。」我繼續說著。「有哪個人在任何一個點上，對這條新聞或我的行為舉止提出不滿嗎？」

「沒有沒有。」葛林柏格說。

「這名女性主動要討論涉及某名人的性虐待傳聞，這當中的**新聞價值**值得懷疑嗎？」

「這個嘛——這我的層級沒有資格討論。」他勉強擠出了一句話來。

「那好。所以現在是在演哪一齣？又是法務的命令嗎？」我問。

接著是一段感覺沒有盡頭的沉默。

「那不是——」法務長維納起了個頭。

「你要知道這是諾亞直接下的命令。」葛林柏格說。

「所以法務**沒有**判斷我不應該繼續報導囉？」

「是**諾亞**決定我們應該暫停報導，以及跟消息來源接觸。」

「沒人發表過任何論述，關於繼續報導如何會讓記者與公司陷於某種險境，而且這也是在小心翼翼、徹底諮詢過內部法務後的決定。所以諾亞本人有明說過任何理由嗎？」

「嗯，如果——如要我猜的話，那從我的角度，」維納話說得吞吞吐吐，「我會說有人想要檢視我們，嗯，我們現有的資料，然後再看看要不要加新的東西進來。」她結巴得像是一個字一個字在認剛出土的楔形文字泥板。

「這不是新的東西。」我不肯認輸地力爭著。「這會議已經排定了。」

手機震動著——打來的是麥克修。我按掉了來電，敲起了簡訊。「跟葛林柏格與維納在電話上。」

「我該加入嗎？」他回覆，感覺像是要進行救援任務。

「也許探個頭進來。」我寫道。

「有鑑於諾亞所言，我們認為你不該跟任何消息來源見面。」葛林柏格說。

麥克修傳訊說葛林柏格揮手不讓人進他辦公室，所以他救不了我。

「我不可能控制消息來源不跟我聯絡。」我告訴葛林柏格。

「這我們了解。」他說。

我沒說我要不要聽命取消會面，我只說「萬一」跟卡諾沙接觸到了，那我會把卡諾沙告知的事情讓他們知道。這種事情我是第一次做：假裝我沒要跟消息來源接觸，假裝我很不想被消息來源找到。

「我想她同意上鏡頭的機會很高。」我說。「而萬一她同意了，我會覺得非拍不可。」

「這我們——這我們得去跟諾亞確認。」葛林柏格說。掛上電話的我覺得天旋地轉，然後我打給強納生。

「這什麼亂七八糟的。」他說。

「我不能再冒第二次取消訪談的風險了。」我說。

「你跟李奇．麥克修得開始互相寫備忘錄了，把這一切都詳細記錄下來，然後即時寄出去。他們說的話都是在撇清界線，把帳賴到你頭上。」

我望出車窗，外頭是紐約甘迺迪機場外頭，糾結到不行的塞車現場。「你們倆不會有事的。」強納生說著。「前提是你們要繼續往下走，繼續往下報。」

「你說得容易。」我回他。「這條新聞把他們都得罪光了，這樣下去我很快就要失業了。」

「失業又怎樣？這種地方不待也罷。你看看現在的狀況！電話上的人沒一個想跟這事沾上邊，因為這很明顯是件吃力不討好的爛差！這就像東方快車謀殺被轉了一百八十度，大家都要這新聞死，但沒人想捅它一刀[35]！」

❖

場景拉回洛克斐勒廣場三十號，麥克修還在葛林柏格辦公室外徘徊，他又再敲了一次門。

「怎麼了嗎？」麥克修說。

「諾亞要我們暫停報導來檢視目前有的資料，並讓法務可以推進審查。」葛林柏格說。

「這麼做我不太懂耶。」麥克修說。

葛林柏格在電話上沒對我解釋什麼，當著面也沒對麥克修解釋什麼。他連珠炮地念出了溫斯坦的律師陣容——查爾斯．哈德、大衛．波伊斯，還有一個麥克修之前沒聽說過、跟溫斯坦連在一起的新名字，蘭尼．戴維斯。「倒不是說我們害怕當中的誰，」葛林柏格說，「但暫時你們什麼電話都不准再打。」跟我一樣，麥克修也說他沒本事讓電話別響，然後就沒再多講別的話。

❖

我來到甘迺迪機場，接到了卡諾沙的電話。她聽起來很緊張。「你還有要來嗎？」她問。我稍微停下了腳步，任由拖著沉重行李的旅客從我身邊繞過。我心想要是能跟她說No，感覺會多輕鬆。我想要是能聽命行事，保持好跟葛林柏格與歐本海姆這兩個大頭的關係，那條路是不是會好走得多。

「羅南？」她問了第二聲。

「是。」我說。「我在路上。」

在飛機上，我把腳本拿出來做最後的補強，有的地方我跟麥克修討論了旁白要如何遣詞用字，或是有些原音的擷取要如何編輯。即便按法務的意思把資料修整到「素顏」的程度，這條新聞還是非常勁爆。「我習慣了這樣。」溫斯坦在接近開頭的地方這樣說，而古提耶若茲則在驚慌中打算逃跑。「ＮＢＣ新聞獨家取得紐約警方在潛伏調查時的現場錄音。」我念著旁白。古提耶若茲的名字被念了出來，她的故事詳實公諸於世，之後則是一段類似懶人包的新聞概要：「ＮＢＣ新聞訪問了另外四名溫斯坦的前員工，四名指控他在性方面行為不當的女性……這些指控有的可回溯到一九九〇年代晚期，有的不過是三年前的事情。」聶斯特的訪談過程、可補強聶斯特證言的萊特訊息，還有前主管們對其不當行為的第一手原音重現，都包含在新聞內。

我附上腳本檔案，傳了封我希望能讓ＮＢＣ的上司們注意到卡諾沙的信：

> 李奇，
>
> 隨函附上修改過的腳本，金與蘇珊列舉可能有問題的地方，還有你後續提出的建議，我都謹遵指示進行了確實的修改。請注意有一名新加入的前助理舉出了可信的第一手性虐待指控，並宣稱擁有涉及我們報導的公文足跡。她已經表達了意願要加入這則報導，並在考慮要以何種

35 東方快車謀殺案是所有人都恨死者，並一人捅一刀把人殺死。

身分受訪。

羅南

電郵寄出給葛林柏格跟維納後，我感覺如坐針氈。我按下了座位上的按鈕，測試了幾次其後傾的極限。我感覺外頭的世界正在不斷加速，而我跟麥克修原地踏步。在班機上，我看到《赫芬頓郵報》（*HuffPost*）報導了福斯新聞網的主持人艾瑞克・波靈（Eric Bolling）傳了不堪入目的文字訊息給同事。這新聞的消息來源全部都是匿名——我們的稿子沒有一篇是這樣。同一天下午，《好萊塢記者》宣布哈維・溫斯坦因為「對社會的公開對話與文化啟發貢獻卓著」，預定將獲洛杉磯記者俱樂部頒發首屆的「真相宣揚者獎」（Truthteller Award）。

第二十五章　龐迪特

我跟艾莉・卡諾沙約在日落大道上東邊一家偏遠的餐廳，正襟危坐的她身上的每一條肌肉都緊繃著。一如溫斯坦案子裡的每一名消息來源，她是那種在多數場合中都會非常亮眼的正妹，但在好萊塢，她的姿色只能算是有達到雇用的門檻。

卡諾沙一開始有點手足無措。做為受雇於溫斯坦的條件，她曾經簽署過一份保密協定。她的志向是成為一名製作人，所以非常害怕會遭到報復。溫斯坦若想，絕對能讓她不見容於這行。然後還有任何性暴力倖存者都會有的遲疑。此前她已經讓傷口結痂，學著往下走。她沒有把事情告訴父親或男朋友。「我不想再痛苦一遍，你懂嗎？」她告訴我。曾經她鼓起勇氣跟某治療師坦承一切，「結果我發現她出席了溫斯坦一部電影的首映會，」卡諾沙說。「她其實是哈維某部電影的製作人。」

卡諾沙認識溫斯坦是在將近十年前，當時她任職於會員制的蘇活屋（Soho House）俱樂部，職位是西好萊塢分店的活動規畫師。她那時替溫斯坦影業籌辦了一次活動，結果就被盯上了。他注意到她、猛瞧她、然後把名片給了她。溫斯坦一開始幾乎是跟蹤騷擾她，一再要她出來見面。等她終於覺得詭異而「怕到」，不再回應後，他就開始硬著來，透過蘇活屋要求跟她正式會面，表面上是要討論新的活動事宜。

在蒙太奇飯店，這兩人的午間會議一如以往，又開到了飯店套房內，而溫斯坦的招數也又是用升遷提攜來利誘女性在前，毛手毛腳在後。「妳不演戲太可惜。」她記得他這麼說。「妳有臉蛋。」當溫斯坦問出：「妳不親我嗎？」她說了聲不，然後落荒而逃。

之後她試著無視他，但他不停死纏爛打，而她也忌憚自己要是給他難看，他會怎麼阻撓她日後的職業發展。她同意了再見一面。在某飯店餐廳的晚餐上，艾娃・卡西迪（Eva Cassidy）翻唱的〈秋葉〉（*Autumn Leaves*）從音響中幽幽傳來，卡諾沙於是聊起了卡西迪的生平，而溫斯坦則提議在卡諾沙的協助下拍一部卡西迪的傳記電影。用完餐他一把抓住她手臂，把她壓到外頭階梯的欄杆上，親起了她的手。她嚇壞了。

但之後溫斯坦「大演道歉秀，」她說。「我們可以當朋友就好。」她記得他這麼說。「我真的想跟妳拍這部電影。」他跟手下一名資深製作人通了電話，然後沒多久他們就已經在跟版權所有人開會，不然就是在交換劇本意見。

「我打了電話給爸媽說，『天啊，你們一定不信，哈維・溫斯坦要我幫他製作一部我提議的電影。』」她記得自己說。「我太天真了。現在說起來真的很丟臉，但當時被沖昏頭的我想，「我美夢成真了。」

❖

卡諾沙按部就班，循序漸進地談著這些過往。在餐廳見面後，她說她覺得在私人空間裡會比較自在，於是我們去了強納生在西好萊塢的家。此例一開，很快地愈來愈多消息來源都會帶著一顆沉重的心，晃進強納生的家門。龐迪特[36]，我媽送給強納生的黃金貴賓犬蜷曲在卡諾沙的身旁，陪著她繼續往下講。

與他共事的第一年，卡諾沙得不斷對他的進逼視而不見。在關乎卡西迪電影的一場工作會議上，他若無其事地告訴她說他需要上樓去飯店房間裡拿點東西。「當時大概是下午三點左右吧，所以我沒想太多。」她說。但等他們一起到了飯店房間，他就說他要去沖個澡。「一起？」他問。

「不。」卡諾沙告訴他。

「來嘛。我不用——也不想跟妳做愛。我只是想請妳跟我一起沖個澡。」

「不。」她說了第二遍，然後進了客廳。溫斯坦從浴室裡大聲宣布他還是要自慰，然後就門開開地打起手槍來，逼著她把視線轉開。她憤而離開了飯店房間，情緒很激動。

另一次，溫斯坦在會議後留下一件外套，然後請她幫忙保管。結果她在口袋裡發現一包注射針劑，查了谷歌說是治療勃起障礙用的。她一想到他會為了會議做好能硬起來的準備，突然有點腳軟暈眩。

這時她已經在忙溫斯坦的電影；她的職業生涯已經繞著他無法抽身。而他們之間也確實發展出了一種受到權力失衡與性騷擾所扭曲，但又有幾分真實的朋友關係。那年夏天在一場數名同事在場的工作會議上，他因為迪士尼說要賣掉米拉麥克斯的消息潸然落淚。此時他又再一次要她跟他上去飯店房間，而她的拒絕讓他暴跳如雷，「不要在我哭的時候他媽拒絕我。」她心軟了一下，但什麼事都沒發生。他只是繼續啜泣。「我從來沒快樂過。」她記得他說。「妳是我的好朋友，忠心耿耿的好朋友。」她希望這番友誼宣言代表他理解了她的界線。她太天真了。

「接著，」她哭著說，「就是他強暴了我。」第一次是在飯店的另一場會後。他們在會中討論著卡西迪的電影企畫，而他說劇本裡的一場戲讓他想起一部經典電影，語畢便請她上樓看一段相關影片。

36 Pundit，意為名嘴。

溫斯坦此時已為之前的行徑卯起來道歉過，而且退一萬步說他總歸是卡諾沙的老闆。「我當時的想法是，我可以顧好自己的。」她說。溫斯坦飯店房間裡唯一一台電視位於寢室。她坐在床邊，看著影片，感覺有點不太自在。「他開始有所動作，而我跟他說了：『別這樣。』然後他又繼續有所動作，於是我又說了一次『不要』。」她回憶說。惱羞的溫斯坦展現出攻擊性。「少裝他媽的白癡了。」她記得他說。他去了浴室幾分鐘，回來時身上只剩睡袍。然後他就把她推到床上。「我接連說了好幾句不要，但他硬壓上來。」她說。「我是沒有尖叫，但我絕對有說『我不想做。』但他全身的重量都壓在我身上。」

卡諾沙繼續分析自己當時應該怎麼做才對。「我當時腦子想的是我反抗得不夠用力。」最終她連不字也不說了。「我單純地麻木了，眼淚也不流了，我只是呆呆瞪著天花板。」等離開了傷心地，她的淚水才開始潰堤到不能自己。溫斯坦沒戴保險套。他曾在幾個月前，讓她很不舒服地說自己把輸精管結了紮。但她還是很怕自己會染上性病。她動過把事情告訴男友的念頭，但這種事真的讓她難以啟齒。「要能回到過去，我會拖著百般不情願的自己去警察局。」

就在她崩潰分享這個故事的同時，龐迪特跳到了她身上，想要舔她的臉。她笑了，緊繃的情緒像被戳了個洞，一洩而空。「怎麼會有這麼可愛的狗狗？」她說。

卡諾沙並沒有停止替溫斯坦工作。「我當時很弱勢，我需要工作。」她說。後來當她失去了在另外一家製片公司的職位之後，卡諾沙正式簽約進溫斯坦影業負責《大藝術家》與《鐵娘子：堅固柔情》（*The Iron Lady*）的獎項公關工作。

溫斯坦並沒有收斂他的不當行為。有一回他令她陪他去看整骨醫生，並要她待在診間裡看他脫個精光治療惡化中的坐骨神經痛。還有一回在坐骨神經痛發作時，他要她幫他按摩大腿。她記得他在她拒絕時大吼大叫。「妳是哪根筋不對？妳為什麼不想？為什麼？」

「因為我覺得不舒服。」她告訴他。「我是你的員工。」

「王八蛋，艾莉！」他怒吼著。「王八蛋，叫你按摩大腿就按摩大腿！」

「我不。」

「那就給我滾！幹你娘！幹！幹！幹！」

正當她忙著替網飛（Netflix）製作影集《馬可波羅》（*Marco Polo*）的時候，溫斯坦親臨馬來西亞的外景處，然後大鬧了一番。在一場由導演跟製作人出席的晚宴上，他當著她同事的面要求她進他的飯店房間，而當她自顧自走向自己的房間時，手機上便跳出了他助理們的奪命連環訊息：「哈維想見妳，哈維想見妳。」

她努力避開他，但有時會失敗，然後更多的攻擊行為又會隨之而來。日後的法庭文件條列了這些「暴力強迫與／或趁原告因身體受迫而無法表達合意的狀況下，與原告發生的口交性行為或肛交性行為」。

在卡諾沙的身邊，到處可以看到她並不是特例的跡象。在同一回出差到《馬可波羅》外景現場時，溫斯坦闖入了一名女演員的更衣室十五分鐘，「那之後的一星期，女演員就像個遊魂一樣心不在焉。」卡諾沙覺得自己有份道義責任要做點什麼，但又怕溫斯坦滿滿的仇恨值爆炸。「我不知看過多少次有人的生命被威脅、太太被威脅、名譽被威脅。」她搖著頭說。

我坦白說這條新聞還不確定能活下來，也強調她的參與關係到這新聞的生死存亡。我把我那年夏天的口頭禪，又說了第N遍——我說我百分百尊重她的決定，也說我唯一能做的，就是讓她了解我多麼真心相信她所說的，對許多人來說是多麼意義重大。最終我們結束了談話，而她正戰戰兢兢地朝同意上鏡的決定前進。

第二十六章　孩子

入夜沒多久，夕影在哈維．溫斯坦位於格林威治街的辦公室裡，愈拉愈長，然後電話一響。

「可以幫我接哈維嗎？」喬治．派塔基（George Pataki）說，他是紐約州前州長。接電話的助理轉了電話。「嘿，哈維嗎？我喬治啦。我只是要跟你說羅南．法羅還在做你的新聞。」

「我聽說的不是這樣。」溫斯坦說。

派塔基堅稱有數名女子跟我談過話。「他已經蓄勢待發，預計的播出時間會是——」

「何時？」溫斯坦問。「何時要播？」

「再兩三個禮拜吧。」派塔基說。

要說溫斯坦在哪個地頭的政治人脈最千絲萬縷，莫過於紐約。從一九九九年到二〇一七年的那個夏天，他跟他公司共計捐過錢給至少十三名紐約的政治人物或他們的政治行動委員會（PAC）。他知道要顧本，所以民主黨他捐得多，但偶爾他也會跟派塔基這樣的共和黨人搭上線。參議員克莉絲坦．吉利布蘭德（Kirsten Gillibrand）、司法部長艾瑞克．施耐德曼（Eric Schneiderman）與現任紐約州長安德魯．古莫（Andrew Cuomo，ＣＮＮ主播克里斯．古莫〔Chris Cuomo〕的親哥哥）都很受他照顧。

一如希拉蕊．柯林頓的情形，溫斯坦與派塔基之間的友誼也是靠著競選經費在維繫。這名卸任州長常在溫斯坦這電影大亨的活動上被拍到。溫斯坦對派塔基掌上明珠艾莉森（Allison）的事業發展也很關心。在派塔基來電的一年前，溫斯坦曾替身為歷史小說家的艾莉森辦了作品發表會。再回推一年，當艾莉森的丈夫中風時，溫斯坦替夫妻倆找了合適的專科醫師。艾莉森．派塔基的版權經紀人蕾西．林區也跟麥高文有合作關係。而隨著那年夏天一天天過去，林區的名字也開始成為了溫斯坦的電郵與通話聯絡人。

溫斯坦未曾間斷以電話向波伊斯諮詢NBC的問題。在與列克的談話之後，他也持續接觸NBC的管理層，並自信滿滿地向周遭的人宣稱這則新聞已死。但沒多久他就重新打電話給波伊斯，且語氣已不再那麼篤定。「我覺得NBC的新聞還在做。」他口氣很怒。「我非把這事查個水落石出。」

在派塔基的通風報信後，溫斯坦重新打了一輪電話給菲爾．葛瑞芬、安迪．列克與諾亞．歐本海姆。這三個名字他實在太常喊出來了——「幫我打給菲爾、幫我打給安迪、幫我打給諾亞」——以至於助理們已經習慣稱呼他們「三巨頭」。到了那年八月，溫斯坦的注意力愈來愈轉到歐本海姆身上，但對員工說他最熟的葛瑞芬則從頭至今都是他緊盯的焦點。

❖

葛瑞芬的樂天個性，是他過人魅力的來源，但凡事都有兩面，這種「很天」的特質也曾讓他的同事感到不悅。他是有脾氣的人，ㄍㄧㄠˇ起髒話像個跑船的。他最為人所詬病的就是下班酗酒。九〇年代擔任《夜間新聞》資深製作人的他，常會一收播就跑去紐約中城的一間赫莉酒吧。某晚在幾杯黃湯下肚後，他對三名女性製作人說他想去時代廣場。

「我想去時代廣場看燈光！我愛看燈光！」其中一人記得葛瑞芬說。

就這樣，葛瑞芬換到了時代廣場一間飯店繼續喝。然後一夥人又晃到了第八大道，葛瑞芬在那兒慫恿了女伴們跟他一起去看那知名的色情表演「偷窺秀」。其中兩名女性製作人交換了不悅的眼神。他叫她們放輕鬆點。最終大夥進了偷窺秀，來到樓上一圈燈光很暗的包廂中。包廂裡的窗戶一打開，一名除了高跟鞋以外一絲不掛的女人赫然蹲在眾人面前，並要葛瑞芬拿出點現金來讓表演繼續。

葛瑞芬看著女同事們，露出了其中一人形容為「一閃而過的羞愧」。他對脫衣舞孃說不用了，謝謝。窗戶隨即關上，他們一行人也出了偷窺秀場，在外頭互道了尷尬的再見。對女同事而言，這件事很噁心，但也不是什麼天大的事情：她們全都來自一個男人就是這副德性的行業。

四名同事說葛瑞芬很常在工作電郵中出言不遜或用詞下流。電視咖瑪麗亞．曼努諾斯（Maria Menounos）曾在一次公關災難中沒把泳衣穿好，私密處因此穿幫，而在事發後一場我人也在的會議上，葛瑞芬曾揮舞著放大的照片皮笑肉不笑。「你看一下好不好？」他說，然後用力呼著氣。「還不錯，還不錯。」一旁的沙發上，一名女員工在眾目睽睽下翻起白眼。

新聞對葛瑞芬來講，似乎純粹是在商言商。對比他對體育賽事充滿著熱情，葛瑞芬對新聞工作則表現出一定的「平常心」。遇到產業裡吹起政黨惡鬥的風向，他會推著自己的主播們去多發表些意見來選邊站；遇到全國上下一心的時候，他又會第一個把新聞做得義正詞嚴。你想跟他認真討論新聞志業，他會滿頭霧水地對你瞇起眼。

❖

不變的是商機一旦出現危機，葛瑞芬還是會很有衝勁。有一回，我在一場名為「全球公民節」（Global Citizen Festival）的慈善演唱會上擔任共同主持人，那是大型、認真但不怎麼起眼的活動。在那次的現場慈善表演上，我訪問了擔任主秀的「不要懷疑」（No Doubt）樂團。那年全球公民節的一大目標，是要推廣疫苗接種，須知當時的背景是「反疫苗運動」正在全美不斷吸納支持者，麻疹疫情也開始浮現的時候。我問主唱關·史戴凡尼（Gwen Stefani）的問題是：她有沒有讓孩子接種疫苗，還有她對反疫苗運動人士的看法。她說她支持疫苗，並建議大家去跟醫師談談。這並不是《六十分鐘》的傳奇主持人麥克·華萊斯（Mike Wallace）在逼問外國元首什麼尖銳的問題，但回到洛克斐勒廣場，在統整那段訪問的影片時，我還是接到了一通來自某MSNBC製作人的電話，而她負責的正是那場演唱會。

「史戴凡尼的家人看了逐字稿，他們想調整一些地方。」她說。

「誰把逐字稿寄給他們的？」

「我——我不知道。」

我的收件匣裡，出現了一份被標了紅線的腳本，上頭史戴凡尼的發言部分遭到了調動與修剪，以便讓她的立場更像是模稜兩可或反對疫苗。我告訴製作人說我不會播這東西。

沒多久我就被叫到葛瑞芬的辦公室，在場除了葛瑞芬還有女製作人。

「你搞什麼？」他火冒三丈地問。

我看著面前的建議版腳本。

「菲爾，你不可能叫我去編輯原音來扭曲其本意。」

「為什麼不行?!」他說，好像瘋了的是我一樣。

「因為這違反新聞倫理？」我試著回答了一下，但那與其說是我在發表什麼宣言，更像是我在提醒他這很顯而易見。我希望他的問題只是一時氣憤脫口而出，希望他現在已經把事情想清楚。但事與願違的是他往椅子上一倒，對女製作人露出了「這人沒救了」的表情。

女製作人試著緩頰。「我們都知道你很在乎……」她遲疑了一下，貌似是真的不知道該怎麼說比較委婉，「……新聞工作的理念，但這並不是什麼很敏感的政治新聞。」

「這根本是拍馬屁的新聞！」葛瑞芬比女製作人敢說多了。「差不多一點好嗎，搞什麼鬼？」

「外頭真的有孩子因為疫苗問題枉死。她又是個名人。再說我們從什麼時候開始把訪問逐字稿寄到外面了？」

「我們不知道逐字稿外流是怎麼回事——」女製作人先開了口。

「外流又怎樣？」葛瑞芬不耐煩地插嘴。「你知道我們不修改會有什麼後果嗎？史戴凡尼說那影片就不要放她了！她經紀人親口這麼說。」

「所以說要修改的是她經紀人？」

葛瑞芬無視了這個問題。「重點是，她一退出，贊助商就會退出，到時候新聞網就會很火……」本頻道與全球公民節的夥伴關係，葛瑞芬常說，只是吸引企業贊助的誘餌，聯合利華與開拓重工的品牌贊助新聞，我們會一播就是好幾周。

「那就別播了。」我說。

「你非播不可。」葛瑞芬說。

「為什麼？」

「那是跟贊助商的合約，跟她家人的合約內容——」

「我們把這事從下到上問了一遍。」女製作人這話指的是NBC新聞集團的整條指揮鏈。「沒有人在意你在意的事情。」

葛瑞芬說我應該聽聽他跟另一名主播是怎麼說的。那名有理念的主播想播一則新聞來倡導「網路中立性」原則——意思是網路服務供應商不該對不同類型的網路資訊採取差別收費，但這與NBC母公司所遊說的立場背道而馳。「你想去自由自在的公視（PBS）上班，一年領個十萬，沒人攔著你。」他記得自己是這麼跟主播說的。「要是你想跟我吵怎麼對公司獲利好，我很樂於跟觀眾分享你在這兒一年賺多少錢。」

我心中浮現了辭職的念頭。我打了電話給湯姆·伯考，他說我不論在任何狀況下，都不可以把修改過的假內容播出去，然後第一次對我提出了後來溫斯坦案時再次告誡我的公信力問題。然後我打了電話給遇事總能一針見血的莎凡納·葛瑟里。「要不就有改的那部分不播就是了？」她建議。

「那部分拿掉，訪問就沒剩多少了。」我說。

「那就找點別的東西播。」

這建議很簡單，而且回過頭看也非常合理——騙人的東西不能播，但也沒必要為了一個歌手的後台訪問讓自己變成祭品。能伸能縮算是我花了點時間才習得的人生一課。最終我坐在那名主播的桌前，播了五分鐘我跟「不用懷疑」樂團閒聊的影片。我既不覺得自己錯，也不覺得自己對。

❖

時隔兩年，就在溫斯坦不斷打給三巨頭的那段時期，他找上了葛瑞芬。

「我以為這事已經完了。」溫斯坦說。

「哈維，是完了沒錯。」葛瑞芬答道。

「你家的孩子你要管好。」他說，聽來有點情緒。

「哈維，」葛瑞芬趕緊澄清說，「有我們在這新聞播不了。」葛瑞芬日後會否認自己做過會封殺這條新聞的承諾。

根據多名溫斯坦辦公室職員的估計，這只是他與NBC三巨頭之間至少十五通電話裡的其中一通。那年夏天要結束的時候，掛上電話後的溫斯坦又恢復成一副勝利者的樣子。溫斯坦對他一名法務顧問說他跟新聞網的主管聊過了，然後說「他們不報那條新聞了。」

第二十七章　講經台

傳自NBC環球高層主管辦公室的消息，一開始感覺像好消息。那個八月初，葛林柏格來電回報說法務已經批可了修剪版的腳本。而在新聞編輯方面，他說「我的看法是這當中沒有不能報的東西。」

「所以我們問當事人的意見，然後進入編輯程序。」我說。

「可以報不表示一定會播。決定權現在在諾亞與安迪身上。」

「但法務既然通過了，而你又覺得沒什麼不能報——」

「他們能決定的事情超乎我的層級。」他說。「東西本身能不能報，可能根本不是關鍵所在。他們可能在意的會是這東西適不適合電視。你知道，你這條新聞用讀的是非常精采，比如放在《浮華世界》上的話。」

「我——蛤？」是我勉強能擠出的兩個字。

「你知道，這刊在《浮華世界》上會非常完美。」他重複了一遍。後來，麥克修跟我坐在會議室裡，對這樣的評論面面相覷。「也許他說得沒錯。」他沉重地說。「也許你應該把這新聞帶到別的地方去，才能救它一命。」

「李奇，你知道如果我真的這麼做，那就是對不起你。」他為了做這條電視新聞拚了老命。我們至此拍了八段上鏡的訪談，要是按葛林柏格輕描淡寫的那種建議去做，那這些東西就付諸流水了。而且就算我想要把這新聞搬走，就真的做得到嗎？這些影片都是NBC環球的財產，所以也是康卡斯特公司的財產。」

「我們就在這裡播——」我堅定地說。「這條你製作的新聞。」

麥克修說，「好。」但口氣不似我篤定。

❖

那天雨下個不停。在我的收件匣裡，與溫斯坦無關的訊息不斷累積。那個在搞女權計畫的投資家黛安娜·菲利浦又寄了封信來，這次是透過我在創新藝人經紀公司的經紀人。與溫斯坦新聞相關的訊息較讓我煩心，像奧列塔就寄了一封直白粗暴還有錯字的訊息來：

羅拿

哈維案狀況？

肯

我穿梭在洛克斐勒三十號的大樓內部，最終來到樓下，出了大樓，搭上了紐約地鐵的D線列車，雖然是下雨天但車廂裡人並不多。然後我看到了什麼或覺得我看到了什麼，然後僵在那邊。有道側影的主人，在車廂的另一頭，跟我坐在同一側，我發誓是我在日產休旅車裡看到的光頭。我辨識出同一張蒼白的臉跟塌鼻子，但也無法百分百確認。我內心深處的理性想著，**你見鬼了啦**。但當車一靠站，我心慌到還沒到目的地就溜下車。我推擠著來到人來人往的月台，然後連忙轉頭查看。

出了地鐵站，外頭的紐約像個夢境，街道、建物與人嵌在了霧裡雨裡。我加快腳步，進了一間CVS的連鎖藥妝店[37]，然後開始掃描四周有沒有在地鐵車廂中或月台上看過的人影。等我從店裡出來，外頭的光線開始黯淡下來。我去到我家公寓附近那棟我再熟悉不過的碉堡造形教堂，三步併兩步爬上階梯，步入了大門。雨水從溼透的襯衫沒黏在我身上的地方，由我的後腰、背部、胸口，還有我的雙臂流下。比起從外頭看起來的感覺，教堂裡的聖堂中殿比我想像的小一點。在氣勢磅礡的彩色玻璃窗下，聳立著講經台。我站在台前，感覺與這地方格格不入。聖壇旁邊有一個顯示出一本書、一把劍位於土地之上的圖案印紋鑲在大理石上：聖保羅的盾徽紋章。上頭寫著一句拉丁文是PRAEDICATOR VERITATIS IN VNIVERSO MUNDO，而我得Google一下才知道這句話的意思是：將真理傳到全世界的布道者。

「我們一直看著你。」一個口音濃重的聲音在我身邊響起，我在驚嚇中身體一震。那是個上了年紀的黑髮女人。她身邊還有另一個年輕女子。她們看似被我的反應反過來嚇了一跳。「我們一直看著你。」她重複了一遍。「從一開始，你的節目。我女兒是你的鐵粉。」

「喔，」我說，「謝謝你。」然後我整理了一下心情，盡量露出笑容，然後講了個老到不能再老的收視率笑話：「我就靠你跟我媽，沒別人了。」

❖

37 CVS是美國最大的連鎖藥妝店品牌。

我回到家，正好趕上創新藝人經紀公司的經紀人伯格來的電話。「羅南！」他說話像壞掉的音響。「近來可好？」

「還行。」我說

「這麼客氣？你根本就超好的吧。」他說。接著他稍微收斂了音量，單刀直入了起來，「聽著，我不清楚這則大新聞的細節——」

「諾亞提的嗎？」我問。伯格身兼我跟諾亞的經紀人，與歐本海姆更是熟。

「羅南，詳情我一概不知。」他說。他提醒我，我的合約快到期得重簽。「只是想說要是這新聞在給你添麻煩，那你不如先去做能做的事情。」

❖

我咬了一秒嘴唇，然後打電話給我姊。「所以新聞現在狀況如何？」她問。

「我還真不知道，老實講。」

「你不是有，那個，他親口承認犯了事的錄音嗎？」

「有是有。」我說。

「所以——」

「我一直在反抗，在撐。但我不知道自己還撐得了多久。」

「所以你要放棄嗎？」

「事情沒那麼簡單。我可能得在想清楚新聞怎麼辦之前，先考慮其他事情。」

「我知道被身邊的人一個個切割是什麼感覺。」她淡淡地說，然後在互道再見前，彼此沉默了一陣。

此時天色已暗。我看著手機，發現上頭有歐本海姆傳來的訊息：「明天談談吧。你何時方便？」我去到筆電邊，打開了一個Word文件。「其他新聞」我敲起鍵盤，然後又按了幾下刪除鍵，把「其他」換成了「籌備中」。我用實心黑圓點條列了兩則我們正在拍攝中的新聞重點，一則是在講美國醫療服務的整合，一條是在講鴉片類藥物成癮的嬰兒，另外還添了些歐本海姆曾覺得不錯的新聞，像是有篇「邪惡旅誌」（Vicey travelogue）在講臉書蓋在瑞典呂勒奧（Luleå）永凍層深處的伺服器農場。「那看起來活像個〇〇七電影裡的反派巢穴。」我寫道，接著就是一些文青但言不及義的電視填充物。呂勒奧其實是繁忙的瑞典港都，也是其鋼鐵產業的集散地，但我對這些一無所悉。我只是自顧自地想像著一個遼闊、清新、空曠的祕境，那兒的人可以好好呼吸，可以欣賞極光的美麗。

回到洛克斐勒三十號，麥克修踏進電梯，轉頭向站在旁邊的維納微笑致意。但她一回禮，就大吃一驚地對自己的腳邊行起注目禮。

第二十八章　孔雀

在我於洛克斐勒廣場三十號服務的那幾年中，位於三樓新聞長官辦公室外頭的等待區，歷經了數輪家具擺設的調動。那年八月，那裡有一張矮椅、一張小茶几上有攤開成扇形當作裝飾品，其實已經過期幾個月的雜誌。其中一本《時代》雜誌封面用黑底印著血紅的字體問道，「真相已死？」這設計是在致敬上世紀六〇年代經典的「上帝已死？」封面，但有點沒搔到癢處。那是個不可能的任務：「真相」放在這裡，就是沒有上帝二字感覺合身，雖然美編調整間距的努力十分可敬。我看了眼那封面，然後轉頭跟歐本海姆的助理安娜閒聊了兩句。「你們手上的新聞好像很大條喔？」她說著給我一個神神祕祕的眼色，露出了個我什麼都不會說出去的笑容。

我走進歐本海姆的辦公室，他既沒有起身，也沒有像平日那樣移駕到沙發區。他的表情像是相當緊張。「所以，你是怎麼了？」我問。我一隻手裡夾著列印好的替代用新聞清單。也許伯格是對的。也許我可以先放下手邊的大魔王，讓事情緩緩，然後聚焦新的目標。歐本海姆在椅子上動來動去。「嗯，」他拿起了一份腳本，「這裡頭有些匿名的消息來源。」

「我們會用有名有姓而且露臉的消息來源打頭陣，我們會聽到她本人的聲音。」我指的是古提耶若茲。

他惱怒地呼了口氣。「我不知道她的可信度如何，我是說，他的律師會說他們人在公共場所，其實什麼事都沒發生——」

「但他承認了以前發生過事情，而且是嚴重而確切的事情。」

「這我們討論過了，他是想擺脫她。何況你也在這裡自己說——」他翻起了腳本，「她有可信度的問題。」

「不，」我說，「我們有消息來源在警局裡，在地區檢察官的辦公室裡，而他們都說她可以相信。」

「審過的腳本裡就是這麼寫的！」他說。

「諾亞，腳本是我寫的。我是把別人罵她的東西寫出來而已，但你要是去問地區檢察官辦公室跟警方——」

「地區檢察官可沒有要配合我們！他會說她是個賺吃查某——」

「沒關係，所以我們把這些都揭露出來。然後我們讓社會大眾公評。」

他搖著頭，再次回到腳本上。

「而這——是說這東西到底嚴不嚴重？」這句是他每次跟我討論都要問一遍的問題。

❖

我們講著講著，我想起了前一年在大選期間的一段對話。當時我跟歐本海姆一起坐在ＮＢＣ的自助餐廳裡，我面前有一杯綠色的果汁，他靠了過來，模樣比平日稍微八卦一點，然後他說ＮＢＣ新聞網裡有女性同仁通報了川普競選幹部在造勢活動中性騷擾。「那可是大新聞！」我說。

「我們不能報。」歐本海姆聳著肩說。「她們也不想曝光，反正。」

「嗯，總有辦法可以不破壞保密義務讓這事留下個紀錄吧——」

「辦不到就是辦不到。」他告訴我，就像在說「這就是人生。」臉上露出不當一回事的灑脫與自信，讓當時的我非常景仰——像個迷妹的我就這樣忘了要對這句話以及他整體的性騷擾立場，做更多的思考。

在他於校刊《哈佛緋紅》擔任撰稿的幾年間，歐本海姆為自己安排了一個「引戰者」的人設。他會混進女性主義團體裝成認真的列席者，然後出其不意在《緋紅》的專欄上火力全開，痛批這些團體是如何滿口胡說八道。雖說專欄下標並非百分百出自執筆者之手，但歐本海姆的文章總會出現像〈閱讀《陰蒂筆記》[38]〉或〈跨性別荒謬〉這樣的標題，而這些標題也準確反映了文章的內容。「毫無疑問地，我最熱切的死敵是那些女性主義組織的成員。」他寫道。「她們言談中的尖酸讓我大開眼界，當然她們的偽善也不在話下。很顯然，妳可以隨手把自己的苦楚推給父權，然後用仇女的指控讓對手無言以對，這些都不難，難的是割捨掉跟父權體系中的帥哥們滾床的快樂。那個難忘的晚上，命運讓我遇見了某知名女性組織的領導者從波斯利安（Porcellian）的前廳現身。」波斯利安社是哈佛只收男性的兄弟會組織。「看來政治教條並不難堅持下去，只要那不妨礙她們星期六晚上的計畫就行。」

在參加完討論哈佛前女子學院瑞德克里芙（Radcliffe）[39]與主要的大學部合併事宜的某次會議後，年輕的諾亞·歐本海姆寫道：「女性的會議有什麼了不起，為什麼總要特別準備一個受保護的空間？」他寫過一篇專欄來捍衛哈佛社團男女有別的美好年代，「致氣憤的女性主義者：男女有別的機制本來就沒毛病。男人就跟女人一樣，都需要專屬的空間。我們需要一個地方來解放自己不那麼光彩的本能，去卸下自己為了平撫女性觀感而戴上的某種粉飾與外皮。」他補充說「覺得社團環境對她們不友善的女性，她們可以另覓良枝而棲。但其實女人很顯然享受被侷限、享受被灌滿酒精、被當成獵豔的對象。她們感受到的是被渴望，而不是被貶低。」

❖

事隔多年，諾亞．歐本海姆慢慢成熟了，但在二〇一七年的那一天，看著他低頭如坐針氈，我感覺他會這麼擔心這新聞受到批評，有一部分原因是他真心相信這沒什麼大不了的，不過就是個在蘇活跟坎城有點名氣的好萊塢惡霸過分了點，踩到某條線罷了。

「梅根．凱利做了那條科技業女性的新聞，裡頭一張沙發可是坐滿了女人——」他這麼告訴我。

「如果這話代表你真心希望我們多找點女性上新聞，開個口就是了。」我說。「我們馬上可以找到很多。」

他對我的回覆充耳不問。「那個臨時雇員躲在陰影裡。」他說。

「她會露全臉的。她說如果我們需要，她願意配合。」

他用力吞嚥了一下，微微露出笑容。「嗯，我不知道。」他說。「那要看她有什麼可說。」

「我們知道她有什麼可說。她有證據。她有公司內部某主管傳來的多則訊息——」

「嗯，我不確定那是我們希望的，我不知道——」

38　*Clit Notes*，知名百老匯劇作家荷莉．休斯（Holly Hughes）所著的非文學書籍，書中尋訪美國各地兼談劇場跟女性。

39　Radcliffe College。位於美國麻州劍橋的女子文理學院，始建於一八七九年，為美國「七姊妹」學院之一。一九六三年起授予畢業生哈佛—瑞德克里芙聯合文憑，一九九九年全面整合進哈佛大學部。

「另外還有第三名女性，我說提出了性侵指控的那位女士。諾亞，她只差一點就願意上鏡了。如果你擔心的是東西不夠，我可以找更多來。」

「那個，等等，我不知道那會不會——總之我們跟法務確認過前，不能輕舉妄動。」他似乎很受挫，就像他原以為事情應該很簡單才是。他的臉色變得蒼白無血色，就跟他在聽錄音的時候一樣。

「那就是問題所在，諾亞。」我說。「每回我們想要多增加內容，身為長官的你們就推三阻四。」這話似乎踩到了他的雷。「這些都不重要。」他說。「我們有個問題比這大得多。」他把張列印紙啪一聲拍到桌上，然後人往後一躺。

我拿起來一看，那是九〇年代初期一篇《洛杉磯時報》（*Los Angeles Times*）的文章，當中寫道溫斯坦同意發行伍迪．艾倫的電影。

「哈維說你有嚴重的利益衝突。」歐本海姆說。

我抬起頭來說。「**哈維**這麼說？」

歐本海姆的目光又偏到了一邊說。「你知道，」他說，「哈維告訴葛林柏格的。我從來沒跟哈維說過話。」

「但這我們都知道啊。」我不解地說。「葛林柏格跟麥克修跟我都查到過他跟我雙親合作過——是說好萊塢誰沒跟他合作過。」

「他在伍迪．艾倫是個賤民的時候與其合作過！」他挑高了聲線說。

「很多發行商都跟我父親合作過。」

「那不重要，那不是重點好嗎，重點是——你姊遭到性侵害。你去年那篇《好萊塢記者》的文章，裡頭關於性侵害的內容引起了軒然大波。」

「你想說什麼？」我問。「你想說誰家裡有人被性侵害過，誰就不能報導性侵害的新聞嗎？」

他搖頭。「不，」他說，「這問題直接牽扯到你的——你的動機！」

「你覺得我別有什麼用心嗎，諾亞？」我心中浮現了跟葛林柏格講話時一樣的心情——那就是我的提問必須通通丟直球，因為只有這麼做，我才能試出他分別把含沙射影與直言不諱這兩條線畫在哪裡。

「當然不覺得！」歐本海默說。「但那是因為我認識你，但這關係到的不是我們的關係，這關係到的是輿論的風向，而屆時風向一定會是『我讓羅南．法羅自封自己是——是**性侵害聖戰的十字軍**，他恨親生父親入骨——』」

「這才不是什麼十字軍東征，這只是一條新聞，而且還是你叫我去跑的新聞！」

「我怎麼不記得。」他說。「不可能吧。」

「嗯，事實就是如此。這新聞可不是我自告奮勇要跑，而且這也不是專屬我一個人報的新聞。這是你管的整個新聞網在做的新聞。」我把紙滑回給他。「我們早料到他會千方百計抹黑我。」我說。「如果他只能做到這樣，老實說，我就放心了，你也是。」

「要是他找到的是你在廁所或哪裡跟人幹砲，」他焦躁地說，「我還比較開心。」我們之間的友誼，原本可以讓這個同性戀笑話只值一個白眼跟一抹微笑，但此時我只覺得厭煩，因為現在我只當他是我的老闆，只是個新聞網的頭。

「這人瘋了！」強納生後來對著空氣大罵。「這人瘋了才會把《洛杉磯時報》那篇文章當一回事拿出來。那根本不值得抗議，對方根本也不是認真在抗議，那完全只是他媽的在打泥巴戰。」後來被我問到的每個記者——奧列塔，甚至伯考——都說那不構成利益衝突，一點都沒有。歐本海姆形容的只是一名記者關心一個議題，而不是跟特定人物有過節。即便如此，我還是告訴他說我很樂於讓這整件事告一段落。

幾乎是在懇求的表情出現在歐本海默的臉上。「我不是說這新聞不夠好，這新聞好得不得了——」他開始思考如何把這句話講完，「如果放在《紐約》雜誌上的話。而你知道，你要是想把這新聞帶去《紐約》雜誌，上帝與你同行。上帝與你同行。」他語畢舉起雙手作投降狀。

我像是懷疑他瘋了一樣，瞅了他一會兒，然後問說，「諾亞，我確認一下，這條新聞現在究竟是死是活？」他又看了一眼腳本，我則看著他身後歷史悠久的洛克斐勒廣場上，走裝飾藝術風格的建築。

我想起我姊。五年前她第一次對家人宣布她要重啟對伍迪．艾倫的性侵害指控。我們在康乃狄克家中的電視廳裡站著，裡頭有一疊疊陳年的VHS錄影帶。

「我不明白妳為什麼不能往前走。」我告訴她。

「你有得選擇！」她說。「我沒有。」

「我們花了**幾十年**，就是要把這件事放下。我才剛開始想認真做點事情，讓外面的人注意到我的工作表現。而妳竟想——妳竟想把時鐘再整個調回去嗎？」

「這跟你無關。」她說。「你懂嗎？」

「嗯，跟我無關，但跟妳有關。妳聰明、有天分，妳人生有太多的事情可做。」我說。

「但我辦不到，因為那疙瘩一直在那兒。」她說完哭了。

「妳不用這麼做。妳這麼做只會毀了妳的人生。」

「去你的。」她說。

「我支持你，但妳實在——妳必須放下。」

❖

歐本海姆從腳本中抬起頭來。「將來我有機會回到母集團，但現階段這新聞我們不能播。」

經紀人艾倫·伯格的破鑼嗓開始在我腦中回放。「**先去做能做的事情**。」我在想自己有沒有勇氣說出「好。」然後去做其他的事情，去專注放眼未來。回過頭看，這問題一點都不難。但在當下，你不會知道一條新聞日後會多重要。你不會知道自己是在擇善固執，還是拉不下臉放棄？好勝心作祟？還是不想落人口實——被說年輕人就是年輕人，沒經驗又好高騖遠。

我看著大腿上的替代新聞清單，已經被我握緊到又皺又是汗。「**活像是〇〇七電影中的反派巢穴**」等字眼跟我大眼瞪小眼。就在我的視野之外，閃過了一絲曙光。

歐本海姆注視著我。他說我不能再打著NBC的旗號，以此當保護傘去做任何工作。他說，「我不能再讓你跑去接觸任何消息來源。」

我想起了麥高文在電視的光線下說，「**我希望他們別是軟腳蝦**。」；我想起聶斯特陷入陰影發出的問題，「**這世界就是這樣運作的嗎？**」；我想起古提耶若茲聽著溫斯坦說「**我習慣了這樣**。」；我想起安娜貝拉·席歐拉告訴我，「**我很抱歉**。」

我用力看著歐本海姆。「不。」我說。

他明顯不悅。

「你說什麼？」

「不。」我又說了一遍。「我不打算——不論你怎麼說——我都不打算停止跟消息來源接觸。」

我把手裡的替換清單揉成一團。「很多位女性冒了很大的風險，才讓事情曝光，她們至今仍繼續在冒險——」

「這就是問題所在。」他拉高了音量說。「你讓自己跟新聞靠太近了。」

我想了一下他這話有無道理。奧列塔說他對新聞有一種「執念」。我想我也是吧。但我也從來不讓自己的消息來源好過，始終保持著懷疑的心態，並且隨時準備好讓事實帶我去到任何地方。此外我也非常期待去找溫斯坦做平衡報導，讓他有說話的機會，只是這點我目前還做不到。

「好，就算我非常投入。」我說。「就算我非常在乎，但我們有證據啊，諾亞。而且只要有一絲機會可以讓這種事不再發生在下一個人身上，我都不能在此停下。」我很想把話說得雄赳赳氣昂昂，但我能聽到自己的破音。「如果你叫我捲鋪蓋走人，我只能說這裡規你管，你說了算。」我說。

「但你得當著我的面，把話說清楚。」

「我不會叫你走。」他說，但他的眼神又開始飄走。僵持了好一會兒，他射來了一道無力的微笑。「這下子有趣了。要是能回去做加州毒廢水多好，是吧？」

「是。」我說。「是吧。」我起身謝過他。

我走出了諾亞．歐本海姆的辦公室，來到電梯間，途經巨大的鍍鉻集團徽章，那是一隻開屏的孔雀在說，「ＮＢＣ進入彩色時代了。你可以用彩色電視看ＮＢＣ了，很炫吧？」是很炫，真的很炫。我穿過了《今日秀》新聞編輯室的辦公隔間，爬樓梯來到四樓。此時我嘴裡有如含著電池酸液，兩手掌心則有把指甲壓進肉裡造成的紅色括弧。

PART III
ARMY OF SPIES

◆

第三部
特務大軍

第二十九章　法卡克塔

「上帝與你同行。」歐本海姆說。明明這麼多地方，他卻叫我去《紐約》雜誌（只有在曼哈頓的媒體圈中，天堂指的才會是不到高大上但也不會下三濫的雙週刊）。但所有的訪問影片都鎖在NBC的伺服器裡，我要怎麼去跟上帝同行呢？我用身體示意麥克修到空辦公室裡，然後告訴他我剛跟歐本海姆發生的事情。「這就是這傢伙為什麼一直避不見面。」麥克修說。「他們一直在跟溫斯坦的律師想出這個理由，不告訴我們，然後等待時機使出這個……這個殺手鐧。」他比喻了起來。

「他們的目的是要我們放棄報導，所以當然對我們新聯繫上的受害者興趣缺缺。」我對他點了頭，意思是只能到此為止了。「這什麼亂七八糟的。」他說。「這間公司發生的事情。這明明是條大新聞。」

「我們所有的報導資料，」我有氣無力地說，「都歸他們所有。」

他用力看著我。

「你過來。」

回到我們的隔間，麥克修神祕祕看了下四周，然後拉開了一個抽屜。

「假設，」他說，在一堆有的沒的視聽裝置裡摸了半天，生出了一個銀色的長方形小物，「假設訪談資料你有呢。」他將一枚隨身碟滑過桌面，上頭一角有麥克筆寫上的毒谷字跡。

「李奇……」我說。

他聳著肩。「備份是也。」

我笑了。「他們會炒你魷魚。」

「有差嗎？這事兒之後你以為我們還能做得下去？」

我一副要擁抱他的樣子，但被他揮手擋掉了。「好了好了，別讓他們把這新聞埋沒掉就是。」

❖

幾分鐘後，我人已經在前往銀行保險箱的途中，路走得非常快。我不想讓歐本海姆有機會反悔讓我把新聞帶到別的地方。但我能打給誰呢？滑開手機，我看著奧列塔前一天發來的電郵。要說有哪個媒體懂得跟溫斯坦唱反調是多大的挑戰，非《紐約客》莫屬，於是我打給了奧列塔。

「他們不播？虧你準備了那麼多資料，還有錄音？」他問。「太誇張了。」說他會打幾通電話再跟我說。

我跟歐本海姆開完會後，就一直在找強納生。「回我電話。」我寫道。然後有點小心眼地說：「我人生來到這麼大的坎，而你總是不在。改變人生的決定我只能一個人承擔，感覺爛透了。我為了你可以放下拍到一半的訪問，你回報過我什麼。」

終於回電了的他也不是很爽。

「我不可能為了你的簡訊轟炸放下開到一半的會，這太離譜了。」他說。

「我真的只是壓力很大。」我說。「而且感覺只能孤軍奮戰。」

「你不是一個人啊。」

「那你來陪我。」

「你知道我走不開。我們準備要開公司，你好像一直忘記這件事——」

「我身邊有些事怪怪的。」我說。「我感覺自己快瘋了。」我們掛電話時都一肚子火。此時我正要下到地下金庫。最終我把隨身碟放進保險箱，然後聽著它滑進箱內，發出了指甲刮黑板的刺耳尖銳聲。

❖

隔天，奧列塔把我介紹給《紐約客》的編輯大衛．蘭尼克，我們約了隔周面談。「這種事情，」他寫道，「我們還算有點經驗。」在洛克斐勒廣場三十號，焦慮就像脈搏一樣，在麥克修跟我與新聞編輯室裡的人際互動中跳動。葛林柏格似乎也很緊繃。麥克修堵住他，表示他完全不能接受什麼利益衝突的說法。他提醒葛林柏格我們查過了溫斯坦與我家人之間的產業關係，並已判定這當中並無可稱得上利益衝突之處。

葛林柏格打起哈哈說他們找到了一條可以前進的路。

「所以這條新聞在NBC還活著囉？」麥克修問。

「聽著，我不會跟你辯論這個。」葛林柏格答。

「我也不是在辯論。」麥克修說。「但我必須把立場講清楚，我不認同有什麼利益衝突。」

我見到葛林柏格也同樣是一堆問題。「這個什麼利益衝突，」我說，「諾亞說是哈維通知你的。」

他在驚慌與裝傻之間找到了說話的空隙。

「我從來沒有跟哈維談到這件事情。」他說。

❖

時間剛來到下午，歐本海姆傳訊說要見面。「我花了一整天到處跟人談這件事。」他劈頭就對剛進他辦公室的我說。他一副沒睡覺的模樣。「我們都覺得這新聞有個潛在的」——他說，然後很用力潑了我想轉圈撒花的樂觀一盆冷水——「**潛在的**解決之道。」不論是誰判定了這則新聞不能播，很顯然這人又發現了第二件實情，那就是這則新聞也**不能不播**——至少不能像歐本海姆昨天說的那樣往外一丟。「我們會找公司裡幹了二三十年，經驗老到的製作人，《換日線》裡的戰將——然後我們會請他帶頭負責把你的東西重看過一遍，也刷洗過一遍。」

「誰？」我說。

「柯沃，大家都沒話說的柯沃，會負責監督整個過程。他會負責挑人。」

我想了一下柯沃其人，是《換日線》的老將沒錯——公司派，但就我所知還算是個有原則的公司派。

「如果這麼做的前提，真的是想要把新聞播出去，那我歡迎。你們儘管死命檢查，我的報導經得起考驗。」

「我們不光是要檢查內容。」歐本海姆說。「我的看法是錄音內容跟溫斯坦幾年前抓某女士胸部的事情，這些不算是全國性的新聞。」我開口想反駁，但他舉起手。「這是屬於其他地方的新聞，你可以去《好萊塢記者》報，非常好，但不能在NBC。對《今日秀》而言，某電影製作人摸了女人一把不構成新聞。」

他說他們覺得東西不夠，而我說那很好啊，我可以讓古提耶若茲兌現她願意加入的承諾，然後去拍卡諾沙，另外重拍聶斯特的部分。

「不不不。」他說。「我們找柯沃是要確認內容。其他人還都要度假到周一。那之前我們就先別輕舉妄動。」他說。

「諾亞，你嫌東西不夠，就要讓我去外面找啊。」

「我知道，我知道。」他說。「我只是說星期一以前不要亂動。」

❖

「這真的是**法卡克**（fakakt）。」麥克修發洩著情緒。

「拜託，李奇，不要再說意第緒語了，還有應該是**法卡克塔**（fakakta）——」

「這就是在質疑我的可信度嘛，這叫我他媽的怎麼——」

「不，這不是在質疑你。」我說。

「怎麼說不是？我們早就給值得信賴的製作人確認過一遍，我人從頭陪到尾——」

「喔，對不起！」《今日秀》一名嗓音清脆的年輕製作人推開了門。我們人在《今日秀》牛棚區不遠處的收發室，因為其他地方都滿了。年輕製作人開始翻找起郵件，並拿著聯邦快遞的表格在東摸西摸。

我們站在一旁顯得有些尷尬。「所以，一切都還好嗎？」我擠出句話。

「嗯嗯。」她說。「都很好，你知道的。就是夏天結束了有點可惜。」

「那倒是。」我說。

等她人一走，門一關，我馬上轉頭對麥克修說。「李奇，我不會讓他們把你逼出去。」

「但他們**這招**就是要把我逼走。」麥克修繼續壓低聲音說。「話說這種安排到底是什麼意思?」

「基本上就是派個特偵組檢察官來的意思，而他們要是想把這新聞給砍了，當然不會做不到，但這新聞看起來又這麼有搞頭。」

李奇看著我，好像我瘋了一樣。「他們一開始說不播，然後他們意會到不播會釀成公關災難，於是他們現在學拳擊手到角落裝俗仔，想讓我們不斷出拳，把我們拖死。這樣下去你信不信到三月，我們還在紙上談兵。基本上他們就是一直念咒說『東西不夠，我們需要更多』，他們打死不會直接對我們說No——無妨，進來吧。」

「不好意思!」剛剛的年輕製作人尖聲說，她來取剛剛忘了拿的文件。

我緊繃地笑了一下，然後對麥克修說。「你不覺得這樣想**有點**陰謀論嗎?說不準他們真的會播。」

「重點是，NBC新聞的總裁跟哈維直接對話，還騙我們說沒有，這絕對不是什麼好兆頭。」他一臉愁容。「你下禮拜跟蘭尼克的會面怎麼辦?」

我想了想。「我會去。然後我們讓選擇在一旁候著。視狀況提議電視跟平面雙管齊下。我不知道啦。」

「你從現在起得小心點。」麥克修說。「因為萬一這新聞真的從另外的平面媒體出海，結果也真的讓NBC顏面無光，他們隨時可以對我們翻臉不認帳——」

「哈囉!」三個實習生開了門，其中一個代表發言，「當我們空氣就好。」

❖

雖然麥克修一肚子狐疑，但我還是在離開洛克斐勒廣場，穿過時代廣場的刺眼霓虹燈時，被新出現的樂觀心情拉了一把。「NBC於你就像一鳥在手希望無窮，比林子裡的兩隻鳥實在得多，所以只要他們還沒說不讓你報導，你就繼續賴著。」強納生從洛杉磯用手機打來說。「諾亞只是怕到了，他應該沒有惡意。」

前一個月的困難重重彷彿只是燒退就不見了的噩夢，而事態的發展強化我這種感覺，是NBC安全部門的湯瑪斯．麥可法登跟我聯絡了。他們釐清了至少一部分的威脅訊息是從何而來。弄了半天，我還真遇到了最典型的那種變態痴漢。沒有天大的陰謀也沒有人守在我們公寓門外，我這麼對自己說。

哈維．溫斯坦的情緒也在轉變。在與周遭眾人的對話中，他再一次從NBC的熟人保證新聞已死的歡天喜地中，變成了憂心忡忡，覺得事情沒這麼簡單而我可能還有動作。溫斯坦知道波伊斯與列克交好，便問身為律師的前者能否代他致電給身為新聞網董事長的後者。

「我可以打給安迪，看他願不願意告訴我什麼。」波伊斯只簡單這麼說。

❖

愈來愈多消息來源向我表示，他們接到了溫斯坦或為其工作者的騷擾電話。入鏡表示她是倫敦和解案目擊者的卡翠娜．沃夫非常緊張，她說有通打給她的電話是丹妮絲．多伊爾．錢伯斯（Denise Doyle Chambers），他是溫斯坦手下的資深製作人。多伊爾．錢伯斯說她跟另外一名資深製作人潘．

魯貝爾（Pam Lubell）已經回鍋替溫斯坦工作，共同負責一本書的資料調查。「一本『有趣的書』，」魯貝爾後來說，「講的是米拉麥克斯公司的黃金歲月。」溫斯坦請她們把所知的前員工名字寫出來，然後一個個聯絡。日後，這兩個女人對溫斯坦的這種鬼話相信多少，是輿論臆測的熱門話題。魯貝爾似乎真的信了：她甚至弄出了一份出書的企畫案，黑白封面上是哈維與鮑伯兄弟檔的笑臉，上頭文案寫著：「米拉麥克斯：那些往日時光，吾友，我以為永遠沒有盡頭。」[40]

只不過幌子畢竟是幌子，久了不攻自破。

八月初，溫斯坦把丹潘二人叫回辦公室說，「你們聽著，出書一事暫且擱下吧。」他改請這兩人「打電話給清單上的友人，問他們有沒有接到記者打去的電話。」

在與沃夫的電話上，多伊爾．錢伯斯二話不說直接切入重點，完全沒想敘舊。溫斯坦想知道沃夫有沒有跟任何記者聯絡，特別是有沒有跟我聯絡，然後他想要所有沃夫收到或發出的電郵副本。受到驚嚇的沃夫把我的訊息寄給了多伊爾．錢伯斯，然後矢口否認有回過任何一封信。

這還沒完：多伊爾．錢伯斯與魯貝爾編纂並去電的名單，只是一份大清單的一部分而已。大清單跟米拉麥克斯的老班底關係不大，倒滿滿的是跟溫斯坦共事過的女性與找過他麻煩的記者。上頭不同顏色有不同意義：紅色代表緊急，紅色的女性名字更是急中之急。多伊爾．錢伯斯與魯貝爾電話一通通打，名單一次次更新，但她們並不知道自己的工作會被送到黑立方位於特拉維夫與倫敦的辦公室，然後再被轉傳到世界各地，成為黑立方幹員用來替溫斯坦查事情，而且還愈查愈深入的根據。

40 英文老歌〈往日時光〉（*Those Were the Days*）的歌詞。

❖

在此同時，我在哈利・沃克演說經紀公司（Harry Walker speaking agency）的經紀人約翰・克薩（John Ksar），正在應付來自倫敦一家財富管理公司的徵詢。代表那家公司的黛安娜・菲利浦說她正在籌劃一場為職場婦女發聲的盛宴。她想找熟悉這議題的講者去發表談話，而且多多益善。

克薩是這行的老鳥，平日一聽就知道對方是真有需要還是來打探情報。但黛安娜・菲利浦也是有備而來。她對提問一概對答如流，活動的細節包含哪些投資人會受邀出席都能如數家珍，娓娓道來。她說公司還在做最後的評估，由此需要跟我見上一面。「我希望能在這幾周見個面，或者我剛好下星期要去紐約，所以如果法羅先生方便，這也許是個不錯的機會。」她在電郵中這麼寫。連同這一封，她一共寄了好幾封信表示想趕緊見面，而在嘗試無效後，她退一步表示通電話也行。有超過一個月的時間，來自黛安娜・菲利浦的電郵都沒有停過。克薩只能想說她是真的真的對調查新聞非常感興趣。

第三十章　瓶子

我與歐本海姆最新一次會面那天後的破曉，私人調查員開始落腳在我家前門外。歐斯卓夫斯基從轉角的貝果店悠悠漫步回來時，凱金已經在那兒等著了。「相要什麼嗎（Wang anything）？」歐斯卓夫斯基稍早傳訊問過。「謝了老兄，我不用。」凱金答道。幾分鐘後，他們在街上就好定位，展開了觀察。

在與歐本海姆開完會出來後，我立刻寄了封電郵給大衛．柯沃，然後我們約了見面。在自家公寓裡，我換上了白色的鈕扣襯衫，把資料塞進包包，然後在天光中出了家門。

大約八點三十分，私人調查員發現一名身穿白襯衫的金髮年輕人揹著背包。他們審視了其身形，手上有我的照片可以參考，而且前一天還額外進行了資料庫調查。很多的監視工作都是亂槍打鳥，但這個年輕人看似確實是他們的目標。歐斯卓夫斯基駕車跟著目標彎過了轉角，同時用國際牌的攝錄影機進行拍攝。「我現在去洛克斐勒三十號。」他傳訊說。凱金靠雙腳追了上去，下到了哥倫布圓環地鐵站，搭上了進城的列車。

對這些民間調查員而言，長時間的跟監往往意味著上廁所的機會寶貴。「你還有多遠？」歐斯卓夫斯基那天稍晚傳簡訊給他的老闆，同時人坐在車裡等著目標再次現身。「我要尿在瓶子裡了。要是你快到了我就等一下。」事實是凱金還有段距離。歐斯卓夫斯基瞅了一眼他稍早喝完的飲料瓶，放棄掙扎，拿起瓶身，然後抒發了壓力。

「ＯＫ，沒事了。」他傳訊給上司。

❖

等來到洛克斐勒廣場，我已經整件白襯衫都汗濕了。柯沃在他距離《換日線》團隊不遠處的辦公室裡笑問，「最近怎麼樣？」

「我想我們可能要有所合作了，」我說。

「喔那個啊，」他說，「我才剛聽說個大概而已。」

我把大要跟柯沃說了一遍：錄音、法務審過後仍留在腳本中那許多筆對於哈維．溫斯坦的控訴、古提耶若茲堅定要以真名為報導開頭的堅定意志、聶斯特對於用她的臉來取代麥高文的開放態度。他邊聽邊興味盎然地搖頭晃腦。「聽來張力十足。」他笑說。

處理性侵害指控的敏感新聞，柯沃是有經驗的。一九九九年，在安迪．列克主掌ＮＢＣ新聞期間，柯沃曾率領新聞網訪問璜妮塔．布羅德里克（Juanita Broaddrick），主要是她指控比爾．柯林頓在二十一年前強暴過她。新聞網在訪談錄影後花了一個多月審查，在訪談播出之前，布羅德里克已經心灰意冷地投向了《華爾街日報》、《華盛頓郵報》與《紐約時報》的懷抱。「要不是桃樂絲．拉比諾夫斯基（Dorothy Rabinowitz）來採訪我，我看ＮＢＣ合計是不打算播了。」

布羅德里克提到的這位桃樂絲，是後來把事情爆出來的《華爾街日報》記者。「那之前我徹底放棄了。」

我有所不知的是柯沃本人也有性騷擾的黑歷史。二〇〇七年，他曾鎖定過一名員工，寄了挑逗意味十足的訊息給她。「為了重建順暢而沒有誤會的溝通，」他寫道，「我們必須說清楚一項『場地規則』：但凡你去到泳池，都必須要知會我一聲。哪怕是遠遠地瞥一眼，我都能渾身舒暢一整天。」天熱的時候，他會口無遮攔地說，「我喜歡天氣暖和，但你確定自己要穿成這樣去參加學校的活動嗎？」一而再再而三，他會找到或創造機會去與這名女性獨處。最終她向管理層提出申訴。後續她被拔擢到一個新的職位，並在公司又待了若干年。柯沃也繼續在新聞網內順利升遷。

我與柯沃開完會後感覺頗踏實。隔天在我不知情的狀況下，NBC拍板敲定一筆指控柯沃的員工價值近百萬美元的離職同意書。《野獸日報》後來報導了相關指控，而新聞網回應說這只是時間上的巧合，與女員工的申訴無關，但離職書上禁止她對NBC惡言相向。

❖

經過幾個早上，私人調查員再度在上西城就好定位，這一次是歐斯卓夫斯基當班。「目前還沒看到他。」他傳訊給老闆。然後他又看到了那個金髮的年輕人。歐斯卓夫斯基跳下車，雙腳萬能地跟蹤了起來。他接近到伸手可及的距離，然後皺起眉頭，按起手機。

在我的公寓樓上，我接起電話。「喂？」我說，然後是短促的一聲俄語驚呼，電話就掛斷了。在歐斯卓夫斯基前面，跟我乍看有三分像的鄰居走了過去，他在沒有電話響的世界裡，享受著無知的幸福。

「看起來不是同一個人。」歐斯卓夫斯基簡訊通知凱金。「人應該還在他家。」回到車裡，他Google起我比較清晰的照片。「找到了張不錯的證件照，」他寫道，然後把我跟我姊狄倫分別只有大概四跟六歲，在父母懷中的照片寄給了老闆。「照這去認，應該就沒問題了。」

「Lol（大笑）。」凱金答道。後來就像是在確認歐斯卓夫斯基是在開玩笑，凱金傳了某藍色Times New Roman標題檔案裡的一張截圖，上頭顯示了我的生日。

❖

《紐約客》的辦公室繞了重建的世貿中心一號大樓第三十八層一圈，你可以想像那是條由新聞、上流文青評論與托特包共組的銜尾蛇[41]。用三個詞形容那裡：明亮、通風、現代。我與大衛．蘭尼克的會面約在正午。走進社內，我的手機發出了快節奏的一串提醒聲。那是一系列的垃圾訊息要我加入或退出各種政治民意調查。我一邊把訊息滑掉，一邊有一名瘦高的助理領我進入緊鄰蘭尼克辦公室的小會議室。

大衛．蘭尼克哪天就算活到一百歲，還是會以神童之名行走江湖。他最早是在《華盛頓郵報》報導體育與社會新聞，後來成為該報的莫斯科特派員。他用那段經驗寫成了一本暢銷書，並在三十幾歲時成為普立茲獎得主。那年夏天的他正在奔六的路上，灰色慢慢爬上了他黑色的鬈髮，但不變的是他的娃娃臉與孩子氣。他夫人後來提到他是個高個，讓我小小吃了一驚。因為以他的身形與在業界的高度，他都很罕見地不會讓你感覺自己矮他一截。那天他穿著牛仔褲與西裝外套，坐在會議室桌邊的一張辦公椅上，輕鬆的肢體語言中流露著一股好奇心。

他帶來了一名年輕女編輯荻爾德．佛立—孟德森（Deirdre Foley-Mendelssohn），分別短暫待過《哈潑》（*Harper's*）與《巴黎評論》（*Paris Review*）的她年初才加入新東家。佛立—孟德森纖瘦、沉穩而略顯緊繃。前一晚，蘭尼克坐在她的辦公室裡，建議她稍微審視一下出自奧列塔之手有關溫斯坦的舊檔。她加碼進行了廣泛的閱讀。

在我們三人共處一室，並由我簡要介紹報導內容的同時，我可以看出蘭尼克的腦筋在瘋狂轉動。「而你覺得你還能再充實這條新聞的內容？」他說。

「我知道我可以。」我答道，並跟他分享了那些被ＮＢＣ拖著的線索。

他問錄音檔能不能讓他聽聽，於是那年夏天第二回，我在媒體高層的面前把手機擺在桌面，按下了播放鍵。

蘭尼克與佛立—孟德森聽了音檔，而他們的反應跟歐本海姆有天壤之別。音訊播完的會議室先是在驚異中沉默了一陣。「爆點不光是他不打自招。」佛立—孟德森率先發難。「更是他說話的口氣，還有咄咄逼人的態度。」

「而ＮＢＣ願意讓你帶著這些東西去找別人？」蘭尼克說。「ＮＢＣ現在當家的這位是誰？歐本海姆嗎？」

「歐本海姆。」我向他確認。

「你說他是劇作家出身？」

「他寫過《第一夫人的祕密》。」我說。

「那，」蘭尼克臉一沉說，「是部爛片。」

❖

那天早上，歐斯卓夫斯基跟一名同事在《紐約時報》外最後一次盯梢，但無功而返。然後凱金

41 銜尾蛇是一種古老的符號，其意象是一條蛇或龍在吞食著自己的尾巴，有「無限循環」的含意。

在來電中傳達了最新關於我的命令：「追蹤他的手機。」歐斯卓夫斯基回想起凱金在前一年的秋天曾大言不慚地說他做得到這一點。

中午剛過不久，凱金開始傳送起地圖的截圖，上頭有大頭針標示移動中目標的經緯度與高度。也許凱金也不是只會出一張嘴而已：標出的位置，與我前往跟蘭尼克見面的過程正好符合。

❖

我一五一十跟《紐約客》的編輯說明了採訪過程的來龍去脈，包括我對於這條新聞未來在NBC播放的期待。「我真的不知道那兒發生了什麼事情。」我說。「但我畢竟是那裡的員工，所以只要有一絲機會表示這最後的審查是認真的，我就必須給這條新聞在NBC一個機會，否則我會對不起我的製作人搭檔。」

蘭尼克挑明了說，要是NBC把這條新聞封殺，要麼不願意率先播出，那他非常有興趣。當然我不能躺著等結果，要做的工作還很多。累積的證據愈多，我就愈能期待有好的結果。溫斯坦跟他的法務團隊按照蘭尼克的經驗判斷，會隨時準備一戰。但《紐約客》的表態，使那年夏天第一次有媒體給了我鼓勵。蘭尼克告訴我說可以跟佛立—孟德森保持聯絡。所有進行中的報導，包括卡諾沙在考慮中的上鏡受訪，都可以在有結果後讓佛立—孟德森掌握情況。

「我不期待你現在就承諾我什麼，但我想以有的東西而言，要刊出一份有料的報導並不會太困難。」我說。

他點頭。「我相信。」

在會議之後，蘭尼克回到他的辦公室，而我則向佛立—孟德森道別。「NBC要是出於任何理由不讓你繼續報導，」她說，「打來。」

就在我離開會議室，走進建物大廳時，蜂擁而至的文字訊息說不准有兩百封。「（民調）川普該被彈劾嗎？」上頭全寫著一樣的內容。「馬上回覆投票。取消訂閱請……」每封訊息都來自不同的號碼。我站著開始滑掉訊息，但訊息實在多到我只能放棄用刪的，嘗試選擇取消訂閱，但這樣做好像也沒啥效果。

❖

「這是世貿中心附近吧。」歐斯卓夫斯基收到地圖後回覆凱金。「前往中。」然後又說：「有其他情報顯示他會從哪裡出來嗎？」跟「那處地址上是什麼建築？還是他有可能人已經在外頭？」

「沒有資料。」凱金回答。

「好，那我到處看看。」

在如雪片般飛來的訊息當中，夾了一則麥克修的簡訊問我多久會到，主要是我得回公司一趟。我先是朝著地鐵站移動，然後再一想。自從我懷疑自己被跟蹤以後，內心就一直有股莫名的焦慮，於是我又重新出了站，招了輛計程車。在回紐約上城的路上，我正好與私家調查員擦身而過。

❖

過沒多久，麥克修跟我與兩名製作人一起坐下，他們是奉柯沃之命來進行新聞的審查。這兩人看來是真的對這條新聞很有興趣，但也很顯然他們的層級沒資格決定這條新聞的命運。這場會議開得匆忙：《換日線》有審不完的新聞等著他們。時間緊迫下，麥克修跟我盡可能印了報導資料給他們看，並明說這只是一部分而已，包括有一些敏感的資料放在銀行金庫中。他們當下並未要求要聽錄音，而事後證明他們永遠不會提出這樣的要求。

踏出會議後，麥克修有通未接來電來自一個他不認識的號碼。事實上，來電的是律師兼公關專員蘭尼．戴維斯。

「據悉你在跟羅南．法羅合作一條關於哈維的新聞。」戴維斯說。「這屬實嗎？這條新聞有要播嗎？你們打算何時播出？」

麥克修表示他不能對進行中的報導表示意見。戴維斯說他人在度假中，並給了麥克修他的手機號碼。「我服務過柯林頓家族多年，現在是跟哈維合作。」戴維斯說。「而我是來幫忙的。」麥克修趕忙掛掉了電話，然後一整個下午都顯得有點心神不寧。

❖

那天晚上我訂了飛往洛杉磯的機票。我希望自己終究可以說服卡諾沙上鏡頭。聶斯特也同意了要見面跟我計畫如何露臉受訪。

就在我踏入甘迺迪機場的起飛航站時，卡諾沙來了電話。她聽來很緊張。「他一直打給我。」她說。溫斯坦似乎在對她進行全場緊迫盯人，並一直告訴她說他有多看重她的忠誠。

「如果妳覺得太勉強——」

「不，」她堅定地說。她的臉要藏在陰影裡，但她願意開口。「我會受訪。」我們約了時間。

歐本海姆為了擋下報導所提出的最新版藉口——等柯沃指派一位製作人——已經來了又走。麥克修跟我把要進行訪問的決定知會了ＮＢＣ。

❖

在我和私家調查員在世貿中心擦肩而過後，他們開始在那一帶閒晃。凱金菸一根接著一根抽，不然就是看手機等著等不到的衛星定位資料。那天晚上，歐斯卓夫斯基又在我的公寓外頭盯梢，當然是白忙一場。「別擔心我在這個叫羅南的身上會報多少時數了。」他傳訊給老闆。「情況我很了解，除非真的找到他，否則我對拿到錢完全是不期不待。」

第三十一章 朔望[42]

哈維・溫斯坦也同樣正為了沒有新的進度而感到氣餒。大衛・波伊斯按照對溫斯坦的承諾，打了電話給安迪・列克，並問起了新聞有沒有繼續在做。

列克的態度顯示出理解與熱絡。他在整通電話中保持了大部分時間的沉默，就像之前他跟溫斯坦對話時那樣，這名製片廠的負責人曾告訴他說，跟員工上床是家常便飯，不需要大驚小怪。一九八〇年代晚期在CBS《西五十七街》擔任執行製作的時候，當時已成家的列克也曾想與節目中的後輩或美女發生關係。珍・華萊斯（Jane Wallace）擔任過《西五十七街》的特派員，而她說列克當年「可以說窮追不捨」。她說她一到該節目任職，列克就「近一個月天天」邀她共進晚餐，理由是他想慶祝她簽下合約。「遇到老闆開這個口，你該怎麼回？」她後來告訴我。「你知道如果你說：『我不想跟你慶祝。』你就是自找麻煩。」華萊斯說「雙方最終算是合意交往，但我並非只被調情而已，我還狠狠吃了一頓排頭。」那段關係最終鬧得不太愉快。她說列克變得情緒非常不穩定。她記得她離開節目時，列克吼著說，「妳的名字以後別想上製作人員名單了。」然後新聞網使出了當時不太為外人所知的一招：他們給了她一大筆封口費，要她簽下有約束力的保密協定。華萊斯接受了。「我是到了人徹底離開那裡了，才真正體會到那段經歷對我的打擊有多大，才意會到這些人多噁心。」她告訴我。「事實是若非遇到他那樣的人，我應該不會離職。我喜歡那份工作。」

好幾名列克的前員工也想起了另外一名在列克手下工作，後來也跟他交往的年輕製作人叫珍妮佛・萊德（Jennifer Laird）。兩人分手時，同事們記得列克突然翻臉，並採取了他們眼中算是在藉故懲罰萊德的行為。萊德請求調職，但列克不准。他硬是加長她的工時，強迫她周末加班，還建議她取消休假。透過發言人，列克否認自己公報私仇。萊德證實兩人確實交往過，並說分手後「自己日子很難過。」她告訴我，「難怪人家說不要跟老闆糾纏不清。」

列克在執掌NBC之前便已花名在外。「你為什麼要找他來？」一名主管說他質問過史提夫・柏克為何要重新啟用列克。「你下頭會有那麼多有問題的企業文化，就是因為他！」

那天在跟波伊斯的電話上，原本安靜的列克在話鋒轉到那條新聞在NBC的命運時，變得健談起來。「我們已經跟哈維說過我們不會播了。」列克說。「要是我們決定報導，會再跟他講。」

❖

當我在《紐約客》那場會議後的同一個晚上飛到洛杉磯時，葛林柏格氣急敗壞地打給麥克修。他說歐本海姆已經告訴他要「按下暫停鍵了。」

「意思是我連其他東西都不能報了嗎？」麥克修說。

「那是我們直屬老闆下的令。」葛林柏格說。「那是命令。」

然後隔天早上我也接到葛林柏格的電話，聽著他重複同樣的說詞。

「諾亞的指示非常明確。」他說。「這訪談我們拍不得。我們得緩緩。」

42 天文術語，為太陽、月球、地球連成一直線的意思。

我當時人在強納生於西好萊塢的住處。他嘴巴張得老大走了過來。「我確認一下，你是在下令要我取消訪問嗎？」我問葛林柏格。

緊接著長長一段沉默。「就是緩緩。」他說。

「這訪問已經約了時間，你現在要我取消約定，這叫緩緩？」

「羅南，」他微慍地說，「你該停手了。」

「要緩多久你知道嗎？」我問。「為什麼NBC新聞要命令我們停止報導？」

他感覺一整個狀況外。

「我——他——哈維的律師說他們全體員工都受保密協定約束。」他說。「而我們不能慫恿這些員工違約。」

「李奇，觸法沒有那麼一翻兩瞪眼。進行這些訪問不會——」

「這事諾亞說了算。」他說。「我理解你會不開心，但我不覺我們有誰有立場去跟上司爭。」

❖

我在公寓裡走來走去，同時跟強納生討論著目前的處境。歐本海姆的提議，也就是要我把新聞帶到別處去的建議感覺充滿不確定性。「他知道這新聞如果從別的地方報出來，對NBC會是件醜事吧？」強納生點出。我想要繼續抗拒報導禁令，但我要是真的這麼做，就等於是跟新聞網公開撕破臉，到時候新聞網可能會封殺我，不讓我把資料帶出NBC大門。

我後來的行動採納了強納生的建議。我打了電話給歐本海姆，說我想要接受他叫我「與上帝同行」的建議，把新聞帶到某平面媒體去，而且會將之做成一條不具攻擊性的花邊新聞。我老實告訴他說我已經找到某平面媒體編輯有初步的興趣，但沒有說是哪家。我建議NBC可以繼續讓我拍攝訪問，然後等我在平面媒體上爆料後再跟播電視版本。

「我也不想好像在妨礙你做事情，直覺告訴我這是個挺合理的建議。」歐本海姆聽來好像也鬆了口氣。「給我十分鐘歇口氣，我會再回你。」

他依約在十分鐘後傳訊來說OK。我問我能不能在接下來與卡諾沙的訪談中使用NBC的組員，並先消毒說這並不等於讓NBC有義務要播出，只是讓NBC保留將來可以播出的權利。「很抱歉。」他說。「NBC在目前的審查結束前不能有進一步的動作。」

這之後的二十四小時內，歐本海姆會跟柯沃與他手下的製作人見面，以中止審查。其中一名製作人在此時發言說，聶斯特「沒有準備好要被曝光」，但已承諾我願意配合公開發言的聶斯特否認說過這樣的話。柯沃在某個點上表示這條新聞不夠視覺化，不適合放在電視上。

葛林柏格接著對麥克修下了最後通牒，不准他接任何有關這新聞的來電。「我要你停手。」他說。麥克修想起了溫斯坦一次次成功把新聞壓下來的歷史，回答說，「你這是在向他投降。」

❖

在徹底失去媒體奧援後，我變得沒有人可以去諮詢安全事宜，也徹底暴露在被溫斯坦個人提告的司法風險下。我打了電話給佛立—孟德森。「他顯然已經威脅過NBC。」我說。「我知道這條新聞很要緊，但我也在思考自己暴露在多少風險下。」

「把你有的東西都傳過來。」她說。「我們可以進入討論階段了。」

「但你的直覺是我應該繼續訪問，即便背後沒有媒體當靠山嗎？」

她想了想。

「細部的法律風險我不清楚，但我不覺得你應該取消訪問。或者應該說你絕對不能停止報導。」

佛立—孟德森主動表示願意將我引介給《紐約客》的律師，法比歐．柏托尼（Fabio Bertoni）。提供法律建議給一個雜誌社還沒有正式啟用為寫手的人，即便是非正式的法律建議，都絕對不是平面媒體的標準作業程序，只能說佛立—孟德森敏銳地察覺到我這一把賭得多大，多需要人幫一把。

❖

在等待蘭尼克回覆之際，我傳了不知多少封緊張的簡訊給佛立—孟德森。一方面藉此讓她知道我有在繼續進行報導與訪問，一面從她的反應中判讀《紐約客》撩落去的機率。

我一如承諾的獲得了法比歐．柏托尼的聯繫。他的經歷包括在《美國律師》（*American Lawyer*）雜誌與哈波柯林斯（HarperCollins）出版社任職，而他當時經手的正是這類要公司不得出版特定內容的威脅。在我解釋過NBC堅持暫停報導，主要是忌諱法律風險時，他似乎發自內心地感到困惑。

「要說怕被告，也是等東西出去了才有這個問題。」他說。「沒發出去的報導被告是非常罕見的事情。」當我提到非法干預合約的論點時，他臉上的問號就更明顯了。他的說法跟我在與新聞網對話時提出的素人論點如出一轍：要是新聞媒體都對與簽了保密協定的員工交談一事嗤之以鼻，那很大一部分的政治與商業報導都會窒礙難行。看過實驗室動物第一次走在草地上的影片嗎？那就是我與《紐約客》最初接觸的感覺。

「所以即便溫斯坦在挑釁，我的報導也可以繼續嗎？」我問。

「你只要知道。」柏托尼說。「人一害怕就會威脅要告上法院，但拿法院嚇唬人是一回事，真正告下去又是另外一回事。」

❖

讓卡諾沙上鏡是我給過她的承諾，我並不想因為改變計畫而嚇到她，於是我自己去請了一組人。麥克修奉命不得協助拍攝但仍執意這麼做——因為他就是那樣的人——傳了一個又一個推薦的名字給我。八月底的那個星期一是我們選擇的訪問日期，而那天正好與罕見的日全蝕撞日。多數我們接觸的接案攝影團隊，都忙著在懷俄明州等適合的地方拍攝天文奇景。至於少數沒出任務的攝影團隊也不是那麼方便：幾乎所有人都曾經或即將與溫斯坦的片子合作。我最終找到一個名為烏立．柏恩坎普（Ulli Bonnekamp）的片師。他要麼是同情我孤軍奮戰，要麼是隱約感覺到這是個值得關懷的主題。他開了個十分合理的價碼給我。

我問卡諾沙會不會覺得在飯店拍攝比較放鬆，她說跟強納生的狗狗已經是朋友，去他家拍就行。隨著朔望展開，組員跟我也開始在西好萊塢的強納生家布置訪談現場。我們用推車運來了沙包與三腳架，並在窗戶上貼好遮光布。基本上為了正事，我們對強納生的家具並不太憐香惜玉。

❖

下午時分來到中段，歐本海姆傳來了簡訊。「就是想白紙黑字再提醒你一遍，任何你目前正在繼續報導的行為，包括今天的訪問，都不代表ＮＢＣ的立場，也不會獲得ＮＢＣ的背書。這一點不僅你要知道，所有你訪問的對象也要搞清楚。」

「我的看法你清楚。」我回他。「但我理解也尊重你的立場。」

卡諾沙到場後，我老實跟她說了目前新聞的命運未卜。我跟她說訪談依舊很有價值，並且我會拚死讓拍攝內容能公諸於世。她並沒有打退堂鼓，於是攝影機在那天晚上轉動了起來。那段訪談讓她情緒非常激動。「他創造出一個環境讓你裝聾作啞會比仗義執言輕鬆得多。」卡諾沙說起溫斯坦。

「對那些掙扎著要不要認定這是條大新聞，或是不知道要不要把妳的指控當回事的媒體，」我做球給她說，「妳有什麼話想對他們說？」

「如果你們不播這新聞，如果你們不挺身揭發他，那你們就是站在歷史錯誤的一方。」她說。

「他一定會被揭穿真面目，所以你們愈早站出來愈好，免得日後被人發現你們明明掌握了資料卻按下不表，誰知道這之後還有多少個年頭，還有多少女性會因為你們的一己之私，歷經原本不需要歷經的痛苦。」

第三十二章　颶風

那個八月的最後幾個禮拜，最終強度會達到四級的颶風逼近了墨西哥灣。隨著艾蜜莉．聶斯特跟我在布蘭特伍德（Brentwood）一間咖啡廳坐定，天災的慘狀在角落的電視畫面上閃爍。聶斯特跟我說過，若ＮＢＣ有需要，那她對露臉受訪抱持開放態度。如今她也沒有退縮的跡象，只是我還沒告訴她ＮＢＣ已從這新聞的背後抽腿，也沒跟她說公開發言如今代表她得接受平面媒體的事實查核。

「我想問妳是否還願意把名字秀出來。」我說。我告訴她自己會把稿子交給《紐約客》，而雜誌社會根據這份稿子判定要不要接下這份報導。我告訴她，每一個名字都還是非常關鍵。

「我這段時間想了很久。」她說。我仔細看著眼前這張跟我非親非故，卻應我之託，要把人生搞得天翻地覆，然後枯等了我幾個月的面孔。她沉默了一會兒，然後開口說，「我願意。」

我衝到咖啡店外去把稿子做最後的修飾，最後對於這份《紐約客》還在考慮，但ＮＢＣ已確定放棄的新聞，我的稿子是這麼形容的：

在九個月的調查過程裡，五名女性當我的面指控哈維．溫斯坦犯下多起性騷擾與性虐待。相關的指控包括對員工提出不恰當的性邀約，到他在紐約警局錄音帶裡承認的撫摸觸碰，再到兩件當事人宣稱強暴的案子。這些指控的時間跨度長達將近二十年。許多這些女性都曾經是溫斯坦的員工，而她們的故事都提到溫斯坦會用公事為由，把她們引誘過去飯店開會，然後在那裡對她們發動以性為目的的攻勢。在至少三筆案例中，溫斯坦以重金和解加嚴格保密協定的組合，避免事情進入到犯罪調查的程序或公共討論的領域。

十六名出身溫斯坦旗下企業的卸／現任主管或助理，都證實了相關的指控屬實。這些前主管或助理都說他們目擊了違反當事人意願的性邀約、不當的身體觸碰，而他們觀察到的模式是溫斯坦會濫用公司資源來安排被指控的性約會，一如受害者所指控的那樣。

我寄了稿子給佛立－孟德森。在強納生家客廳裡那關靜音的電視螢幕上，那年正好也叫哈維的颶風肆虐著。

❖

回到洛克斐勒廣場三十號，電話不斷從溫斯坦與其代言人處打來。一天下午，蘭尼．戴維斯接到了來自溫斯坦的一項請求，性質類似波伊斯處理過的那種。由此戴維斯參加了一場由溫斯坦團隊跟《紐約時報》兩造共同召開的會議，目的在討論溫斯坦遭控挪用愛滋病研究基金會募得的善款。這之後溫斯坦告訴戴維斯說，「我剛跟NBC的某人談過話。你可以過去確認一下那條新聞的狀況嗎？」

「哈維。」戴維斯說。「我說過這種扯到女人的問題不要找我。」

「我只是想請你過去一下，在大廳跟某人碰個頭，問一下新聞的狀況如何而已。」溫斯坦說。

「也行，但我要個人陪我去。」戴維斯說。

聞戴維斯此言，溫斯坦緊張了起來。「你想怎樣？」他問。

「因為這原本不是我應該處理的事情，同時我希望現場有個人能幫忙確認我都說了些什麼。」

溫斯坦有些許惱火，但還是答應下來，而戴維斯便在一名溫斯坦影業員工的陪同下，前往了洛克斐勒三十號。在大理石的訪客櫃台邊，戴維斯說他來見諾亞・歐本海姆。

「歐本海姆先生知道我會來。」他對顧櫃台的助理說。日後NBC的說法是戴維斯突襲了歐本海姆。關於NBC的這項宣稱，戴維斯告訴我說，「有個字眼我平常很少用，也很不喜歡用，但我想這就是所謂的『說謊』吧。我百分百確定某人知道這是睜眼說瞎話。」

沒有爭議的是幾分鐘後，歐本海姆人下樓來。戴維斯帶在身邊的溫斯坦影業員工在一旁不遠處看著。

「羅南・法羅報導哈維的新聞，現在怎麼樣了？」戴維斯問。

歐本海姆隨即答道，「喔，他已經沒有在做那條新聞了。」他說。「他已經沒在替我們工作了。」這種回答方式讓戴維斯納悶我是不是根本被開除了。

❖

九月五日我前往《紐約客》的那天，氣候依舊炎熱。在向上的電梯裡，我幾乎本能地在胸前比了個小小的十字架。蘭尼克與佛立—孟德森，外加律師柏托尼、執行編輯桃樂絲・威肯丹（Dorothy Wickenden）、雜誌公關主任娜塔莉・拉貝（Natalie Raabe），一票人集合在蘭尼克會議室的桌前，跟我面對面。我完全不知道蘭尼克會怎麼說。

「我想在場的應該都清楚這條新聞，」他說，「但你還是幫我們更新一下進度吧。」

我稍微講了一下稿子一開頭的概要，最後以卡諾沙的訪談如何順利進行作結。我提到了消息來源承受的壓力，包括女性證人與前員工接到的騷擾電話。

「這些消息來源願意在法庭上為他們告訴你的事情作證嗎？」柏托尼問。「你能感覺到他們願意做到這種程度嗎？」

我告訴柏托尼說我已經拿這個問題問過好幾名主要的消息來源，他們都說願意。

自此對話的節奏開始加快：蘭尼克與柏托尼輪流問起報導中的特定事件，乃至於有哪些證據支撐當中的情節。關於那名對聶斯特坦承知悉溫斯坦行為模式的主管萊特，我是否有他傳來的訊息？我有。古提耶若茲是否願意把合約提供給我們觀看？她願意。此時已經對這則新聞知之甚詳的佛立－孟德森會以固定的頻率在一旁幫腔。她甚至會協助提醒大家別忘了哪裡有個次級消息來源，哪裡又有份重要的文件。

後來，在場的好幾個人都用上了同一批形容詞來說我：悲傷、急切、不停地為可能出現的反對意見消毒。其中一位說我活像是在論文口試。

我想起了幾星期前，歐本海姆第一次封殺這條新聞時的那場會議。我端詳起面前幾個人的臉孔，盤算著該如何讓他們了解事情的嚴重性。身為在雜誌業打滾了數十年的老將，威肯丹口氣和緩地說，「你這條新聞追很久了，是吧？」

我再次想起了席歐拉的聲音，想起了古提耶若茲如何在播放溫斯坦錄音時害怕瑟縮，想起了聶斯特如何下定決心。「我知道來到這得面對各種詰問，」我說，「我知道把這則新聞帶到這裡，意味著更多的審核、更多的事實確認。我只是單純覺得自己蒐集了這麼多證據，給它一次機會才對得起這條新聞。」

現場沉默了一陣，幾個人交換了眼色。

「好吧，」蘭尼克像場景換到另一部電影裡似的，用聽不出感情的聲音說道，「你得跟荻爾德合作。事實查核完畢前我們不能保證什麼。」

蘭尼克是號深思熟慮而內斂沉穩的人物。他刊出過調查員西摩・赫希（Seymour Hersh）在阿富汗與巴基斯坦問題上引發爭議的國安報導，他登過勞倫斯・萊特（Lawrence Wright）針對山達基（科學教，Scientology）教會進行的調查結果。但這次他面對的是嶄新而獨特的挑戰。「我們這次要直攻中路。」他說。「只讓事實說話。」

❖

沒過多久，在紐約公園大道的洛斯麗晶（Loews Regency）酒店裡，哈維・溫斯坦先見了一名女演員，然後退到角落跟一名老夥伴碰頭——《國家詢問報》的狄倫・霍華。那時的霍華已經跟溫斯坦過從甚密。往往霍華會在同事找他時脫口說出，「我跟哈維在一起。」霍華拿出了好幾本厚厚的馬尼拉紙檔案。他跟溫斯坦花了接下來的幾個小時檢視檔案內容，並把頭湊在一起好方便說悄悄話。在某個點上，溫斯坦的一名助理走到兩人桌邊，通知說溫斯坦有電話找。溫斯坦匆忙蓋住了桌上的文件。「**妳他媽**的跑回來這裡幹嘛？」他大小聲起來。霍華對助理使了一道同情的眼神，後來還對那名助理說，「妳這工作還真不是人做的！」

霍華對溫斯坦之敵的專注始終沒有停止，其中麥特・勞爾也是他很早圈起來，而且始終保持著興趣的對象。自從霍華檢視過跟勞爾有關的「檔案垃圾桶」，也就是那些被砍掉而沒有播出的報導後，《國家詢問報》已經連著刊出三條關於這位《今日秀》主播的負面消息了，今天在洛斯麗晶見過溫斯坦後就會有第四條，而每條報導都專門在講勞爾的不忠，尤其是在職場上的不忠。「ＮＢＣ給了狡猾的勞爾又一次機會。」其中一個標題寫道；而另外一道標題則寫著：「嘿，麥特，那不是你老婆！」

第三十三章　灰雁

此時，溫斯坦已經開始狗急跳牆，由此他按例對媒體使出恐嚇與發揮影響力的組合技。美國媒體公司的大衛．佩克做為霍華的老闆，一直以來都是溫斯坦的盟友，但他近期在溫斯坦的電郵中也出現得比以往頻繁。「親愛的大衛，我剛剛想聯絡你。」溫斯坦在那年九月底寫信說。「你現在方便講電話嗎？」佩克回說。「我人在沙烏地阿拉伯出差。」後來溫斯坦提議結盟收購《滾石》雜誌來擴充佩克的媒體帝國版圖，讓他更能在幕後進行操控。佩克一開始並不接受，但後來還是照辦了。「我可以藉此降低營運成本，並讓獲利來到千萬美金之譜……願意的話你可以用四千五百萬美元持股百分之五十二。我會很樂意替你處理所有的公司後台營運，另外紙本跟數位發行也都包在我身上。」

同時，溫斯坦也開始更用力地把觸角伸進ＮＢＣ。許多電郵與電話被發給或打給了歐本海姆的前任黛博拉．特尼斯，她現職是負責管理國際新聞內容。溫斯坦提議跟特尼斯談個合作案，主要是他手上有支談柯林頓的紀錄片。「你的希拉蕊紀錄片系列聽起來很令人驚豔。」特尼斯寫道。「我願意在此承諾把我們的平台變成『希拉蕊頻道』好幾晚！」

那個月月底，溫斯坦寄了一封電郵給朗．梅爾（Ron Meyer），環球影業的資深負責人兼當時的ＮＢＣ環球集團副董。「親愛的朗，」他寫道，「我想跟你談談把我們的家庭影片（home video；居家影片服務）跟VOD（隨選即看）業務交給環球弄——我們已經在跟你們的人員洽談，但我總覺得應該跟上面的人打聲招呼。」梅爾回說，「我很樂見這事能成。」來自溫斯坦影業營運長大衛．葛拉瑟（David Glasser）的一封封電郵顯示合作案日漸成形。投資條件書被擬了出來，呈交給公司的高階管理層審核。葛拉瑟的團隊開始跟NBC環球的兩名居家娛樂部門主管討論細部的合約內容。「我很期待雙方的合作。」梅爾很快回信說。「如我跟你說過的，要是有誰說了一個不字，請務必告訴我。」結果這合作案是以不了了之作收。

在蘭尼．戴維斯與歐本海姆見過面並有了回報，還有波伊斯去電列克更新進度後，溫斯坦像是鬆了口氣。溫斯坦視這兩筆回應是羅南新聞已經被拿掉了的鐵證，甚至他覺得連我都可能被開刀砍掉了。但他還想要更多的確認。他下令自家法務對NBC的法務進行新一輪的奪命連環call。沒多久蘇珊．維納就與戴維斯手下一名律師通上電話，而她也口徑一致地說我已經不替NBC新聞網工作了。

❖

我對這一切一無所知。就我當時所知，我跟NBC新聞網的合約還沒走完，而且我還打算跟他們續約。新聞被封殺固然於我是個打擊，但我仍對新聞網、對我在那兒的上司有分忠心。葛林柏格說過要在未來幾年給我在調查新聞上更多發揮空間，《今日秀》執行製作唐．納許（Don Nash）則提議要拔擢我成為該節目的主要調查特派員。

那年九一一當天，在麥克修跟我拍完手上一則醫療新聞回公司後，我又被叫到歐本海姆的辦公室裡坐下。我們閒聊了一下他的好萊塢企畫，包括一個醞釀許久的劇本是以脫逃大師胡迪尼（Harry Houdini）為題。他正在思考可能的主角人選，我建議麥可．法斯賓達（Michael Fassbender）。歐本海姆跳回了曾經的劇作家身分，諷刺地學起好萊塢經紀人的說法：法斯賓達沒有空檔拍新片。我咕噥《刺客教條》（*Assassin's Creed*）裡某些可以吐嘈的地方，而最終我們算是找到了共通點，好萊塢總歸有東西能讓我們一起討厭。

我跟歐本海姆分享了我對未來的期許，而他則帶著同情的眼光說他會研究看看。「但我們實在沒有預算空間讓你留在公司了。」

「喔。」我說。

他表示新聞網或許能零星發案給我。「但我們不能保證固定有東西給你。」他說。「對不起我盡力了。」

面談完我打了電話給麥克修，跟他說了狀況。「所以我馬上要失業了。那我們的夢也不可能實現了：你變成媒體大亨，我有自己的節目……」

「反正你早上起不來。」他說。

❖

回到洛杉磯，在強納生的家裡，我接到一通電話是陌生的英國號碼。來電者自稱是賽斯・費里德曼，一個文章常見於《衛報》的寫手。他說他在「聯合各報記者寫一篇講電影業日常生活的軟調報導。」

他話說得不明所以，讓人感覺奇怪以外還非常模糊。「我們在進行調查時拿到一些不能用的資料。」費里德曼說。「我來電的目的，基本上，是想看看這些東西你用不用得上。」

他問起麥高文，並說她「對我們在做的東西幫了不少忙。」然後他表示願意替我跟另一名大咖的消息來源牽線，條件是我把手上的報導內容跟他說說。

「我跟某人談過，那人說：『法羅先生可能在做跟你相關的東西。』」

「是誰說我可能會對你不能用的東西感興趣？」

「可以的話，我希望保留對方的名字。沒有惡意，只是說了法羅先生在做類似東西的人不希望被捲入其中。」

我告訴費里德曼我對線索持開放態度，但我手上的資料不能告訴他。他沉默了一下，感覺不是很能接受。「假設某甲指控了某乙做了什麼事情，誹謗法在英國是非常嚴格的，光說『X小姐說Y先生怎樣怎樣』，在英國是不會有人登的，除非你能拿出某種確切的證據。在美國不是這樣嗎？你可以隨便登說『這個人說了那個人什麼』嗎？還是你也得以某種方式來證明自己所言不虛？」那聽來像是在警告我。「除非我知道你們到底在寫什麼報導，否則我這邊真的無可奉告。」我告訴他，並委婉掛了電話。費里德曼那個月打了好幾通類似的電話，而透過電郵與WhatsApp指示他這麼做的是黑立方的一名專案經理。

❖

在我跟歐本海姆會面完大約兩個禮拜後，蘇珊・維納打了電話給我。「我來電的目的是我們持續針對溫斯坦先生的報導收到檢舉。」她說。「我以為我們已經把話說得很清楚了，那就是NBC跟這則報導沒有任何瓜葛。」

我告訴維納說歐本海姆說得很清楚。他說NBC不能跑第一個，所以我們還在看怎麼樣讓電視版本復活，好讓NBC在平面媒體揭露後有東西可播。葛林柏格好幾次對麥克修說過，這一條路沒被徹底堵住。

「我沒有辦法代表李奇跟諾亞發言，但我的理解是NBC永遠無意成為這篇報導的任何一部分。」她說。「NBC不想跟這條新聞一起被提到。同時我們被告知說，你一直自稱是NBC的記者。」

哈維．溫斯坦於此時，已廣泛取得我寫給消息來源的自介電郵。維納念起了其中一封。「我看到這裡你說你在替NBC新聞報導東西。」她說。

「嗯，這話沒錯啊。不是嗎。」我回答。我對消息來源一向開誠布公。但自從有平面媒體認了這條新聞之後，我就沒再提NBC與這條新聞有任何關係了。但當然我還是會提到我跟NBC的淵源，畢竟那也是我資歷的一環。再者，即便在與歐本海姆談過預算之後，我的想法依舊是不希望與NBC分手，就算偶爾來個小案子我也能夠接受。

「我的理解是你的合約已經到期。」維納說。「未來若你以任何形式暗指NBC與這條新聞有關，我們會被迫公布這一點。」

「蘇珊，我們同事這麼多年了。」我說。「妳盡可去跟諾亞保證我不會把NBC扯進來，但妳沒必要把事情做到——」

「很顯然我們也不想在公領域討論你的合約狀況，但萬一我們再收到任何申訴或舉報，那就是你逼我們的。諾亞希望確保不要在任何與這新聞有關的通訊內容中，出現NBC這個字。」

❖

在跟周遭許多人的對話中，溫斯坦開始喜形於色。「他開始到處說，『如果我能讓電視新聞網把一則報導給砍了，一家報紙算得了什麼？』」有個人記得他是這麼說的，而溫斯坦口中的報社應該是找他麻煩的《紐約時報》。「他像是打了勝仗。」一名溫斯坦影業的資深主管說。「他會借題發揮來吼我們。」他會說，「我讓他們把這該死的新聞給宰了，這裡除了我，其他人都在忙什麼？」

在維納打給我的前一天，一天工作快要結束前，溫斯坦寄了封很感性的信給歐本海姆，頗有要盡釋前嫌之意。

寄件者：「HW辦公室」<HW[redacted]
日期：二〇一七年九月二十五日，星期一，下午四點五十三分
收件者：NBC環球 noah[redacted]
主旨：哈維．溫斯坦來信

親愛的諾亞：

我知道我們這段時間有過不同的立場，但我的團隊跟我今天看到梅根．凱利，她的表現好極了——恭喜，而為了聊表慶祝，我想寄一個小小的禮物過去。節目的格式也好極了。有什麼我們幫得上之處，不用客氣，我們這兒有部不錯的電影跟一票製作中的電視節目。《威爾跟葛蕾絲》[43]那部分感人又好笑——真的，整個編排我的評語只有三句話，厲害、厲害，還是厲害。

祝一切順利

哈維

43 NBC的情境喜劇。

對此，歐本海姆回覆說：「謝了哈維，你的祝福我衷心感謝。」

這之後不久，溫斯坦的員工收到了平日讓他們知道禮物郵寄進度的訊息：「更新——」上頭寫著，「諾亞．歐本海姆收訖一瓶灰雁牌伏特加。」

第三十四章　信件

那整個九月，我在創新藝人經紀公司的代表一直打來。一開始是我的經紀人艾倫．伯格，後來是布萊恩．盧爾德（Bryan Lourd），艾倫的上司兼經紀公司的其中一名老闆。他們來電說溫斯坦一直在騷擾他們，而我告訴他們要是我手上關於溫斯坦的報導有了進展，我願意視狀況盡早與溫斯坦見面。但當盧爾德替我傳了話之後，溫斯坦卻怎麼也聽不進去。按照盧爾德的描述，溫斯坦親自跑到洛杉磯的經紀公司前咆哮了一個多小時。

「他說他不是聖人，但也改過自新很久了，但現在他感覺有人在翻他舊帳，有人硬是要把以前的帽子戴在現在的他頭上，」盧爾德說。「老實講我一直在想的是，我可沒有報名要扯進這種鳥事，為什麼我會這麼倒楣？」溫斯坦說他請了很多律師，還說他不想給我製造問題，所以我跟他最好趕緊見個面，開個會。

隔周的星期二，也就是我跟維納通電話的同一天，溫斯坦又寄了封電郵給盧爾德，內容是要立刻跟我對話，而盧爾德也在回覆中稟報：

這傢伙現在不肯見面

但他倒是說會盡快打電話給你

我想他肯定還在追那條新聞

布

那個星期五，溫斯坦仍不間斷地打給伯格跟盧爾德。溫斯坦告訴伯格說他的律師團已經萬事俱備，其中他特別提及了哈德、波伊斯，還有——伯格跟我提到時，讓我心頭一震的麗莎．布魯姆。

幾小時後，同一封信開始寄到經紀公司的各地分公司。這讓我聯想起《哈利波特》第一集，霍格華茲入學通知飛進壁爐、信箱跟窗戶的著名場面。伯格來電把信念給我聽，內容不是我錄取了霍格華茲，而是查爾斯．哈德代表溫斯坦，威脅要以他宣稱已與ＮＢＣ新聞達成的安排把我告上法庭：

親愛的法羅先生：

本法律事務所為溫斯坦影業的訴訟代表。

據我們所悉，您訪問了若干與溫斯坦影業相關之個人與／或其員工暨主管（合稱溫斯坦影業），還主動聯繫了其他涉及溫斯坦影業的個人來尋求額外的訪問機會，並一一對上述受訪對象表示您進行的新聞報導是代表ＮＢＣ環球新聞集團（下稱ＮＢＣ）所進行的行為。對此ＮＢＣ已以書面通知我們，該集團已無就關乎或涉及溫斯坦影業（包含其員工或主管）的任何新聞進行報導，且所有這類活動都已終止。由此：

1. 所有您已經進行或涉及的採訪，但凡與溫斯坦影業有關者（包括其員工與主管）均屬於

NBC而非您個人的財產，同時您也並未獲得NBC的授權使用當中的任何訪問內容。

2.由此我們要求您移交全數涉及溫斯坦影業（包含其員工與主管）的採訪內容給NBC環球集團執行副總兼副法務長蘇珊・維納，地址為紐約NY 10112洛克斐勒廣場三十號。

3.若NBC因任何理由授權您使用任何訪談內容，溫斯坦影業將針對您包含名譽毀損在內的非法行為要求NBC與您共同與分別負責。

4.由於您宣稱相關報導乃是為NBC進行的工作，因此您迄今進行過或涉及溫斯坦影業（含其員工與主管）的訪談，即日起全數失效，主要是NBC已宣告終止涉入此一新聞，因此您無權依任何目的使用任何訪談內容，若您執意如此，則會有不實陳述、背信與／或詐欺之嫌。

5.若您現時正與其他新聞媒體合作進行涉及溫斯坦影業（含其員工與主管）的調查或報導，請將該新聞媒體暨其與你接洽的一或多個窗口提供我姓名與聯絡方式，以便於我們將本事務所客戶的權益主張通知他們。

6.若您現時或未來有任何企圖要刊出或散布涉及溫斯坦影業（含其員工與主管）的任何新聞或言論，我們都要求您將欲刊出或散布的內容（包含由您本人或任何第三方做成的言論）逐條列成清單，然後經由本事務所提供給我的客戶，以便我的客戶可以在當中出現不實與誹謗言論時另行通知您，藉此要求您停止刊出或散布任何類似的言論，否則我們將對您提出求償數百萬的訴訟，並要求您必須在刊出或散布任何報導或言論前給我客戶（至少十五天的）時間來提供您正式回應。

7.我們要求您即日起終止所有與溫斯坦在職與離職員工或包商的通聯。相關人等已全都簽署保密協定，而您之前或未來的任何通聯都將構成對我等合約故意侵權。

信中有多頁內容提及要我保存文件來因應將至的訴訟。NBC後來否認曾與溫斯坦達成任何協議，並說哈德扭曲並謊稱他們的通訊內容。

我把信轉給了柏托尼。「我不想無視這封信，但又覺得這信實在很搞笑。」他說。他不覺得NBC對訪談內容的著作權主張有那麼理所當然，更不覺得新聞網除了拿這嚇唬人以外還能真的去提告。但話說回來，他後來回憶說，信中如此信誓旦旦說報導已經被書面終止的言論，還是「令我相當吃驚。」

❖

那年夏天最後一次與麗莎．布魯姆通電話時，我向她表達了震驚之意。

「麗莎，妳發誓過身為律師跟朋友，妳決不會把事情透露給他的人。」我說。

「羅南。」她說。「我就是他的人。」

我回想起她的來電跟訊息，還有逼著我透露情報、把她的客戶垂在我眼前晃啊晃，慫恿我跟布蕾．查納見面等的語音留言。布魯姆提醒我說她提過她認識溫斯坦跟波伊斯，但那是在她承諾會守口如瓶之後，而且她也沒有表明自己之所以問東問西，是因為溫斯坦委任她處理的就是這些事情。

布魯姆告訴我說，溫斯坦已簽下她一本書的選擇權合約（下一步就是正式簽片約），所以她的處境相當尷尬。「羅南，你要回頭是岸跟我們合作，我可以幫你。我可以去跟大衛和哈維說情。我可以幫你把大事化小。」

「麗莎，你這麼說非常不恰當。」我說。

「我不確定你都跟哪些女人談過。」她說。「但她們的資料我都可以提供給你。如果是蘿絲・麥高文，那我們有她的檔案。這事剛鬧起來我就親自調查過她，她就是個瘋女人。」

冷靜下來後我告訴她說：「我很歡迎妳提供所有妳認為可能跟我在報導之事相關的資訊。」然後我掛了電話。關於麥高文的醜事，布魯姆從沒有說到做到地寄來。

第三十五章　祕密客

我並沒有接受哈德的威脅，甚至在柏托尼的建議下連回都沒回。我只是悶著頭繼續追新聞。那個月我終於跟蜜拉・索維諾（Mira Sorvino）通上電話。身為演員保羅・索維諾（Paul Sorvino）的女兒，蜜拉・索維諾的演藝生涯顛峰落在一九九〇年代。她在一九九五年以伍迪・艾倫自導自演的《非強力春藥》（*Mighty Aphrodite*）一片勇奪奧斯卡獎，而那正好是溫斯坦發行並特別提出來威脅NBC的電影。那之後有一兩年，她貨真價實地成了電影明星，而那也讓她領銜主演了另一部溫斯坦的電影《祕密客》（*Mimic*），之後她便幾乎消失在大銀幕前。

在我們的第一通電話裡，索維諾聽來有點不知所措。「我已經為這事幾乎斷送了整個職業生涯。」她對我說。她口中的「這事」，指的是她跟溫斯坦共事時，對方持續的性騷擾。在一九九五年九月的多倫多國際影展上宣傳《非強力春藥》時，她有天發現自己跟溫斯坦在飯店房間內孤男寡女。「他開始按摩我的肩膀，讓我感覺非常不舒服，接著動手動腳，有點像是在追著我跑。」她說。她一邊逃跑，溫斯坦一邊想要親她，而她只能隨機應變地擋開他，跟他說跟有婦之夫來往有違她的宗教信仰。然後她就離開了房間。

幾周後在紐約市，她的電話響於三更半夜。來電的溫斯坦說他有新的點子可以幫《非強力春藥》打片，要她見面詳談。索維諾提出說可以約在一家通宵營業的用餐處，但他說他要過來她的公寓，然後就掛了電話。「我嚇壞了。」她告訴我。她去電請男性友人過來假扮男友，但朋友還沒到，溫斯坦就先到了，還按起了門鈴。「哈維成功繞開了我的門房。」她說。「開門的時候我怕得不得了，只能在胸前揮舞我二十磅重的米克斯吉娃娃抵擋，算是死馬當活馬醫。」她告訴溫斯坦說自己新交了男朋友，而且已經在趕過來的路上，溫斯坦才悻悻然地離開。

索維諾說她感到害怕，感覺受到威脅；在她把這些性騷擾行為跟米拉麥克斯一名女員工提起後，對方的反應是「震驚與驚恐於我竟然敢說出來。」索維諾猶記「對方臉上的表情，就像我突然變成了放射性物質。」

索維諾確信被她拒絕後的溫斯坦會報復，把她列為黑名單，阻撓她在演藝之路的發展。但她也承認這一點很難證明。在《非強力春藥》後，索維諾仍出演了幾部溫斯坦發行的電影。

關於《祕密客》一片，溫斯坦與弟弟鮑伯曾開除了原本的導演吉勒摩．戴托羅（Guillermo del Toro），並違反他的意願重剪影片。此時索維諾曾跳出來代表戴托羅抗議。「我不能確切地說是因為《祕密客》引發的衝突，還是他曾經不當追求過我，」她告訴我，「但我強烈感覺到自己因為打槍他，並把性騷擾一事回報公司而遭到他報復。」後來她的懷疑會得到證實：導演彼得．傑克森（Peter Jackson）曾考慮過要把索維諾跟艾胥莉．賈德納入《魔戒》（*The Lord of the Rings*）的卡司中，但溫斯坦從中作梗。「我記得米拉麥克斯告訴我們說，她們非常難合作，說我們應該盡可能避開這兩個人。」傑克森後來對某記者這麼說過。「在當時，我們沒有理由質疑這些人說的話。回過頭看，我才意會到那很有可能是米拉麥克斯抹黑機器的權力在運轉。」

索維諾告訴我說她掙扎了好幾年要不要把事情說出來，她解釋說——像在對我但更像在對自己解釋——她的經驗其實不算太糟糕，所以不說似乎也無妨。但其實索維諾的指控，就像其他被騷擾但還不到性侵害程度的女性證詞一樣，都在確立溫斯坦「犯罪手法」（modus operandi）的過程中發揮了關鍵作用。

索維諾並不好攻破。她從哈佛畢業時拿到第二級的「極優等」（Magna Cum Laude）學位[44]，同時她也參與女性受虐的議題，倡議了不少慈善運動，其中包括擔任過聯合國打擊人口販賣的親善大使。很顯然在我們初始的幾次談話中，她進行著審慎的思慮與分析，而自己的道義責任正是她考量的一大重點。

「你第一次寫信來時，」她說，「我做了惡夢，我夢到你手拿攝影機出現，然後問起我跟伍迪．艾倫的工作經驗。」她說她對我姊姊的事情感到很遺憾，而我則尷尬且連珠炮地跳著話題，告訴她說我一半的朋友都跟艾倫合作過，這無損於她的表演，而我姊的事情是我姊的，不是我的，還說她不用在意這些事情。但我可以感受到她還在繼續擔心與糾結。

最終索維諾決定她願意幫忙，並在接下來的幾通電話中徹底公開發言。但這並不代表恐懼曾在她的聲音中稍退。「誰跳出來對抗像溫斯坦這樣的權力掮客，都會遭到懲戒。」她說，這讓我意會到她的害怕不光是出於職涯的考量。她問起我有沒有保鑣，擔不擔心「被失蹤」，怕不怕遭逢到不是意外的「意外」。我說我還好，做了些提防，但其實再一想，我發現我做的提防也就是罩子放比較亮，經常轉頭確認罷了。「你得小心一點。」她說。「我必須說他的人脈可不限於影視圈，要把人怎麼樣他也認識三教九流的兄弟。」

❖

各種聲音開始跌宕湧進。在蘿珊娜．阿奎特的窗口紛紛失聯之後，我找著了她的姊妹，而她的姊妹則承諾會幫我傳達請求。幾天後，阿奎特跟我通上電話。「我知道這天終究會來。」她說。「此刻鬱積在我胸口的焦慮——高到破表。」她坐了下來調整好心情。「我只是內心有『**危險**，**危險**』的警報持續在響」，她告訴我。

阿奎特告訴我在九〇年代初期，她曾為了拿新電影的腳本跟溫斯坦約在比佛利山飯店吃晚飯。來到飯店她被告知要到樓上見面，而且要進他房間。阿奎特記得她抵達房間後，溫斯坦只穿著白袍就來開門。他說他的脖子痠痛，需要按摩。她說自己有不錯的女按摩師可以推薦。「而他一把抓住我的手，」她說，「往他的脖子上放。」她把手往後一抽，溫斯坦又將之拉回來，而且這次直接朝著他勃起而一覽無遺的下體而去。「我的心臟跳得超快，我得趕緊決定是戰是逃。」她說。當時她告訴溫斯坦說，「我不來這一套。」

溫斯坦警告說她若拒絕他，就是犯下一個大錯，並同時點名了一名女星跟一個模特兒。他說這兩人都配合了他的性邀約，後來也都因此有很好的發展。阿奎特說她回應：「我不是那種女人。」然後轉身就走。阿奎特的故事很重要，是因為她的說法跟我聽過的其他描述恰好吻合：拿工作當理由把人叫來，等人來了再把會議搬到樓上的飯店房間裡，另外按摩與浴袍也都是固定出現的要素。

阿奎特與索維諾一樣，認定自己的生涯發展因為拒絕了溫斯坦而受到阻礙。「他讓我有好幾年非常難熬。」她說。她在《黑色追緝令》裡的小角色確實是事發後才拿到，但阿奎特覺得她能軋上那一小角，只是因為一，那角色真的很小，二，溫斯坦多少得賣大導演昆汀・塔倫提諾（Quentin Tarantino）的面子。而這點也跟索維諾的狀況有異曲同工之妙：索維諾也懷疑自己曾因跟塔倫提諾

---

44 僅次於第一級的最優等（Summa Cum Laude）學位。

交往，而讓溫斯坦投鼠忌器，但等她跟塔倫提諾散夥了，那道防護罩也隨之煙消雲散。後來塔倫提諾曾公開說他原本可以，也應該，多幫索維諾一點忙。

阿奎特如同索維諾，都曾經為弱勢與受剝削者發過聲。但大環境不容她掙脫。她說起好萊塢就像個無邊無底的共犯結構，而溫斯坦不過是其中的一名成員。「那是個大男人的俱樂部，一個名為好萊塢的黑手黨。」她說。「他們兄弟間會彼此照應。」在經過幾番對話之後，阿奎特同意成為報導的一部分。

當我告訴她說溫斯坦已經盯上我的報導後，阿奎特說，「他會拚命把人找到，然後讓他們閉嘴。會不惜傷害人。他就是這樣的人。」她不覺得這新聞有朝一日能見得天日。「他們會把所有站出來的女性鬥臭。」她說。「他們會對這些女子窮追不捨。被害者會莫名其妙變成加害人。」

此時黑立方已經又流通了另一份側寫，當中評估了阿奎特開口的可能性，並提及了她與麥高文的朋友關係，她在社群媒體上有關性行為方面不檢的貼文，甚至還講到她一名經歷過性虐待的家庭成員。

❖

我第一次與阿奎特談話的那天，麥高文的出版經紀人蕾西．林區寄了電郵給哈維．溫斯坦，建議兩人見個面。一周之後，溫斯坦、林區、林區所服務的版權經紀公司老闆珍．米勒（Jan Miller），三人一同坐在了蘭姆俱樂部（Lambs Club）這間位於曼哈頓中城，用老百老匯與好萊塢照片做為妝點的館子裡。林區跟米勒向溫斯坦推銷了各種她們購得的文字產權。「我剛跟蕾西．林區與珍用過晚飯，」溫斯坦寫信給了他公司的營運長葛拉瑟。溫斯坦描述了他覺得最精采的一段簡報，那是一個故事出自一本林區成功賣給他的書，內容在講警察暴力，「我在想這東西給Jay-Z用應該很不錯。」溫斯坦寫道。

❖

那年夏天，林區跟溫斯坦愈走愈近，主要是她怕不配合的話，他會對她手上跟他有關係的客戶不利。後來林區曾公開說她認為溫斯坦對她的興趣，僅限於她與麥高文的合作關係，而她只是配合演出而已。但假設林區真這麼想，那溫斯坦顯然不在狀況內。那天在蘭姆俱樂部，溫斯坦、林區與米勒談的都是業界的事，但溫斯坦還是給了兩位女士門票，讓她們可以去百老匯看音樂劇《致艾文．漢森》（*Dear Evan Hansen*）。

在林區介紹兩人認識後的幾個月內，麥高文與黛安娜．菲利浦不間斷地相約見面。有時她們會約在洛杉磯或紐約的酒吧，有時會一起散很久的步。有一回，麥高文帶著菲利浦去了加州的威尼斯海灘走木棧道，還買了冰淇淋邊走邊吃。演講邀約只是序幕而已，那年秋天，菲利浦已經認真論及要投資麥高文的製片公司。

那年九月在洛杉磯，這兩人見了菲利浦一名魯賓資本的男同事。他跟菲利浦一樣外貌出眾，說起話一口優雅且聽不出特定口音的英文。他自我介紹是保羅．羅倫（Paul Laurent），並對麥高文展現了與菲利浦不相上下的好奇心與注意力。這三人聊著他們是如何志同道合，如何想合力用說故事的方式來捍衛女性權益、賦予女性權力。

麥高文還在思考如何現身說法，而菲利浦則在一旁提供意見。這兩人討論著麥高文要如何不假情面地指認溫斯坦，而爆料的場面又該怎麼挑選。她們聊到了麥高文跟媒體說過的內容，也聊到了她書稿裡還是草稿的內容。在她們某次心心相印的深談裡，麥高文告訴菲利浦說除了她，這世上她誰也信不過。

第三十六章　獵人

有長達數個月的時間，消息來源不斷告知我義大利女演員艾莎．阿簡托有溫斯坦的故事可說。阿簡托的父親達里歐（Dario），是知名的恐怖片導演。阿簡托在溫斯坦發行的一部犯罪電影《女猴》（暫譯，*B. Monkey*）裡飾演過一名豔賊，而好萊塢也曾短暫期待走異國風的她成為電影裡「有致命吸引力」的美女典型，最好的例子就是她參與演出為馮迪索量身打造的《限制級戰警》（*xXx*或*Triple X*）。但時間證明這條路走不通，因為阿簡托個性有條修不掉的邊緣，你會感覺她好像有一道黑暗面，又像是有某個地方傷痕累累。

就跟我接觸其他許多人時一樣，找她的經紀人或經理人都是以碰壁收場。我另闢蹊徑在社群媒體上追蹤阿簡托，不久我們便成了會相互給對方照片按讚的網友。在我與阿奎特初次聊上話的那天，阿簡托跟我交換了文字訊息。沒多久我們就開始通起電話。

阿簡托嚇壞了，嚇到聲音都在抖。在一系列長度長而且往往情緒激動的訪談中，她告訴我說溫斯坦曾在兩人共事時性侵過她。一九九七年，她應邀參加一場地點在伊甸豪海角酒店（Hotel du Cap-Eden-Roc），她以為是米拉麥克斯辦在法國蔚藍海岸（French Riviera）的派對。發邀請函給她的是米拉麥克斯義大利分公司的負責人法布里齊歐，朗巴度（Fabrizio Lombardo）——只不過好幾名主管與員工都爆料說，朗巴度在這頭銜底下呼之欲出的真正身分，其實是溫斯坦駐歐洲的老鴇。對此，朗巴度從當時就一路否認至今。

他另外還否認了一件阿簡托接著告訴我的事：朗巴度帶她去的不是什麼公司派對，而是溫斯坦的飯店房間。她記得朗巴度告訴她，「喔，我們來早了，」然後就把她獨自留在只有溫斯坦在的房間裡。一開始溫斯坦還挺殷勤的，誇她演技很好。接著他先是離開了房間，然後回來時身上穿著浴袍，手裡握著瓶乳液。「他要我幫他按摩，而我的反應是，『欸，老兄，你當我傻子嗎。』」阿簡托告訴我。「但回頭看，我還真有點犯傻。」

阿簡托說她很不甘願地幫溫斯坦按起摩之後，他掀起她的裙子，用力分開了她的雙腿，然後開始在她連聲抗議下對其進行口交。「他一直不停下來，」她告訴我，「簡直是噩夢一場。」到了某個點上，她放棄了說不要，轉而假裝享受的模樣，因為她覺得不這樣溫斯坦不會罷休。「我一點都不想。」她告訴我。「我說了『不要不要不要』……當時的狀況非常扭曲。一個粗壯的胖子想吃了你。那就像個恐怖的童話故事。」不想打馬虎眼、堅持要把故事細節說清楚的阿簡托，說她沒有用身體去反抗他，而這一點讓她多年來悔恨交加。

「身為受害者，我感覺自己也有責任，」她說，「因為如果我是個強壯的女人，我就可以踹他的下體然後跑掉。但我沒有這麼做。所以我覺得自己也有錯。」她形容這次的事件於她是「嚴重的創傷」。那之後阿簡托說「他並沒有斷了跟我的聯繫。」事實上她形容溫斯坦採取了幾乎是「跟蹤狂」的行徑。連著數月，溫斯坦感覺非常執著，一直拿價值不菲的禮物要送她。阿簡托自承事情會愈變愈複雜，是因為她最終沒能拒絕溫斯坦的不當追求到底。「他把事情弄得好像他是我的朋友，然後真的很珍惜我。」之後的幾年她斷斷續續跟他上了幾次床，其中一次距離她指稱的性侵害有數月之久，時間點就在《女猴》上映前。「我有一種好像非那麼做不可的感覺。」她說。「新片上映在即，我實在不想惹他生氣。」她認定自己要是不配合，溫斯坦一定會在工作上毀了她。幾年後當她成為得托育孩子的單親媽媽時，溫斯坦主動表示願意負擔保姆費用。她說她覺得自己「有義務」接納為了性找上門的他。她形容那些性接觸比較是一廂情願，基本上是在「自慰」。

對許多性侵害的倖存者而言，現實就是這麼剪不斷理還亂：犯下這些罪行的往往是受害者的上司、老闆，或者家族成員，總之都是妳事後無法避而不見的人。阿簡托表示她知道後續的性接觸會成為話柄，她的可信度將因此飽受攻擊。她提供了各種解釋來說明她為何回到溫斯坦身邊。她被嚇到了，被他的緊迫盯人弄得疲憊不堪。第一次的性侵害，讓她之後再遇到溫斯坦都矮上一截而無力反抗，即便事隔多年。「他一出現在我面前，我就會覺得自己縮小了一點，笨了一點，也弱了一點。」她拚命解釋到崩潰。「從強暴那天開始，」她說，「他就已經贏了。」

比起其他任何一位消息來源，阿簡托集更多的矛盾衝突於一身。在加入我的報導後，她與演員吉米·班奈特（Jimmy Bennett）達成了財務和解，因為對方宣稱她曾於他年僅十七歲時與其發生性關係，由此她遭指控虐童。在加州，也就是班奈特宣稱事件發生之處，與未成年者性交構成法定明文的強暴。阿簡托的律師後來駁斥了班奈特的陳述，反過來指控他「性侵害」阿簡托，並表示付錢給他雖然有求和的概念在內，但和解內容並未禁止班奈特自由表達他的主張。媒體仍評論阿簡托的行為有其偽善之處，畢竟她對外說迫害自己的，正是很愛用和解來逼人閉嘴的傢伙。

惟阿簡托與班奈特的和解並不影響一項無法否認的事實：阿簡托講到哈維·溫斯坦時句句屬實，目擊者與當時有所聽聞的人都能作證。性虐待的加害人也可以是另外一件性虐待的受害人與倖存者，這兩者並不衝突。事實上任何熟悉性侵犯的心理學者，都知道這兩種身分經常重合，惟這種違反直覺的概念在大環境裡並沒有市場可言，畢竟我們都想當然耳地認為被害者需要是純潔無瑕的聖人，否則就該被貶為罪人。那年夏天開口的是一群女人，也是一群普通人。包括阿簡托在內，她們站出來是一件很勇敢的事情，並不等於承認她們日後都不會犯錯。

即便在和解醜聞爆出前，阿簡托就已是根飽受攻擊的避雷針。社會污名固然讓每位消息來源都非常痛苦，在義大利更值得一提的是，一如古提耶若茲的案例所顯示的，這個歐洲國家充滿性別歧視的文化脈絡。在她跳出來指控溫斯坦後，義大利媒體直接將「妓女」一詞烙印在她的身上。

在我們那年秋天透過電話的對話中，阿簡托似乎也意識到自己是隻「斑馬」，名聲時黑時白。尤其她明白在義大利這樣的環境裡，她很難在指控的過程中不被大卸八塊。「我他媽的才不管別人怎麼說我，這些年我已經自毀名譽得差不多了，畢竟包括這次，這些年來發生了那麼多事情，受了那麼多打擊。」她告訴我。「這次我一定會搞到屍骨無存，我的人生、我的前途、我的一切都難以倖存。」我告訴她說選擇百分百是她的，但也說我相信她有能力幫助其他女性。在阿簡托左右為難之際，她的伴侶兼電視名廚安東尼．波登（Anthony Bourdain）發揮了臨門一腳的作用。他反覆告訴她要堅持下去，因為這是對的事，是會讓世界變好的事。阿簡托決定聽他的。

❖

相關的證詞開始開枝散葉。索維諾指點我去找蘇菲．迪克斯（Sophie Dix），這名多年前跟她說過一個「鬼故事」的英國女演員。迪克斯在九〇年代初期演過由溫斯坦發行，柯林．佛斯（Colin Firth）主演的電影《快樂的回憶》（*The Advocate*），但那之後就開始銷聲匿跡。我接觸她時，她一開始有點憂心忡忡。「我真的很怕他會來追殺我。」她曾如此寫道。「也許我不要站出來被點到名，會比較好。」但在經過六通電話的懇談後，她告訴我溫斯坦曾邀她去飯店房間看電影毛片，然後把她推倒在床上，扯掉她的衣服。她逃到浴室躲了一會兒，然後一開門就看到溫斯坦在自慰。她之所以能全身而退，是因為客房服務正好來敲門。他是「很典型」那種「聽不懂『不要』是什麼意思」的人，她說。「我大概跟他說了一千次不要吧。」

就跟這則報導的所有指控一樣，迪克斯的說詞有憑有據，包括她當時曾把細節告訴身邊的人。迪克斯的朋友跟同事都很同情她，但也沒多管閒事。柯林・佛斯跟塔倫提諾一樣，都在事後加入了電影圈男性公開道歉的行列，他們都很抱歉自己沒把事情聽進腦子裡。迪克斯跟很多人說過溫斯坦那年稍晚曾來電對她說，「我很抱歉，有什麼我能替你做的嗎？」她感覺到這表面上的道歉透露著一絲威脅，很快掛了電話。自此迪克斯對這一行徹底幻滅，開始與演戲之路漸行漸遠。我們談話的當時她以作家跟製作人為業，擔心後遺症會擴散至她如今仰賴拍片的業界同事。在一票勸說她別怕的朋友中，瑞秋・懷茲（Rachel Weisz）也名列其中。迪克斯把她的名字放進了自己的故事中。

❖

接著，阿簡托替我牽線的是法國女星艾瑪・德・考尼斯（Emma de Caunes）。德・考尼斯說她認識溫斯坦是在二〇一〇年，坎城影展的一場宴會上，然後相隔數月，她應他之邀去巴黎的麗池酒店參加一場午餐會。會中溫斯坦對德・考尼斯說，他有部知名導演的電影馬上要開拍，外景地估計就在法國，而且裡頭會有一個很強大的女性角色。一如迪克斯與卡諾沙的遭遇，德・考尼斯也被編了個理由拐到他房間裡：他說這部電影是文字作品改編，書名他可以透露，但兩人得一起去樓上看原書。

德・考尼斯看穿了他的意圖，便推託她有電視主持工作要先走。只是溫斯坦還是苦苦哀求，直到她同意上去看一下。到了樓上房間他便消失在洗手間裡，但門開著，她以為他是去洗手，但裡頭傳來了淋浴的聲音。「搞什麼，他是在洗澡嗎？」

從浴室出來的溫斯坦一絲不掛還看得出勃起。他要求她躺在床上，並告訴她說之前許多女人都已經這樣做過了。「我嚇壞了。」德．考尼斯說。「但我不想讓他看出我嚇壞了，因為我感覺得出我愈是激動，他就愈是興奮。」她說。「我們就像獵人跟野生動物，我的恐懼會是他的春藥。」德．考尼斯隨即告訴溫斯坦說她要走了，而這也讓他慌了。「我們什麼都還沒做呢！」她記得他說，「這裡就像華德．迪士尼的電影耶！」

德．考尼斯告訴我，「我看著他說——那耗盡了我所有勇氣，但我說了句：『我一直都很討厭迪士尼電影。』然後就甩上門走了。」溫斯坦接著連打了幾個小時的電話，說要給她禮物，還不停堅稱什麼事都沒有發生。一名跟她合作電視節目的導播說她抵達攝影棚時心情明顯受到影響，但也證明說她確實講述了事情的經過。

當時三十出頭的德．考尼斯已經是個站穩腳步的演員，她不敢想弱勢的年輕女性遇到同樣的狀況會怎麼樣，而她最終也是想到這一層，才決定公開站出來。「我知道好萊塢的每個人——真的是每個人，都很清楚有這種事情存在。」德．考尼斯說。「他根本不躲躲藏藏。我是說，他那種作法大家都看在眼裡，也都知道是怎麼一回事，但大家都怕到不敢多說一句。」

第三十七章　搶劫

我幾乎每天都會遇上死胡同，主要是有些指控者會完全拒絕開口。那整個夏天，我一直追著一個名叫羅蘭．歐康納（Lauren O'Connor）的人跑，她曾經是溫斯坦影業裡的版權代理。二〇一五年，她撰寫了一份內部的備忘錄，內容是抱怨溫斯坦對員工的行為。溫斯坦曾對她出言不遜，而她也慢慢得知了他的獵豔習性。曾經有年輕女性用力敲起她的飯店房間門板，然後在她面前邊哭邊抖地說出那熟悉的套路：溫斯坦要她幫他按摩。「我是個二十八歲，想要混口飯吃並希望在這一行有點前途的女人。」歐康納在備忘錄裡寫著。「哈維．溫斯坦是個六十四歲的世界級名人，也是這間公司的老闆。這當中的權力平衡是我零分，哈維．溫斯坦十分。」但歐康納簽過保密協定而嚇得什麼都不敢說。九月底，一名中間人打來說歐康納問過律師，做出了最後的決定。「她很害怕，不想跟人談，誰來都一樣。」中間人這麼告訴我。歐康納不希望我在報導裡用她的名字。

這對我是一次打擊。我從文件上得知她的姓名，但中間人描繪的是她赤裸裸的恐慌。我的尷尬在於身為一名寫新聞關乎女性授權的男性，遭遇到一名女性的自主意願是不想讓自己的生活被這新聞搞翻天。假以時日，她會慢慢把自己的故事端到檯面上來講，但在當下，我只能先承諾新聞裡不會提她。

然後還有些人會猶豫不決。女演員克萊兒．馥蘭妮（Claire Forlani）日後在社群媒體上刊出了一封公開信，內容講述了她對於要不要向我指控溫斯坦騷擾她一事，那反覆掙扎的心路歷程。「我跟身邊一些比較親近的男性說了這事，他們全都建議我不要聲張。」她寫道。「我已經跟羅南說過我會跟他談談，但出於身邊的人給的建議——尤其很有趣的是男性的建議，我最終沒有把電話打出去。」

❖

我遊說好萊塢的人想得到更多線索。有些人雖跟溫斯坦有往來，但看來是真的對他周遭的爭議所知不多。九月底，我聯絡上因為拍片而與溫斯坦結識多年的梅莉史翠普。她最近的一座奧斯卡獎，是演出了柴契爾夫人傳記電影《鐵娘子：堅固柔情》，而那正是溫斯坦發行的電影。我們聯絡上時，她正在主持某個第五十屆的同學會。「我正手忙腳亂在邊主持邊煮菜。」梅莉史翠普寫道。

「聽起來你那邊雄雄很瘋狂。」我透過電話說。她反應超快地答道，「是雌雌[45]很瘋狂，今天都女的。」

她哼著歌，用明亮開朗的聲音問我在報的人是誰。

我告訴她說是哈維·溫斯坦。她倒抽一口氣。「可是他支持很多很棒的議題耶。」她說。溫斯坦在她身邊一向很安分。她看過他辦的民主黨募款餐會與慈善活動，甚至自己也參加了幾場。她知道他在剪輯室裡是個惡霸，但也就如此而已。

「我相信她。」我後來告訴強納生。

「但她說什麼你都會相信，是吧？」他丟了一個思想練習過來。

「嗯，也是啦。」

「因為她是梅莉——」

「因為她是梅莉史翠普，我懂。」

❖

其他我接觸到的業界前輩，則聽起來跟梅姨有不同的感覺。他們會說溫斯坦的獵豔是公開的祕密。他們就算沒有親眼見到，也起碼聽某人說過。蘇珊・莎蘭登（Susan Sarandon）稱得上倫理道德界的未來人，她多年來都堅拒一個說法，就是她與被控是獵豔者的人合作。這樣的她肆無忌憚地跟我腦力激盪起了線索。聽到我口中的計畫，她咯咯笑了一聲。「喔，羅南。」像要唱起歌似地進入了調戲模式，不是那種惡意的訕笑，只是想到我身上會有好戲可看而難掩喜悅。「你麻煩大了。」

還有些人似乎會跟溫斯坦回報。我在跟導演布瑞特・賴特納（Brett Ratner）聯繫時，曾哀求他絕對要保密。我跟他說萬一溫斯坦知道了，可能會對外面某些弱勢女子不利。「為了她們，我想請你不要把我提到的事情說出去，這您不介意吧？」我問。賴特納保證他會守口如瓶。他說他知道有個女人可能有關於溫斯坦的故事可以講，但他口氣聽來有點惶惶不安。幾個月後，六名女子共同指控賴特納性騷擾的新聞，登在了《洛杉磯時報》上——惟他否認了其中好幾則指控。他幾乎是第一時間就把我找上他的事情告知溫斯坦。

45 原文中，作者先用了maelstrom（海上的漩渦；前半部的發音同意思是男性的male）這個字來表示同學會很瘋狂，梅莉史翠普在回答羅南的時候把maelstrom改成femalestrom（female加maelstrom的組合字，非正式英文單字）來表示這天來參加活動的都是女性。對此譯文分別以雄雄（坊間亦常作熊熊：台語猛然、突然之意思）以及對應的雌雌來呈現這種文字遊戲。

「哈維說布瑞特・賴特納打給他，然後他現在非常激動。」伯格告訴我的時候用上那種**我完蛋了**的口氣，而這已經是我們當時對談時的基本調性。身為我的經紀人，伯格一直很支持我做這則報導，只不過偶爾想到這對我前途的影響會有點跳腳。「這搞得前面太多減速路障了。」他說。「要麼衝，要麼退一步海闊天空。」

❖

溫斯坦也在四處拉攏人心。隨著時間從九月進入十月，他找上宣稱我有利益衝突這一說法中的核心人物。溫斯坦讓助理打了電話，而在紐約中央公園的一處電影拍攝現場，另一名助理把電話遞給了伍迪・艾倫。

溫斯坦似乎希望伍迪・艾倫能傳授他幾招——如何擰熄性侵害的指控、如何處理我。「你都怎麼處理這些事情？」溫斯坦問起。他想知道艾倫會不會自己跳出來為自己辯護。艾倫說萬萬不可，但他確實也授予了一些溫斯坦後來用得上的招數。那個禮拜，溫斯坦的信用卡帳單顯示他買了一本艾倫的訪談錄，作者是艾倫的死忠影迷，當中記錄了所有艾倫與他的私家調查員大軍及公關人員所設想出來，用以抹黑別人的主張。他們希望藉此打擊我姊姊、地區檢察官與一名認為我姊所言非虛的法官，讓這三人的話失去公信力。

「天啊，真抱歉。」艾倫在電話上告訴溫斯坦。「祝你好運。」溫斯坦還打了電話給我的消息來源，偶爾語帶恐嚇。在我收到律師哈德來信的隔天，他又打了通電話給卡諾沙。那天是猶太人的贖罪日，但他來電顯然不是為了贖罪。他告訴卡諾沙說他知道有人在說他閒話。「妳不會那樣對我吧。」他說。不確定這是提問還是威脅的卡諾沙，顫抖地掛上電話。我告訴蘭尼克說消息來源都愈來愈緊張，也說溫斯坦似乎加大了力道想讓人閉嘴。「我齋戒然後他威脅。」同為猶太人的蘭尼克說。「猶太教還真是多元。」

❖

那個月稍晚，溫斯坦再次與他的團隊在翠貝卡燒烤餐廳的裡室見面，他早到了一會兒，並在那兒跟律師們交頭接耳，討論愛滋病協會事件的最新發展。然後現場進行了交班，將部分專注於協會醜聞的團隊成員換位成到場的黑立方幹員。幹員們帶來了捷報。「我們有好消息。」其中一人笑說。他們對上次做得不夠的地方耿耿於懷，但這次他們真的是雪恥了。他們千方百計「搶」得了一項溫斯坦找了一整個夏天的關鍵物件，並形容他們「行搶」的詳細內容。

那天出席的黑立方幹員有三名：總監亞努斯親自坐鎮，外加在他底下辦事的專案經理，至於第三人則是團隊中涉入行動甚深的一名基層女性員工。白襯衫與公司制服外套的打扮讓她散發清爽的專業氣質。金髮的她有著高顴骨跟堅挺的鼻子，外加一口優雅而難以判定出處的口音。在與溫斯坦見面的場合，她被介紹說是安娜。

安娜以亞努斯與專案經理為尊，處處都讓他們主導對話的走向。等被點到名後，她興致勃勃地解釋自己如何用幾個月的時間贏取重要目標的信任，並密錄下了數小時的對話過程。然後就在溫斯坦瞪大眼睛咕噥著「喔，我的天，我的天」的同時，黑立方的幹員們念出了他們說是蘿絲．麥高文未出版新書裡提到溫斯坦的部分。

第三十八章　名人

整個九月，《紐約客》開始緊鑼密鼓地籌備這則新聞。佛立—孟德森、蘭尼克偕整個團隊要麼對累積的報導資料看得目不轉睛，要麼審稿審得鉅細靡遺。我經常在世貿中心待到很晚，主要在那打報導所需的電話。一日在天將亮前，我回到住處，看到一輛銀色的日產探路者休旅車停在家外頭，熟悉的模樣讓我心中冷冷一震。我依舊無法證明自己被跟蹤，但懷疑與不安從未消失過。

那年夏天，有幾個朋友表示願意收留我，而這類對話往往在我置之一笑且保證沒事的聲音中作收。當中只有一名富裕的高階主管之女蘇菲，說她也很常被威脅，並要我當真一點。她說我若需要地方避風頭就打給她，而最後我也真的這麼做了。

那個月底我打包行李，搬進了變成我避難所的房子——紐約切爾西區那棟建物有好幾層樓在蘇菲家名下，而我便住進了其中的一隅。那兒的空間足以把你全部的熟人塞進去還綽綽有餘，房間的格局大得像是停機坪，大氣中不失美麗，且隨處都是你捨不得坐上去的沙發椅跟你碰都不敢碰的藝術品。

那地方有森嚴的重重門禁：房卡、鑰匙、密碼。我的安全感確實多了一些，但仍甩不開自己被監視的疑心。「**所以我說去買把槍吧**。」蓋文．波隆說。我第一個反應是開什麼玩笑，但後來隨著愈來愈多人異口同聲，我也認真考慮起來。在紐澤西的一間靶場，我複習起手槍跟左輪手槍的用法。

我告訴自己這只是休閒娛樂。但手握沉甸甸的Glock 19，瞄著靶，扣下扳機，我感覺神經繃緊滿臉潮紅，實在不太像是來打興趣的。

❖

《紐約時報》開始對這則新聞收網的跡象也慢慢浮現了出來。我得知兩名頗具聲望的調查記者——曾在黑立方寄給私家調查員的檔案中被提及的茱蒂．坎特，還有梅根．土赫（Megan Twohey）——在統籌《紐時》的報導工作。她們都非常積極，追起消息來源有著不輸我的幹勁。在阿奎特與聶斯特接到《紐時》的電話後，我告訴她們應該抱持多多益善的態度，盡量與她們覺得不會不舒服的媒體合作。「到頭來，這件事愈多人報導對我們全體愈有利。」我傳訊給聶斯特。我發自內心對於《紐時》能攤掉一些砲火感到開心。讓這新聞有更大機會得見天日，不會把賭注只單押在我這邊。但私底下，我也被激起了一點好勝心，外加有一點自憐。六個月以來，我唯一得到的支持是諾亞．歐本海姆皺著鼻頭與新聞理想保持距離，生怕自己會染上什麼病。如今我算是找到了《紐約客》，但可能已失了先機。我不知道《紐時》掌握了什麼，但就我所知若他們搶先一步報導，那《紐約客》這邊就白忙一場了。這場軍備競賽是我的另一種壓力來源，我又一次覺得自己像在氣密艙裡工作，等著要被射進太空。

麥克修在九月底傳訊來說，據消息來源所說《紐時》的報導已經蓄勢待發。NBC已經禁止他接任何跟性侵害指控有關的電話，但他仍緊咬著愛滋病研究基金會的新聞。在一名消息來源的指點下，他發現基金會的退稅資料裡埋著一行資料，上頭顯示六十萬美金被轉入曾育成音樂劇《尋找夢幻島》的美國劇目劇院（American Repertory Theater），而《尋找夢幻島》正是溫斯坦於百老匯製作，在跟古提耶若茲見過一面後求她去看的劇。麥克修為了報導這件事去請求上級許可，而葛林柏格在與歐本海姆談過後看似放行，但這許可給的不甘不願，而且麥克修感覺新聞網故意在拖死狗。「就像慢動作一樣，」他後來哀嘆說。他揣摩不出上頭到底是真心希望他報導，還是要避免讓人有NBC連續幫溫斯坦擋下兩槍的聯想。

「土赫今天把新聞交付編輯了。」麥克修寫信告訴我。我們爭辯著《紐時》的報導裡會有什麼東西，會不會他們也一樣以不當性行為做為報導主軸。「無論如何，」麥克修寫道，「哈維都要登場了。」

溫斯坦與狄倫・霍華那天也聊到類似的話題。這兩人的關係持續增溫。「親愛的狄倫，」溫斯坦在得知土赫交稿後傳訊說，「我只是要你知道《紐時》今天會把文章登出來。」

隔天《紐時》發了一篇新聞快訊是在講溫斯坦沒錯，我點著滑鼠看完了全文。「全部都在講愛滋病基金會。」麥克修傳訊說，所以是虛驚一場。

❖

「你多快可以把報導弄出來？」麥克修問。「讓蘭尼克知道溫斯坦的新聞在外頭鬧得沸沸揚揚，而報導就握在你手裡，此時不出更待何時。」奧列塔也忙不迭打來了電話施壓：「快點！馬上約他見面然後讓新聞上線。」

為此我先後糾纏了佛立—孟德森跟蘭尼克。蘭尼克這人也很好勝，但雜誌社奉為圭臬的是內容精準與小心謹慎。「我們不會為了搶第一而跟誰拚快。」蘭尼克告訴我。新聞什麼時候好就是什麼時候好，那之前縝密的查核過程絕對不可少。「我們是一條遠洋郵輪，不是快艇。《紐時》會搶走獨家於我們從來不是新聞。」

雖然嘴上這麼說，但蘭尼克還是一頭栽進了編輯工作，並不斷丟問題給我——溫斯坦影業在哪裡？他為什麼一天到晚在飯店裡待著？但凡我不在跟消息來源會面或講電話，就是跟佛立—孟德斯或蘭尼克窩在一起琢磨報導的行文。我們爭論著何時要去請溫斯坦表達意見。「愈快愈好。」我對他們寫道。

為了顧及公平，但又不讓溫斯坦有太多時間去打擾我們接觸他時會透露姓名的女性，蘭尼克決定盡可能在打給溫斯坦前完成所有的事實查核。彼得．坎比（Peter Canby）做為雜誌社的事實查核資深主任，打算特別指派兩名查核專員，希望多一雙眼睛能提高工作效率。而針對其中一個名額，佛立—孟德森推薦的人選是E．譚美．金（E. Tammy Kim）這名個性冷靜肅穆的前律師。被徵詢擔當這項任務的意願時，板著張臉抱胸說：「這是那種講名人的新聞嗎？」另一個坑則落到了佛格斯．麥金塔（Fergus McIntosh）的頭上，這名年輕的蘇格蘭人在兩年前完成牛津的學業後加入《紐約客》。麥金塔有著符合英國標準的禮貌態度，外加少許羞澀。九月二十七日，金跟麥金塔啟動了這條新聞的查核工作，他們分秒必爭投入了爆肝的工作時數，打給消息來源的電話是一通接著一通接著一通。

第三十九章　落塵

在紐約市，熱浪偶有起伏但仍屹立不搖。我的消息來源跟固定來電恐嚇的溫斯坦代理人都分散在不同的時區——歐洲、澳洲、中國。所以不分白天晚上，我的手機都像是定時炸彈在滴答滴答。睡眠變成了不自主的反射行為，短暫的瞬間像是電燈開關喀答一聲，一眨眼的光影變化，我便已昏迷了一個小時，臉上的印痕要看我昨夜借用的是《紐約客》哪一張辦公桌。我希望傑佛瑞．托賓（Jeffrey Toobin）或戴克斯特．斐爾金斯（Dexter Filkins）或其他任何一位記者都能不要有閒工夫去研究滑鼠墊，免得發現上頭有我滴的口水。等勉力回到切爾西區的借住處去躺下後，我只能半夢半醒地淺眠一下。在住處四處的鏡子裡，我看起來跟夏天開始時比氣色差很多，更蒼白也更孱弱，活像在維多利亞時代的通寧水[46]廣告上，那些染上結核病的英國小孩。

隨著事實查核員開始廣泛打電話給消息來源，溫斯坦也卯起來發動威脅攻勢。十月的第一個星期天，他寄出了第一封律師信給《紐約客》。「本律師事務所，連同我的兩位協理律師，波伊斯—席勒—弗萊克斯納律師事務所的大衛．波伊斯律師以及布魯姆律師事務所的麗莎．布魯姆律師，為溫斯坦影業的訴訟代表。」查爾斯．哈德是這封信的執筆人。他在信裡說這則新聞是對其當事人的「誹謗」，並說「我們要求您不得將其出版，並應以清單的形式在您原本打算出版的報導中，提供涉及溫斯坦影業（暨其員工與／或主管）所有的陳述內容。」信中也一如所料的搬出了ＮＢＣ來壓我：「很重要的一點是，NBC新聞網先前曾與羅南．法羅共同合作一條潛在的新聞，惟檢視過法羅先生的報導內容後，NBC新聞網否定了這條新聞，並中止相關的報導企畫。我們極不樂見《紐約客》雜誌接手法羅先生遭NBC新聞拒絕的新聞並將其出版——因為這將使《紐約客》雜誌面對相關的法律責任，並可能得承擔相應的巨大賠償金額。」

溫斯坦近期與伍迪．艾倫談話後的心得，似乎也反映在這封信的內容裡。哈德花了好幾頁的篇幅，主張我姊的性侵害遭遇使我失去報導溫斯坦的資格。「法羅先生有權抱持私怨，」哈德寫道。「但沒有一家平面媒體應該容許誰出於私人感情，去進行沒有根據且富含污衊性的惡意報導。」他接續引用那本由伍迪．艾倫立傳者執筆，後由溫斯坦購入的自傳，呼應書裡艾倫對我的評價——艾倫說我是被洗腦了，所以才會覺得姊姊對他的指控可信。

精采的論說文還不止於此。「我們想舉的第二個例子，是羅南的叔叔，約翰．查爾斯．維勒斯—法羅（John Charles Villers-Farrow）曾遭起訴後承認有罪，然後被判了有期徒刑十年，罪名是性虐待兩名少年。我們尚未找到任何證據顯示法羅先生曾公開譴責過親叔叔，他說不定還曾公開支持過叔叔。再加上法羅先生曾不假顏色批判過他疏遠的父親，我們認為他的種種行為，讓人不得不質疑他的可信度與做為記者的視角是否客觀。」

就我記憶所及，我從未見過他說的那名叔叔。我的理解是叔叔遭到的指控應該可信，由此我母親與他女兒都已經與他一刀兩斷。我從來沒有被問起大家族裡不是公眾人物的成員，就算有我也不可能逃避問題。重點是這一切跟溫斯坦受到的指控有什麼關係，我實在看不太懂。

46 主要成分為奎寧。

我驚訝的是信中的主張，非常接近歐本海姆對我耳提面命過的論點。同時我還想起布魯姆用來捍衛我姊的可信度，並擦亮她女權鬥士招牌的那些社論與電視評論演出。我已經滿習慣眾人扭曲自己的身軀去配合哈維．溫斯坦這部機器，並在裡頭當起大大小小的齒輪。但布魯姆的名字在信尾與哈德的名字排排站，還是讓我覺得很邪門。

❖

十月的第一周，溫斯坦的助理群以電郵通知狄倫．霍華：「我們剛剛嘗試過聯絡您，但您可能在忙，總之哈維想看您能不能改跟他約在四十三街附近，第八大道上的《紐時》大樓前碰面。他已經在前往那兒的路上，應該半小時左右會到。」原本溫斯坦是請助理確認霍華是否能跟他與麗莎．布魯姆一起，從溫斯坦影業驅車前往位於上城的《紐時》大樓。但布魯姆與溫斯坦最終沒等他就先出發了，所以這名《詢問報》的編輯只得手拿馬尼拉紙檔案夾自行趕去會合。根據一名參與此過程的個人回憶，那檔案夾裡裝的東西「基本上都是在起底」溫斯坦的指控者們。霍華日後爭辯說自己從未去過《紐時》大樓，但不容爭辯的是溫斯坦很快就抵達會議，聽聞《紐約時報》正準備要把他在性行為方面不檢的新聞登出來。

當資料來源找到我，跟我說起同一件事情時，我人在計程車裡。我嘗試打給強納生，一次不成又試了第二遍。他的工作愈來愈忙，而我也愈來愈黏人跟討人厭。

「怎樣啦？」他終於回電時整個口氣很差。他走出又一場甫開完的會議。

「《紐時》要登了。」我說。

「是喔。」他有點沒耐性地說。「這也在你預料之中吧。」

「事情爆出來是好事。」我說。「只是——拚了這麼多個月，今年一整年幾乎都砸下去了。而且我現在又是無業遊民。」我崩潰了，崩潰到眼淚忍不住滴下來。「我太想揮大棒了，我賭太大了。搞不好最後我根本做不出什麼新聞，還會讓那麼多女性的希望跟我一起陪葬——」

「你冷靜點。」強納生喊的話把我從情緒中拉出來。「現在當務之急是你兩個禮拜沒有好好睡覺吃飯了吧。」

外頭響起一聲喇叭。「你在**坐計程車**？」他問。

「嗯嗯。」我一把眼淚一把鼻涕地說。

「我的天啊。我們得好好談談，但首先你要先賞司機一筆像樣的小費。」

❖

在溫斯坦與哈德來信後，蘭尼克把我叫進他的辦公室，一起的還有柏托尼跟佛利—孟德森。溫斯坦一個比一個荒謬、也一個比一個無法讓人當真的法律主張包括：任何對他的負面報導都是污衊；任何牽扯上保密協定的報導都不被允許；他已經跟NBC達成協議；我姊是性侵害的受害者；我的大家庭裡有一名戀童癖（強納生笑到不行。「這封信**太可愛了**。」他說。「我被圈粉了。」）但我不是沒看過新聞機構把薄如蟬翼的論點內化成自身的想法。因此在我跟著其他人進入蘭尼克辦公室時，心中難免做了最壞的打算，說不定蘭尼克會心生恐懼而舉白旗投降。但他只是淡淡地說，「我做新聞這麼久，沒收過這麼讓人噁心的信。」

依舊如履薄冰的我，提醒蘭尼克說溫斯坦也威脅要控告我個人，而我沒有律師。「讓我把話說清楚，」他說，「法律上我們罩定你了，哈維．溫斯坦要玩到什麼程度我們都奉陪。」柏托尼簡短地回復了哈德的信：「關於您來信中提到法羅先生的中立性與新聞倫理問題，我們不覺得您提出的疑慮有任何重點。」

我那晚下班後，蘭尼克來電說艾莎．阿箇托的伴侶安東尼．波登聯絡了他。波登之前一直都很支持阿箇托發言，但即便如此，我的心還是一沉：一而再再而三，女性都在丈夫、男友、父親的介入後縮了起來。消息來源的另一半找上我們，很少是好消息。不過有規則就有例外：波登說溫斯坦的獵豔行為令人作噁，還說「所有人」都知情不報太久了。「我沒有宗教信仰，」他說，「但我會祈禱你們能有把新聞爆出來的力量。」

❖

《紐約客》團隊開始以這則報導為中心集結，而所有人也在事實查核專員的壓力下證實了一則又一則的指控。我們還在等待所有的指控都徹底完成查核，好讓我們可以去找溫斯坦要意見。但好幾名溫斯坦的代言人已經主動找上門來。他們的口氣倒是沒在引戰，反而是有點放棄了的感覺。溫斯坦一名法律團隊成員，很不尋常地在哈德來信後不久打給了雜誌社，表示說信裡的威脅都是錯的，都是律師們不建議的。「我想說的不是你們搞錯了。」來電的律師說。「我要說的是那些關於溫斯坦行為不檢的指控——很大一部分都是確有其事。」

隨著氣溫慢慢升高，佛立－孟德森的辦公室也愈來愈像個三溫暖。她跟我趴在列印出的草稿上坐著，額頭上大粒汗小粒汗。我們會為了如何措辭而吵得不可開交，蘭尼克會一有機會就要我們小心再小心。一開始我們避開了「強暴」這個用法，怕這樣的措辭太強，會讓讀者覺得我們不夠中立客觀。佛立－孟德森跟事實查核員金不表贊同，這兩人認為排除這個字眼，就是在替溫斯坦洗白。

最終蘭尼克與柏托尼拍板讓強暴一詞保留。

這當中有天我踏出了昏天暗地的忙碌，踏進蘭尼克位於上西城的公寓。公寓外在建物的石灰岩表面邊緣，有個金屬材質的輻射落塵避難所標誌，公寓內則看得到挑高的起居室裡有著整面的書牆。蘭尼克的夫人，前《紐時》記者伊瑟·范恩（Esther Fein）招呼我進廚房，逼我吃了點東西。蘭尼克伉儷結識於一九八〇年代末期，當時分屬競爭報社的兩人都出差到莫斯科，其中蘭尼克服務的是《華盛頓郵報》。這家人保留了一部分牆面，因為上頭是家中兩男一女從小到大的身高紀錄，就像時間被濃縮了一樣。在他不算大的居家辦公室裡，蘭尼克跟我微調了稿子。我焦躁而睡眠不足，但他非常寬容，就連我對編輯內容完全狀況外的時候也沒有發脾氣。

即便這可以被理解為一種寧靜，我們也沒忘了在等我們的暴風雨。十月第一周的稍早，金·麥斯特斯在《好萊塢記者》上登了一篇報導，標題下的是〈哈維·溫斯坦的律師大戰《紐時》與《紐約客》，背後可能藏有爆炸性新聞〉，而《綜藝》雜誌也在短短幾分鐘後跟進登了類似的新聞。有線電視新聞開始二十四小時照三餐討論，由此發展出的好處是消息來源的膽子大了起來。那一天，女星潔西卡·巴斯（Jessica Barth）找上了我，她在賽斯·麥克法蘭（Seth MacFarlane）執導的《熊麻吉》（*Ted*）電影裡出現過。她告訴我說溫斯坦曾在一場飯店房間的會議裡性騷擾過她，而這說法最終也被證實無誤。事情鬧大的壞處是，我不能再躲在幕後了。

接下來不論情勢怎麼走，都會在眾目睽睽之下發生。

第四十章　恐龍

那個十月，哈維．溫斯坦身邊的世界開始有所變化。他看起來甚是憔悴。雖說喜怒無常是他的日常，但那個月的他要比平日更加一觸即發。就連在溫斯坦影業內部，他也變得愈來愈疑神疑鬼。後來的報導顯示他開始監控厄文．萊特的工作通訊，而萊特也確實曾寄過一封同情的訊息給聶斯特，結果被溫斯坦說成是「性事警察」。十月三日，溫斯坦讓一名資訊人員拉出並刪除了一個名為「哈溫友人」的檔案，裡頭標註了散落全球各城市，數十名女性的所在地與聯絡方式。

十月五日早上，溫斯坦召集了他大部分的辯護團隊成員到他位於格林威治街的辦公室集合，那兒有個臨時性的戰情室搭建在綠室中。現場有布魯姆，還有霍華。潘．魯貝爾跟丹妮絲．多伊爾．錢伯斯這兩個被找來幫忙建構目標清單的公司老臣也都有出席，而且她們都很清楚這會與書的企畫案無關。大衛與哈德用電話接了進來，助理為他們設定好了擴音功能。溫斯坦氣急敗壞地用全副肺活量在嘶吼。《紐時》的報導尚未登出來，但他得知對方已經蓄勢待發。

他向魯貝爾、多伊爾．錢伯斯跟助理吼著一個又一個名字，當中全都是董事會成員與娛樂界的盟友，他的希望是一旦新聞爆出來，這些人都能幫他辯護。布魯姆等人仔細研究列印出來的數位照片，上頭顯示的是溫斯坦與目標清單上的女性互動親暱：麥高文與賈德牽著他的手臂，禮貌性笑著。「他對著我們大吼大叫，『把這些照片寄給董事們。』」魯貝爾回憶道。她很盡責地照辦了。

❖

此時在市中心，我於《紐約客》找了張空著的辦公桌，打了電話給溫斯坦影業求取回應。接到電話顯得有點慌亂的前台助理說他要確認一下溫斯坦有沒有在忙。然後只聽得到溫斯坦沙啞的男低音，「哇嗚！」他裝得很興奮說。「有何貴幹啊？」這個男人其實有他的風趣之處，只是這段時間但凡有人寫到他，都不太會以此當作重點。何況他一開始顯露出的怒火，什麼風趣不風趣的也都沒有人會在意了。那年秋天，溫斯坦會掛我很多次電話，這是第一次。我說我做事希望公平一點，所以想把他的意見也包含在報導中，並問他我錄個音方不方便。他感覺慌了，喀搭一聲掛了電話。這樣的模式在那個午後不斷重複。但等我終於讓他稍微好好講話後，他放下一開始的矜持，沒有表示這是私底下的對話，就直接尖銳地開戰起來。

「你是怎麼跟這些女人自我介紹的？」他質問。我被這話殺得有點措手不及。

「那要看你問的是什麼時候，我根據不同時期都實話實說。」我表示這種問題無助於我們取得他對於所受指控的完整回應，但他依舊無意好好回答，繼續採取攻勢。

「喔，真的嗎？你沒說自己是NBC的**記者**嗎？你在NBC的**老朋友**現在怎麼說？」這話讓我兩頰脹紅起來。

「我來電是因為想聽你充分表達意見。」我說。

「不，我知道你想幹嘛。我知道你怕了，而且你只能孤軍奮戰，你的老闆們都不挺你，還有你的父親——」

蘭尼克此時出現在門外，悄悄地敲起了玻璃。他搖了搖頭，「做了個ending」的手勢。

「我很樂於跟您，或是跟您指派的任何代表對話。」我說。

溫斯坦笑了。「你以前救不了你愛的人，現在卻以為自己可以救所有人嗎？」他真的是這樣說的。你會覺得他是在拿炸藥威脅水行俠。

溫斯坦要我把所有問題都傳給麗莎・布魯姆。這些電話講到最後，他又變回了那個還算風趣有魅力的人，禮貌地謝過我。

❖

下午兩點剛過，電話響了，一名助理走進溫斯坦影業的綠室，傳達了《紐時》方面的動態。「文章登出來了。」助理說。「喔，不好了。」狄倫・霍華讓人將新聞每人印一份。就在團隊閱讀著新聞的同時，張力整個爆開。有那麼一下下，溫斯坦感覺鬆了口氣。這是好消息，他告訴在場的同仁說，他說新聞爆在星期四而非星期天，他認為星期天才是《紐時》留給大新聞的「黃金地段」。然後他便離開去見正在為自創婚紗品牌Marchesa舉辦時尚秀的妻子喬吉娜・查普曼（Georgina Chapman）。「她說『我會跟著你。』」溫斯坦對在場幾名團隊成員說。但他其實已慢慢意會到即將來臨的更多報導。在《紐約客》的報導出來後，他壓低了聲音說，「她會把我甩了。」

佛立—孟德森跟我在蘭尼克的辦公室裡跟他面對面坐著，一起閱讀《紐時》的文章，他在電腦螢幕上看，佛立—孟德森跟我則滑動著手機。這篇文章寫得擲地有聲，艾胥莉・賈德終於把溫斯坦的名字套在兩年前她曾說給《綜藝》雜誌聽過，那個製作人想打她主意的故事。而此舉也讓我數月前跟《紐時》專欄作家紀思道（Nick Kristof）通過的奇怪電話真相大白。文章同時討論到歐康納受到的言詞凌虐與聶斯特遇到那些假公濟私的邀約，只不過這兩人都沒有直接現身說法。

文章中並未提到性侵或強暴的問題。麗莎．布魯姆隨即發布聲明說所有文章中的指控都是溝通上的誤會。「我已經跟他解釋過，由於他身為大型製片廠負責人與產業中其他人的權力不對等，出於任何動機的某些言行都難免會被人解讀為不恰當，甚至是讓人感覺受威脅。」溫斯坦只是個「在學習新把戲的老恐龍。」她說。在隔天早上的晨間節目上，布魯姆已經開始帶風向把《紐時》上提到的各種指控，說成是無傷大雅的分寸拿捏問題。「你們用**性騷擾**這個詞，那是法律用語。」她對喬治．史提法諾普洛斯（George Stephanopoulos）說。「我覺得比較恰當的說法應該是**職場行為不當**。我不知道一般人能不能認知到這當中的巨大差別，但構成性騷擾的情節必須重大，且涉及的層面得更廣。」她說她對溫斯坦三令五申過，在辦公室裡跟員工溝通，不可以用「你知道，跟哥兒們去喝啤酒時的那種口氣。」溫斯坦在本人的聲明中說他「成長於六〇與七〇年代，當時不論待人處事或是在職場的應對進退，規則都跟現在不一樣。」還自稱他正走在「認識自己的旅程」上，而「麗莎．布魯姆會從旁給我指導。」溫斯坦宣誓他會投身與全美步槍協會（National Rifle Association）的對抗中。對布魯姆與溫斯坦而言，他會接受心理治療，在南加大設立培育女性導演的基金會，然後這事就算是完了。

在蘭尼克的辦公室裡，我從《紐時》的報導中抬起頭來。我的手機在桌上震動，麥克修傳來的一則訊息。「《紐時》登了。他們只講到騷擾，沒有講到侵害。」他寫道。「快點快點快點。」麥克修立馬又追加了一封訊息，把同樣的想法又強調了一遍。他說《紐時》「比我們被阻止前的進度還要沒料。」

「這報導不能算差。」蘭尼克從新聞中抬起頭來。

「但他們有的料跟我們沒得比。」佛立－孟德森看得出鬆了口氣。

「所以我們要繼續拚嗎？」我試探著問。

「那當然。」蘭尼克說。

第四十一章 惡劣

在溫斯坦宣稱其對《紐時》報導的內容與時機鬆了口氣後，他對員工發布了希望能激勵士氣的訊息。「捲起袖子，」他說，「我們要上戰場了。」一名助理回答說「我不幹了，哈維，」然後掉頭走人。溫斯坦把人叫住，說要幫忙寫份讓助理拿出去有面子的推薦函。「我看著他，像在說**你他媽的在跟我開玩笑嗎？**」那名助理回憶說。

那天晚上，溫斯坦影業的董事會召開了緊急電話會議，九名男性董事含溫斯坦在內，都隔空出席。幾年來在董事會上一直有兩派人馬的齟齬不斷加深，一邊是一小群想把溫斯坦趕出去的董事，另一邊則是多數擁戴溫斯坦，認為他對公司不可或缺的保皇派。一而再再而三地重演而令人痛心疾首的事實是有權有勢者能胡作非為，反映的往往是董事會文化的失能。話說溫斯坦跟他的胞弟鮑伯各占一席董事，而公司章程容許他們提名第三位董事。時間一久，溫斯坦更慢慢把自己的人馬一個個安插進董事會。到了二〇一五年，當溫斯坦的合約要重簽時，他幾乎已經控制了九席董事當中的六席，而他也善用了這層影響力來規避權責的制衡。當敵對的董事蘭斯・米洛夫（Lance Maerov）要求檢視溫斯坦的人事檔案時，波伊斯跟溫斯坦一方面成功在內部擋下了這個要求，一方面找了個外部的律師弄了份模糊不清的檔案綱要來敷衍一下。米洛夫後來告訴《財星》雜誌的撰稿說，那分明是在混淆視聽。

十月初的那個晚上，溫斯坦跟董事會通上電話。他否認了一切，並主張《紐時》的報導會慢慢大事化小小事化無。那場電話會議最後演變成董事會上不同派系間的大亂鬥，甚至哈維與鮑伯最後也上演起兄弟鬩牆。「我第一次一口氣身陷這麼多卑劣的人中間。」魯貝爾回憶說。「你知道嗎，鮑伯說：『**我要宰了你，哈維，你完蛋了！**』而哈維則說：『**我們要查你的帳！**』」

❖

從緊急董事會後的凌晨時分，一直到隔天早上，溫斯坦都一直在用情緒激動的電話與電郵轟炸他的盟友，其中也包括NBC跟康卡斯特公司的主管。NBC環球集團的副董事長梅爾主動聯繫了溫斯坦（「親愛的朗，」溫斯坦那天早上回覆說，「我剛收到你的訊息，謝謝你——我願意，我已經要出發去洛杉磯，祝你一切好運。哈維。」），這兩人約了要見面詳談。

十月六日凌晨一點四十四分，溫斯坦寄出一封電郵給康卡斯特公司的第一號人物布萊恩·羅伯茲，也就是諾亞·歐本海姆老闆的老闆的老闆，用意是要請他幫個忙。「親愛的布萊恩，」他寫道，「每個人一生中，都會遇到有求於人的時候，而現在我就滿需要你的支持。」

在奧列塔的檔案中，我發現過一段羅伯茲的錄影訪談，他是極少見替溫斯坦辯護，並說他不是個惡霸的受訪者。「我一直都覺得滿愉快的。」羅伯茲說起他跟溫斯坦的相交，還有他們流連在紐約跟瑪莎葡萄園島[47]上的應酬聚會。「我個人不太會對他那些好萊塢的作風覺得反感。」羅伯茲說起溫斯坦的個性。「我眼中的他做了很多好事，還開了家公司。」羅伯茲說溫斯坦是個好父親，是個好

47 麻州外海的離島度假勝地。

人。「我覺得，」羅伯茲說，「他就像是個泰迪熊。」

❖

康卡斯特做為NBC的母公司，是由羅伯茲父親創立的家族企業。公司章程給了羅伯茲無可撼動的權力：「董事會主席應優先由布萊恩．L．羅伯茲先生擔任，只要他主觀上願意且客觀上有空……執行長亦應優先由布萊恩．L．羅伯茲先生擔任，只要他主觀上願意且客觀上有空。」幾名跟羅伯茲共識的主管稱他個性溫和或是個紳士。他是企業指揮鏈中唯一一個後來主動跟我道歉的人，他說他也有女兒，而且也相信我的報導為真。但與他共事的主管也說過羅伯茲喜歡避免衝突。遇到爭議，他「不會挺身而出，」其中一人說。「他不會阻止史提夫亂來。」——史提夫指的是史提夫．柏克，羅伯茲底下的NBC環球執行長。

柏克跟溫斯坦的關係很好。一名溫斯坦的前員工——他曾在無線電城音樂廳協助柏克提供《小小兵》的戲服給溫斯坦製作的表演，也就是溫斯坦跟安珀拉．古提耶若茲碰頭的那場表演——形容柏克「可任由溫斯坦擺布。」跟羅伯茲共事過的主管們說柏克也同樣很怕事。有人記得有一回，另一名好萊塢的權力掮客偕其律師打電話給NBC新聞，要求新聞網不得播出某段訪問。這名主管對柏克說新聞網打算照播不誤，結果柏克的回答是「把新聞抽掉吧，」還說這樣會讓那名好萊塢的權力掮客「欠你一大份情。」

「史提夫，喔我的天啊，這樣會毀掉NBC新聞的名聲。」那名主管說。在另一名持同樣觀點的柏克團隊成員介入後，柏克才同意了讓新聞播出去。在他進入NBC環球服務之前，柏克任職於迪士尼，且在該公司的零售與主題公園業務上有可圈可點的表現。但主管們說他比較抓不到在新聞媒體工作的感覺。「我甚至不覺得他是想要護短，而只是『這傢伙權力很大，電話又一直打來，我不想要惹這個麻煩。』」一名對柏克想抽掉訪談這件事不滿的主管說。「他根本沒意識到那違反了新聞倫理。」

❖

在NBC新聞，大家對溫斯坦的顧忌感覺真的很深。在土赫刊出她關於愛滋病基金會的醜聞後不久，麥克修也準備播出他根據自身報導做成的重量級續篇，但在最後一刻，管理層臨時喊停了播送計畫。原本連著好幾天都對麥克修這篇報導興致勃勃的葛林柏格突然立場丕變，改口說報導內容並無太多新意，不足以推進外界對醜聞的理解。後來是《好萊塢記者》前編輯珍妮絲．閔在推特上說溫斯坦的新聞日漸在NBC銷聲匿跡，葛林柏格才趕忙回頭找麥克修讓新聞復活。

歐本海姆說過我可以把其他在NBC起頭的新聞完成，但每當有我的新聞該播出了，攝影棚就會莫名地沒有空檔。然後等重約的時間到了，我又被同樣的理由搪塞第二遍。「諾亞說羅南不准出現在攝影棚。」一名資深製作人告訴麥克修。「是發生什麼事了嗎？」勞爾在節目上念了我的簡介來敷衍了事。

❖

《紐時》登出新聞後的隔夜，CBS與ABC新聞主動在晚間節目中報導了這則愈演愈烈的醜聞。隔天早上，兩家新聞網又播出了內含自製訪談的詳細報導，老三台裡只有NBC第一晚悶不作聲，隔天早上也沒有播出自製的報導。替勞爾代班的克雷格．梅爾文（Craig Melvin）只是照稿念了一篇長度不到一分鐘，而且滿滿是溫斯坦反駁指控的內容。那個周末，同樣的模式又重複了一遍：曾經把出過類似事件的比爾．歐萊利、羅傑．艾爾斯與唐諾．川普等人生吞活剝的周六夜現場，突然變成了個啞巴，隻字不提溫斯坦的名字。

在此同時，NBC新聞也鴨子滑水地在帶輿論的風向。歐本海姆跟公關主管孔布勞開始對媒體記者進行宣傳。這兩人表示NBC對這條新聞的涉獵不深。「歐本海姆說羅南幾個月前來找過他，希望追性騷擾的新聞，只是兩三個月過去，羅南都沒有能取得任何文件資料，也沒有能說服任何一位女性上鏡。」一家跟歐本海姆與孔布勞兩人談過的媒體在內部有這樣的備忘錄。「這傢伙手上什麼證據都沒有。」歐本海姆在其中一通電話中說。「我理解這對他個人有很大的意義，也知道這牽涉到他的個人情緒。」被問到他是否跟溫斯坦有任何接觸，歐本海姆笑說，「那不是我會去混的圈子。」

好幾名牽涉其中的個人，後來告訴我說在《紐時》新聞登出後的頭幾天裡，NBC在歐本海姆的指示下避免做溫斯坦的報導。「諾亞很誇張地跑去跟他們說，『不要播這條新聞。』」有人回憶起歐本海姆跟多位製作人的對話。隨著新聞熱度在那一周的尾聲持續增溫，歐本海姆跟一群資深員工湊在一起，開了場例行性的報導會議。「我們要跟進報導一下嗎？」一名與會的製作人問。歐本海姆搖了搖頭說。「他不會有事的。」他是說溫斯坦。「他十八個月後又會是一尾活龍，別忘了那是好萊塢。」

PART IV
SLEEPER

◆

第四部

沉睡者

第四十二章　上課

在《紐時》新聞刊出後，又一名消息來源加入了我們的新聞。經由一個共同朋友的通知，我知悉露西亞．埃文斯（Lucia Evans）這名行銷顧問提出的指控。二〇〇四年的夏天，溫斯坦在曼哈頓一處「樓上的希普黎安尼」[48]俱樂部搭訕了埃文斯。她當時在米德貝瑞學院（Middlebury College）大一要升大二，並有心想打進演藝圈，成為女演員。溫斯坦拿到她的電話，並很快開始深夜打給她或讓助理打給她，想跟她約見面。她拒絕了深夜的邀約，但表示願意在白天跟選角的主管見面。

等她前來開會時，建物裡滿滿的都是人。她被領著進到一間裡頭有運動器材的辦公室內，地板上還看到外賣的餐盒。辦公室裡只有溫斯坦一個人。埃文斯說她覺得這人很可怕。「光是他的外表就能嚇到她。」她告訴我。在那場會議中，埃文斯記得「他一開口就是又捧我，又貶低我，讓我覺得自己好像身上有屎似的。」溫斯坦說她「很適合《決戰伸展台》（*Project Runway*）這個溫斯坦參與製作並於前一年首播的實境秀——前提是她得減個肥。他還跟她提到兩個劇本，一個是部恐怖電影，另一個是青少年的純愛故事，並說他會派人跟她談這兩部劇本。

「那之後，他便攻擊我。」埃文斯說。「他逼我幫他口交。」她一邊拒絕，溫斯坦一邊從褲襠裡掏出陰莖，然後拉著她的頭過去。「我一遍又一遍地說『我不想這樣，住手，不要。』」她回憶說。「我試著逃開，但或許是我掙扎得不夠大力吧。我並不想踢他或是跟他打架。」到最後，她說，「他畢竟是個大傢伙。他制伏我，而我則有點放棄掙扎，而那也是令人感到害怕的一點，更是他能一而再再而三對如此多的女人這麼做的原因：我們會放棄掙扎，然後還覺得錯在自己。」

她說整個流程有一種例行公事的感覺。「那感覺就像個非常有效率的生產線。」她說。「女性的選角導演，哈維想要見面，每件事都是設計來讓她一步步卸下心防，然後落入陷阱。甚至對於被侵犯的羞恥感，也是設計來讓我默不作聲的。」

❖

那個星期五，我們寄出了一份詳細的事實查核備忘錄給布魯姆，而她也承諾會回覆。等星期六還音訊全無後，我打了電話過去。她讓電話直接轉到語音信箱，然後回了簡訊說，「我今天不方便。」等她好不容易接了電話，我人在蘭尼克家中。我們倆正交頭接耳在討論稿子，身邊放了各自的手機。布魯姆聽起來有點失落。「**幹嘛？**」她沒好氣地說。我提醒她說溫斯坦要我有事找她，而她則說：「我不能多說什麼！我不能對任何事發表意見！」她要我打給哈德、波伊斯，或隨便誰。

布魯姆的口氣流露出一種在指控什麼或受了什麼委屈的感覺。她提醒我她當初是多麼鍥而不捨要跟我接上線。「我試了好幾個月！」她話說得激動，好像當初我若能多跟她分享一些資訊，搞不好她早就跟溫斯坦分道揚鑣了。問題是布魯姆跟我確實談過話，而我感覺她只是利用我們的對話過程，針對女性進行敵情研究，而不是在蒐集關於她客戶的資訊。那年夏天的布魯姆非常忙碌。她同時成為亞馬遜製片廠總裁洛伊．普萊斯的辯護律師，主要是他被爆出性騷擾的醜聞——但為此飽受

48 Cipriani，希普黎安尼是國際酒吧暨俱樂部業者。

批評的她，也在那年秋天終止了委任。我們講完電話的四十分鐘後，布魯姆在推特上貼文說她已經辭職。但幾乎是直到最後一刻，她都還在寄送電郵給溫斯坦影業，詳述她打算如何打擊指控者的可信度。

❖

在溫斯坦陷入一片混亂之際，我們決定把焦點重新對準當事人。從那個周末到隔周，我首先在較為非正式的電話聯繫上他，然後隨著通話時間慢慢加長，我這邊加入了蘭尼克、佛立－孟德森跟柏托尼，而溫斯坦那邊則加入了律師團與危機顧問。做為團隊的補強，溫斯坦找來了公關業者希特利克（Sitrick and Company），而該公司指派的負責人是前《洛杉磯時報》的記者，個性沉穩的莎莉・霍夫麥斯特（Sallie Hofmeister）。

跟溫斯坦的大部分對話，都在不得列入紀錄的前提下進行。但也有一些交流未設有「場地規則」，甚至有些對話是溫斯坦明說要列入紀錄。偶爾他會聽起來很挫敗。每通電話一開場那聲小小聲的「嗨・羅南！」幾乎會讓你覺得這人就像個大男孩，很可愛的感覺。惟更常出現的是那個老溫斯坦，傲慢而易怒，「讓我給你**上一課**，」他會說，「我這是在**教你**。」

溫斯坦一再表示若女性事後有回來找他，那性侵或強暴就不成立。他說這些「互動」違反了性侵害的現實，因為性侵害往往發生在無處可逃的職場或家庭關係中，但他這些所謂的互動也違反了法律的規定，這點他倒是選擇性地隻字不提。他同時也質疑許多女性指控他秋後算帳。「好萊塢不時興報復。」他說。他說所謂男性用權勢威脅女性，只是外界對電影產業的一種「迷思」。我反問他怎麼會覺得此例中的報復是一種迷思，他說誰都可以拿電話打給隨便一個記者，像羅南・法羅、茱蒂・坎特或金・麥斯特斯，所謂的報復就會消失不見了。我對於他這套奇葩的邏輯感到嘆為觀止：先製造出一個問題，然後再用該問題的解決之道證明一開始的問題並不存在。

在稍早比較非正式的通話中，我感覺溫斯坦還活在一個平行宇宙中。他會承認犯行，然後再輕描淡寫說他也曾在簽女生畢業紀念冊時出言不遜，或對某個同事有過非分之想。我每回把他拉回現實，提醒我們要報導的是他受到多人提出的性侵指控，他就會如大夢初醒般。他說他一直處於驚嚇當中，所以才沒有仔細去看事實查核的訊息。我只能說最好是。

後來隨著顧問加入混戰，我們最終加入到報導中的回應終於浮上檯面：全盤否認「非合意性交」的說法，而鮮少回應個別的指控。這似乎也反映了溫斯坦內心的真正想法：他鮮少指稱事情是子虛烏有，而只是強調那些互動都是兩情相悅，只不過事隔多年被機會主義者拿來大作文章。

他用不成比例的時間攻擊報導中女性的人格。「哈維，我有一個問題。」蘭尼克在某個點上，很認真地打斷了他。「你說的這些，跟你的行為有什麼關係？」溫斯坦似乎不太在意如何去反駁特定事實，或者有時他只是單純記不清那些事實。有一次他曾滔滔不絕地討論起一宗我們沒有列在新聞裡的指控。還有一次他把我們提供的名字跟他記憶中另外一個發音類似的名字搞混。

每一次我提起警察辦案的錄音，溫斯坦就會豎起全身的刺，暴怒於備份竟有留下來。「你有一份被地區檢察官**銷毀**的錄音備份？」他一副不可置信的口氣。「你是說**被銷毀**的錄音帶？」後來檢察官凡斯的辦公室發言人說他們從未同意銷毀證據，但溫斯坦卻對此深信不疑。霍夫麥斯特後來打了電話過來，並將這一點列入紀錄。她告訴我說溫斯坦很擔心他談好的條件正在被打破。「警察跟我們的……還是跟地區檢察官之間，是有協議的，我不確定那協議是誰跟誰談的。」她說。「但我們事務所是說警察有的錄音帶會被銷毀沒錯。」

溫斯坦繼續強調他認為自己跟NBC新聞網達成的共識。「NBC很生氣。」溫斯坦好幾次這樣說。他想知道我打算怎麼處理在NBC任職時拍到的東西。他說新聞網答應過他說萬一我用了那些錄影，NBC會循法律途徑尋求救濟，換句話說就是要對我採取法律手段。當這些論點出現在多方通話中時，蘭尼克先是聽得很仔細，然後一一加以駁斥。「NBC不是我們在此需要考慮的東西。」他說。「你提到的這些NBC的東西——你會發現完全沒有意義。」

❖

隨著電話一通通地打，溫斯坦脾氣的閃現與起伏也愈來愈大。「艾蜜莉簽過保密協定。」他說起聶斯特。「不要害到她。我們可是還滿喜歡她的。」其他人在一旁覺得他這麼說非常不得體，趕緊介入想把聲音蓋過，但效果不彰。「她很可愛，是個甜心來著。」他繼續口無遮攔。「她不應該受到這種對待。」他也沒忘了要威脅一下《紐約客》：一會兒說要告雜誌社，一會兒說要把我們的事實查核備忘錄洩漏出去，讓我們的新聞沒辦法正常發出去。「小心點，」溫斯坦會說，「你們最好小心點。」

有一次當霍夫麥斯特跟其他幫手發現他們實在攔不住溫斯坦，只好使出掛電話這一招。「我們這邊聽不見。」蘭尼克在某次突然斷線後說道。

「他們很怕溫斯坦那張嘴。」佛立—孟德森說。

「是啊，他們這些律師倒是挺盡責的。」柏托尼不可置信地搖著頭。「他花了大錢請這些律師來，就是他媽的要幫他掛電話。」

幾分鐘後等電話重新接通，蘭尼克說：「莎莉？是哪位律師不小心按到什麼了嗎？」

「你在電話上嗎？」霍夫麥斯特回應。

「我一直都在啊。」蘭尼克說。

偶爾溫斯坦有講到重點時，我們會確實更新稿子來反映他的陳述。到了最後，他暴怒歸暴怒，口氣中倒也聽得出放棄掙扎的感覺。好幾次他也承認我們對他沒有不公之處——他說他「活該」的成分也很大。

❖

十月十一日，佛立—孟德森在凌晨一點鐘發布了準定稿，最終輪的編輯於凌晨五點展開。等當天上班時間一到，團隊的其他成員也紛紛簽結，並由金與麥金塔負責最終細節的檢視。出身《紐時》的邁可·羅（Michael Luo）是《紐約客》官網如今頗受敬重的負責人，網頁呈現的最終細節都得經過他。我那天抵達時，雜誌辦公室非常安靜，陽光灑了滿地，讓人感覺像是走進了三稜鏡。《紐約客》的多媒體編輯莫妮卡·拉希奇（Monica Racic）站在她的辦公桌前待命直播，佛立—孟德森跟其他幾人慢慢集合起來，而我則提議要合照一張。我的想法並不是要擺出一副勝利者的姿態來炫耀，而是希望大家能認真嚴肅的拍照存檔，但蘭尼克還是叫大家散夥。「這不符合我們的風格。」他邊說邊把湊過來的同仁噓走，然後所有人還是回去當起各自的小齒輪。

塵埃落定後我晃到辦公室的一扇窗前，望向了外頭的哈德遜河。我感到一陣麻木；佩姬·李[49]用低沉的歌聲唱著，「一場火，也就這樣而已嗎？」我希望新聞中的女性都能覺得值得，我希望她們能覺得自己保護了其他人。我納悶起自己之後會怎麼樣。我跟《紐約客》的合作關係僅止於這條新聞

49 Peggy Lee（1920-2002），美國流行爵士女歌手。

而已，在電視圈的路應該也斷了。在窗玻璃中，我可以看到自己的黑眼圈，外頭的世界在閃爍的地平線上清晰可見。一架新聞採訪直升機盤旋在哈德遜河面上，俯瞰著一切。

我的手機響起第一遍，然後第二遍。我衝到最近的電腦旁邊，打開了瀏覽器，我的電郵收件匣、我的推特，還有我的臉書，紛紛乒乒乓乓地警示聲大響。訊息接連不斷地寄抵，畫面開始加速向下捲動。

最終我接到了新聞同業傳來的訊息，包括辛苦寫出《紐時》版本新聞的坎特與土赫。另外好幾名記者說他們也受過恐嚇。某雜誌寫手曾披露溫斯坦一則大消息，結果收到了他秀給我看的文字訊息跟放給我聽的語音信箱，最終溫斯坦更是一不做二不休，露骨地威脅他跟他的家人。後來是聯邦調查局介入，他才照樣把報導登了出去。

但比起同業，更多的訊息來自陌生人。這些人雖然跟我素昧平生，卻一個個傳訊表示他們也有故事要說，而且當中除了女性也有少部分男性。有些訊息描述了令人怵目驚心的性暴力，也有些訊息的內容是其他類型的犯罪與貪腐。共通點是所有人都悄悄提到權力與體系是如何遭到濫用——包括政府、媒體、司法部門——為的都是把事實掩蓋起來。

新聞熱騰騰發出去的那天，梅莉莎．婁納，也就是在任職天狼星衛星廣播期間與我結識的前《今日秀》製作人，也傳來了一封我差點沒注意到的訊息：「你們當中還有其他小哈維。」

第四十三章　一丘之貉

「我想我們的新約有得談了。」諾亞．歐本海姆那天傳了訊息給我。原本我留在NBC會給他們扣分，現在我要是走了才會讓NBC被扣分。他電話打來時，我新聞發出去還不到半小時。「我很高興看到你把新聞做出來了。」他說。「很好很好很好！」他接著說：「我想你可以想像在夜間新聞跟MS（他指的是MSNBC），每個人都多多少少在打電話問說，『嘿，我們要怎麼聯絡上羅南？我們可以跟他約時間來聊聊這篇報導嗎？』所以我只是想來電問問你的想法如何。」歐本海姆說他們會恢復我在NBC的頭銜，好方便我上節目。

「唯一一個讓我猶豫上NBC的理由，是我不想讓NBC裡的老同事或你難做人。很顯然哈維在這條新聞後面又製造了一條新聞，與這段黑歷史重合的正是他對付我的主要過程。」我告訴歐本海姆。「萬一被問到這段在NBC的黑歷史，我實在不想顯得支支吾吾。」

但歐本海姆跟孔布勞也不是省油的燈，他們可不會輕易讓我閃避掉這個問題。在當時，好幾名媒體記者已經打電話給我，宣稱說兩人已經開始四處放話掩蓋這條新聞在NBC的黑歷史。這樣的壓力讓我暫時放棄打電話給《紐約客》的公關主管拉貝以及強納生。就在我與歐本海姆通話的同時，CNN的傑克．泰波（Jake Tapper）發了推特說，「說起媒體間的狼狽為奸，大家要不要想想為何羅南．法羅身為NBC的記者，卻要跑到《紐約客》寫這篇報導？」沒多久泰波就在鏡頭前讀了一段引文，「一名ＮＢＣ消息來源告訴《野獸日報》說，『他把一開始在ＮＢＣ沒有達到標準的溫斯坦報導拿來，去做了這篇新聞。他當初在ＮＢＣ的東西，跟他現在最終登出的稿子，完全是兩碼子事情。在ＮＢＣ的時候，他連一個願意現身說法來指控的人都沒有。他登出來的新聞跟他提供給ＮＢＣ的東西可以說天差地遠。』」然後泰波就皺起了眉頭說，「那在我看來更像是個真正的謊言。」

當我提到上了電視我就無法說謊時，歐本海姆緊張地笑了笑。「我是說，聽著，除非——除非你是想要，比方說——我是說，你聽起來不像是要把事情抖出來的感覺——除非你是想要提到——」

「不不。」我說。「我很老實地說，諾亞，我的目標一路走來都沒有變過，那就是讓這些女性的故事擔綱主角，而不要受到其他事情的干擾。」

歐本海姆問我願不願意趕到洛克斐勒廣場三十號來拍一段東西，給夜間新聞用，我感覺自己是在被利用，他們叫我過去只是把我當成公關問題的除臭劑。但話說回來，我報導的女性確實值得一個在ＮＢＣ平台上曝光的機會，而且老實說，我也很想念自己的舊職位。我告訴自己故事背後的故事我不用說謊，頂多就是避而不談就好。

幾小時後我的手機砰了一聲：「羅南，我是麥特．勞爾，容我第五百六十七個恭喜你寫出這麼精采的報導！」

❖

與歐本海姆達成的協議，讓我就像在走鋼索一樣緊張。在其他的新聞網，我會閃避問題，然後盡量把焦點拉到女性受害者身上。而在ＮＢＣ的節目上，我的頭銜就像跑馬燈一樣換來換去：一下子是供稿人，一下子是特派員，有時候前面會加上調查一詞，有時候不會，可能是我死而復生太快，所以他們還沒喬好吧。那天下午我抵達NBC要錄製給夜間新聞用的影片，老同事們臉色鐵青地靠了過來。一名經常做警察線的製作人像是因為悲傷發起抖來，說他原本很願意幫忙做這則新聞，而他不明白事情為什麼會變成現在這樣。一名特派員發訊息說，「身為性虐待的倖存者，我感覺我們所服務的媒體跟梵諦岡是一丘之貉[50]，都在跟性犯罪稱兄道弟，幫他們擦脂抹粉。」這些都是我所認識最優秀的記者，都是我引以為傲在NBC稱為同事的夥伴。他們都是豁出去在堅守新聞網的理想：真相與透明。「這棟大樓裡每個把新聞工作當一回事的人，都對眼前的狀況感到非常不痛快。」調查新聞部的另一名同仁後來告訴我。「我們花了很長的時間才走出這段傷痛。」

明明是麥克修跟我辛辛苦苦做出來的新聞，但我卻像個客人似地被另一名NBC特派員訪問，感覺非常怪。對特派員來說，他只是接受指派來採訪一件當紅新聞罷了。這段節目裡提到了哈利斯與維納從我的稿子裡刪掉的東西，包括溫斯坦影業裡有一票員工表示他們目睹過老闆行為不檢。「新的指控像漣漪一樣在整個好萊塢圈子裡餘波盪漾，主要是警方一次釣魚辦案的錄音，錄到了溫斯坦與一名指控者的互動，而這錄音如今浮出了水面。」萊斯特・霍特那晚在電視上嚴肅地說。「以下是NBC的安妮・湯普森（Anne Thompson）報導。」而這段話也充滿了違和感：什麼叫一段錄音「如今浮出了水面。」誰能說說這錄音在浮出水面前都待在哪裡？肯定不是在諾亞・歐本海姆的辦公室裡悶了五個月。

幾個小時後，在一間我以前用來接待節目客人的綠室當中，我看著瑞秋・邁鐸（Rachel

50 教廷多年來曾接連發生神父性侵少年的醜聞，至今無法根絕。

Maddow）在角落的小螢幕上開始了她的節目。有二十分鐘的時間，她敘述近年來較知名的性侵害與性騷擾案件，並著重媒體在擔負社會責任上的不及格表現。她一路從比爾．寇斯比講到福斯新聞網的事情，再拉到娛樂新聞《好萊塢探祕》的川普錄音帶引起的喧然大波。「那捲錄音帶到這禮拜就滿一週年了。」她話中帶刺地說。

話題來到溫斯坦後，邁鐸跟所有人一樣都非常看重那段錄音。她座位背後的布景寫著「我習慣了這樣」，而她則質疑為什麼這樣的事情可以瞞著世人如此之久。「這些指控是如此廣為人知且顯然獲得默許。」她說。社會大眾「要面對的事實是有一宗企業級的陰謀在設法掩蓋真相。」

我感到疲憊又矛盾。歐本海姆用「官復原職」來利誘我，其實發揮了效果。即便有千萬個不應該接受的理由，我都還是很渴望成為ＮＢＣ新聞網的記者兼主播。我考慮的不是當下這瞬間在電視與推特的爆紅，而是當這一切塵埃落定後，我該何去何從。但我眼前是邁鐸以她非常講究的方式在鋪陳我們的對話，包括她也沒忘了拿我回到老東家受訪的複雜心情開刀。

錄影現場，只見畫著眼影的邁鐸一身黑外套，已在定位上坐好。她把上半身的重心前傾，同時展現出同理心與狼性。「很顯然這對你而言是一場漫長的追逐。」她說。「你剛開始追查這則新聞時，人還在ＮＢＣ任職。但最終你是跟《紐約客》聯手發了這條新聞——這點你願意談談的話我會很想聽。」我按計畫顧左右而言他，但她最終用力地看著我說，「羅南，我還有一兩個問題要問你。理論上我不該留你到第二部分，但我在這邊要先斬後奏一下。」在廣告回來後，她回到了共謀與掩蓋真相的話題上，而她丟出的問題是：「為什麼你不是有始有終地在ＮＢＣ發出這條新聞，而是繞了一大圈去跟《紐約客》合作？」

我感覺得到邁鐸的眼神，也感覺得到頭頂的熾熱燈光。雖然她也算給了我很多警告跟提示，但我實在是沒有準備好回答這個問題。「聽著，關於這則新聞的細節，你得去問ＮＢＣ跟ＮＢＣ的長官們才是。」我說。「我只能說這麼多年來，許多新聞機構都繞過了這條新聞，並在過程中承受了很大的壓力。如今慢慢有報導浮上檯面，社會大眾也慢慢認識到媒體所承受的是什麼樣的壓力。」我說有人曾威脅過要告我，還說《紐時》也被威脅過。我沒辦法替其他受過威脅的人發言，但我可以保證壓力絕對存在。

「ＮＢＣ這邊說，你應該知道，說你沒有——說你的新聞還不到能播出的程度。ＮＢＣ說你去找他們的時候，那條新聞還沒到位。」她指的是歐本海姆跟孔布勞說我只是提了案，但卻沒做出東西來，最終更自顧自轉投其他媒體。邁鐸把一根食指壓到了壓克力的主播台上，她臉上的眉毛弓起來，而在主播台面上，她反射的眉毛則像跳水似地下彎：若論質疑的表情，這稱得上是太陽馬戲團的等級。「但很顯然你去找《紐約客》的時候，新聞已經完全是可以發出去的狀態。」

我上節目前跟歐本海姆說得很明白，我會盡量閃但不會說謊。「我走進《紐約客》的門口，手裡握著的是照講早就該公諸於世的爆炸性新聞。很顯然，《紐約客》非常識貨。」我說。「說這新聞沒有準備好，是不準確的說法。事實上在ＮＢＣ內部，他們好幾次的結論，都是這新聞可以報導。」

我可以感覺到自己說要以和為貴的承諾，連同我在新聞網的前途，都一點一點消逝。邁鐸對我投以同情的眼神。「我知道這條新聞在報導過程這部分，對你來說並不是很好啟齒的話題，我也知道你不想讓自己搶了這條新聞的風采。」她說。

「重要的是，」我說，「這些女性拿出了令人咋舌的勇氣，做出這些令人佩服無比的指控。她們撕心裂肺地重述了痛苦的回憶，讓自己受到二度傷害，只因為她們相信這麼做可以在未來的日子裡保護同為女性的其他人。所以這件事不應該聚焦在我身上，也不該聚焦在茱蒂·坎特所做出那優秀而重要的報導上……最終我們是在服務這些真的辛苦了的女性，而我的希望是大家能夠聽到她們的聲音，聚焦於她們想傳達的訊息。」

我走出錄影現場，眼淚隨之決堤。

第四十四章　充電器

剛下節目，邁鐸就接到了電話。她在錄影現場走來走去，手機壓在她耳朵上，旁人即便隔著段距離都能聽見葛瑞芬激昂的說話聲。接著是歐本海姆打給我。「所以我現在是前ＮＢＣ供稿人——還是什麼鬼？」我開起他玩笑。

「瑞秋．邁鐸要怎麼搞我管不了。而且**相信我**——」歐本海姆說道。「聽著，事已至此，我有些話不得不說，而我必須說很遺憾，這場面已經燒成一片火海。」

歐本海姆聽起來很緊張。他聽說他們得發布聲明，以更大的聲量公開強調ＮＢＣ從來未曾擁有過這條新聞。並且他希望我能為此聲明背書。

很快地，我們就重回到當初在他辦公室裡的鬼打牆，只不過歐本海姆已經從當時強調這條新聞為什麼不應該播，進化到他自始至終什麼都沒有強調過。

我問他有沒有跟溫斯坦談過，他說：「從來沒有！」

「諾亞，在拿哈維跟伍迪．艾倫合作過的文章給我看時，你曾說過：『哈維說——』」我提醒他。對此他輕嘆了一聲，改用哭腔說：「哈維．溫斯坦打過一通電話給我，一通！」

我跟歐本海姆一講就是幾個小時，期間馬克．孔布勞也加入了會談，並逼我簽下一份宛若卡夫卡小說，令人費解的折衷聲明，大意是ＮＢＣ承認這條新聞通過了法務與新聞倫理的審核，但也說其品質沒有達到「我們的播出標準。」這話讓我聽了很受傷。弄了半天，孔布勞原本就有用混淆視聽的聲明去掩蓋醜聞的不良紀錄。二〇〇七年，當時身為總統候選人約翰・愛德華茲（John Edwards）發言人的他，就曾花了數個月的時間打壓愛德華茲跟競選活動攝影師芮爾・杭特（Rielle Hunter）生過一個小孩的報導。孔布勞要求愛德華茲簽署一份切結書，否認自己是孩子的父親。愛德華茲對此表示拒絕，而杭特後來寫道：「那一瞬間，馬克就明白了真相。」但直到一個月後愛德華茲退出競選活動以前，馬克・孔布勞仍持續主導對外的否認工作，很顯然還覺得愛德華茲羸弱的推託之詞可以混得過去。後來愛德華茲因為在掩蓋婚外情時，違反競選財務法規而受審，孔布勞也一併被檢察官指控在審判前的供詞中隱蔽真相。孔布勞說那只是檢察官沒有問對問題罷了。愛德華茲後來在其中一條刑事罪名上被宣判無罪，至於其餘的罪名則被宣告審判無效。

當時我對這些一無所知。我依舊為了在NBC的前途，想留點餘地給我和這些長官。我告訴他們我無法加入發虛偽聲明的行列，但也保證再被問到像邁鐸這樣的問題，我會避免正面回答。

某個點上我的手機電池用罄，吼到一半的歐本海姆聲音嘎然而止。我人還在MSNBC的綠室。我借了個充電器把手機插上。等待充電期間，一個還待在公司的知名幕前人員在我身邊坐下，一派輕鬆地說起話來：

「諾亞是個渾蛋王八蛋，安迪是個渾蛋王八蛋，他們倆都得滾蛋。」

「你是說這之外還有別的事情？」我問。

「我個人知道的就還有三起。」

「《好萊塢探祕》的錄音帶，」我說。「這次……」

「然後另外還有一樣，跟這裡的藝人有關係。」

我瞪大了眼睛。但此時電話再次復活，歐本海姆又重新打了過來。

❖

在1A攝影棚的燈光下，麥特．勞爾看著我的眼光活像是被點燃的TNT炸藥，而他也同時向我說明了整件事最新的官方口徑：「你追這條新聞追了很久，包括在NBC跟在《紐約客》時期都是。我知道說服這些女星站出來公開進行指控，是一個漫長而艱辛的過程。」他說我不論是「跟NBC還是跟《紐約客》」，當中合作關係都不是烏托邦式的齊心協力。在拍攝的頭幾天裡，我們邀請了一名公開站出來的女性。你可以在那一部分的影帶中看到我的眉頭一挑。勞爾那天在錄影現場感覺很怪，可以說十分焦躁。聽我談起在職場上那些性方面的行為不檢，還有那與公報私仇之間的千絲萬縷，他先是顯得如坐針氈，後來還直接插話，念起霍夫麥斯特關於溫斯坦的聲明。他一動，燈光也在他量身訂做到無懈可擊的海軍藍西裝上折射出光芒。

幾小時後，歐本海姆召集調查新聞部的所有製作人與記者，一為「釐清真相」，二為「減輕誤會」。期間他一提到新聞網根本從未擁有過這條新聞，麥克修就聽不下去了。「不好意思，諾亞。」他說。「但我必須要提出異議。」歐本海姆看來有點吃驚。這場會議開始不受他控制，記者之間冒出一個又一個的提問。新聞網為何不直接把錄音檔公諸於世？歐本海姆若覺得新聞內容不夠充實，為什麼又不讓麥克修跟羅南查下去？這些問題似乎都得不到令人滿意的答案。「我不懂什麼狀況會讓一家新聞機構——即便他們一開始覺得記者的報導不夠鐵證如山——不表示『公司會加碼給你們更多資源。』」在場的一名資深記者如是說。「這對我來說可笑至極，我想在場的其他同仁也會同意。」

隔天早上，麥克修的手機響起，打來的是歐本海姆的助理。「諾亞想見你。」歐本海姆說他想要說明一下，麥克修當著——講到這他似乎心揪了一下——**所有同仁**面前提出的質疑。「哈維．溫斯坦派律師一個個打給我們，一打就是七個月，而我從來沒有跟任何一名同仁說過：『這新聞不准做了。』」歐本海姆說。

「我就被下令說要停追這條新聞啊。」麥克修說。「羅南跟我的感覺都是按當時的走向，NBC沒打算要發這條新聞了。」

「最後還不是老子我**把他媽的這條新聞發出去！**」歐本海姆失控而憤怒地說。「我現在是萬箭穿心，」他說，「外面傳得好像我跟強暴犯是一夥的一樣。**好啊！**當初羅南被MSNBC砍掉節目，是誰讓走投無路的他有一份工作？這條新聞最早又是誰的主意？」

「我沒有在扣你什麼帽子。」麥克修話說得冷靜。

但此刻歐本海姆已經在內心有了疙瘩。看到大衛．蘭尼克對各種提問應答如流，尤其讓歐本海姆惱火（「從他一走進雜誌社門口，你就決定要發這條新聞嗎？」一名CBS記者問蘭尼克。「你說得一點都沒錯。」蘭尼克回答。「大衛．蘭尼克砍掉過肯．奧列塔的報導！」歐本海姆對麥克修吼說。「在羅南踏進他公司門口之前，蘭尼克這十六年什麼都沒做。看著像他那樣的人擺出一副道貌岸然的模樣，這口氣我實在吞不下去，他可是砍掉了自家的溫斯坦報導，年復一年只知道袖手旁觀，然後現在突然跑出來說，『**我是個大英雄，因為我讓羅南把這條新聞做完。**』」但問題是，蘭尼克就是讓我把新聞做完了，而歐本海姆沒有。那場會面有夠「狂」，麥克修後來回想。他看得很明白，歐本海姆就是想拉攏內部某個人來認同他粉飾太平的說法。他權衡這當中的利害。剛剛讓他狗血噴頭的是他老闆的老闆，而麥克修既沒有我的發聲平台，也沒有我的名氣護體。新聞網要默默斷了他的生計可說非常容易，而且他的死活不會有人關心。麥克修有四個女兒要養，而他的合約又即將要重簽。

那天走出會議，他深有前途茫茫的感覺。他在想面對來自上層的文攻武嚇，他究竟能堅守理念到什麼時候。

❖

這新聞炸出的爆炸半徑，被波及的並不只有NBC的諸位主管。希拉蕊・柯林頓在《紐時》與《紐約客》發布報導間的那個周末變成了啞巴，記者找上門來也拒不受訪，跟同時間其他政治人物的義正詞嚴形成極大反差。替溫斯坦編輯過《托克》（*Talk*）雜誌的蒂娜・布朗（Tina Brown）開始對外說，她曾在二〇〇八年的競選過程中警告過柯林頓團隊，所以他們應該知道溫斯坦是什麼樣的貨色。身為作家與演員的莉娜・丹恩（Lena Dunham）披露說，在二〇一六年的競選過程中，她曾告訴柯林頓的幕僚說找溫斯坦募款與籌辦活動是扣分的行為。「我只是希望你們知道哈維是個強暴犯，而這事遲早紙包不住火。」她記得她跟其中一名公關是這麼說的，而她警告的柯林頓幕僚不只一人。

五天後，柯林頓發表了聲明說她「震驚且訝異。」我去找了尼克・梅瑞爾，也就是代表柯林頓「關心」過我報導的那個人，告訴他說我的外交政策著作會收錄所有在世國務卿的訪談內容，另外會文情並茂地說明何以柯林頓會拒絕受訪。此話一出，電訪時間馬上就排出來了。

伍迪・艾倫曾在一個月前的電話中表達過對溫斯坦的慰問之意，此時又公開表達第二遍。「從來沒有人來找過我，或是稍微認真地跟我說這些鬼故事。」他說。「他們也不會這麼做，因為他們知道我沒興趣。我有興趣的只是拍電影。」然後他又說：「哈維・溫斯坦這整個事件，對涉入其中的每個人來說都非常悲哀。那些可憐的女人非常悲哀，人生被攪得一團糟的哈維也非常悲哀。」這些評論遭到批評之後，他說他講的是溫斯坦「這個人有病，而且很悲哀。」總之，他強調的重點是要避免「『獵巫的氣氛』讓每個在辦公室裡的男人得因為對女生眨個眼就得找律師辯護。」

梅莉史翠普從我這兒聽說相關指控時大吃一驚，而事發後她的說詞也跟當初大同小異。她遭受到不少不甚公平的批評。在洛杉磯，一名右翼游擊藝術家四處張貼把梅莉史翠普跟溫斯坦頭像放在一起的圖片，其中梅莉史翠普已經被刷上紅漆，上頭印著「她知道」的字眼。為此，梅莉史翠普透過公關發表了聲明（因為讓每個角色發揮最大的用處是電影聖地好萊塢的價值，所以這名公關也正好是伍迪．艾倫的公關，萊絲莉．達特〔Leslee Dart〕。伍迪．艾倫定期詆毀我姊姊的名聲，靠的就是萊絲莉）。「我們可以澄清的一件事就是，溫斯坦的行徑並非所有人都知情。」梅莉史翠普的聲明說。「如果事情真像大家想的那樣無人不知無人不曉，我不相信娛樂圈與正規新聞界那麼多的媒體與記者會放任這事數十年不聞不問。」我相信梅莉史翠普是真的不知情，但對她聲明中的天真樂觀則不敢苟同：雖然不是完全沒有記者嘗試過，但事實就是媒體一直知情而視而不見了那麼、那麼久。

第四十五章　睡袍

新聞中的女性也開始有了反應。她們有些人很痛苦，有些人歡欣鼓舞。相同的是所有人都表示心中終於落下了一顆大石頭。麥高文在歷經了數個月的起起伏伏後，謝過我。「你帶著一把璀璨的火焰刀前來。總之媽的，幹得好。」她寫道。「你算是幫了我們所有人一個大忙。我得說你真的很**勇敢**。」麥高文說她一直在跟溫斯坦不斷升高的攻勢與她節節高升的律師費大眼瞪小眼，就看誰能撐比較久。「我知道你有點不諒解我，但我必須擺出硬派的作風。」她解釋說。「私底下哈德跟布魯姆一直在恐嚇我。」

麥高文這一路走來可以說相當孤單。她鮮少讓人進入她的內心，少數的例外是她的新朋友「黛安娜・菲利浦」——也就是近期出現在溫斯坦一場作戰會議中的「安娜」。我新聞登出去的那一天，她也去關心了一下麥高文：

嗨，親愛的：

我這幾天經常惦記你。最近發生的每件事都超誇張的！

妳感覺如何？應該是又鬆了口氣，但也同時有很多壓力吧。應該很多人傳訊息給妳吧。我希望大家都在幫妳打氣。

總之，我只想告訴妳我覺得妳真的很有勇氣。非常以妳為榮。

我會盡快用電郵讓妳跟保羅連上線，好讓你們倆能去安排後續會議討論相關事宜。

親親

此時多名消息來源都已經提到一些主動找上門的個人非常可疑。與倫敦和解案有關的溫斯坦助理薩爾妲．柏金斯終於開始跟我聯繫。一開始她仍很強調她在法律上不得提及她跟溫斯坦共事期間的事情，但慢慢也開始全盤托出倫敦和解案一事。她說除了我以外，她還另外收到一個感覺不太正常的採訪請求，對方自稱是替《衛報》撰稿的賽斯．費里德曼。

❖

安娜貝拉．席歐拉也在新聞刊出的當天傳了訊息來：「你不僅漂亮地打敗了他，讓他不能再胡作非為，而且還向外界傳達了所有受害女性一路走來，到現在都還持續歷經的痛楚。」她寫道。等我打電話過去，她說她也是痛苦久久不去的女性之一。在我們的第一通電話中，她曾望向自家客廳窗外的紐約東河，掙扎著訴說起自己的遭遇。「我心想，『這一刻妳等了一輩子……』」然後苦痛開始滲入心扉「我發著抖。」她回憶說。「只想把電話掛上。」

真相是她已經掙扎著想把溫斯坦的事情說出來長達二十年之久。期間她一直活在對他的恐懼中；她至今睡覺時，床邊都會放一根棒球棒。她說溫斯坦曾經粗暴地強占過她，並在那之後又反覆性騷擾了她數年。

在九〇年代初期，席歐拉出演了溫斯坦製作的《紐約月夜情》（*The Night We Never Met*）之後，她說她被卡在了「米拉麥克斯的圈圈」裡動彈不得。川流不息的試片、活動與晚宴，讓她無法想像離開溫斯坦生態系的生活。在一次紐約的晚宴上，她記得「哈維在場，而我起身要走，結果哈維說，『喔，我順道送妳。』哈維不是沒有順路送過我，因此我不疑有他——還想說有人送挺不錯的。」最後在車裡，溫斯坦向席歐拉道了再見，然後她就上樓去到自己的公寓。幾分鐘後，她獨自一人正準備要就寢，卻聽到外頭有人敲門。「當時時間還不算太晚，」她說，「至少是沒有晚到什麼三更半夜，所以我開了個門縫，看看外頭是誰。而他就趁機把門整個推開。」席歐拉至此頓了一下，就像是身體不容許她把這個悲慘的故事說下去一樣。溫斯坦「像進自己家一樣走了進來，彷彿他擁有這個地方，然後開始解自己襯衫的鈕扣。所以很顯然，他是打定主意才行動的。而我身上就是一件睡袍，基本上沒穿太多。」他開始在公寓裡繞起圈來，而這看在席歐拉的眼裡，是他在確認公寓裡有沒有其他人存在。

席歐拉告訴我，當她聽到古提耶若茲所錄下的警方釣魚行動錄音，整個人就像被打開了開關。她記得溫斯坦曾用過相同的手法把她逼到牆角，讓她退到臥室中。「來這兒，來啊，別鬧了，妳在幹嘛，快來這兒。」她記得他是這麼說的。她試著要擺出堅定的立場。「我不可能跟你有什麼的。」她告訴溫斯坦。「你不能待在這，你得離開。滾出我的公寓。」

「他把我推到床上，用身體壓上來。」席歐拉話說得很掙扎。「我又踢又叫。」她說，但溫斯坦用一隻手把她的頭鎖進自己的懷中，然後硬上成功。「完事後他射在我的腿上，還有我的睡袍上。」那是件傳家寶，是我在義大利的家族親戚傳下來，用白色棉花繡成的好東西。「他說：『我的節奏真是抓得恰到好處。』然後他說，『接下來是給妳的服務。』」席歐拉不能自己地停了下來，止不住地拚命換氣。「然後他就嘗試要幫我口交。我想要掙扎，但全身剩沒多少力氣。」席歐拉說她全身開始劇烈顫動。「我想某種程度上，那就是他離開的原因吧，因為我看起來可能有點像癲癇發作。」

這些經過整理後，最終登在《紐約客》報導中的親身經歷，都非常的精確而寫實。那些文字沒有刻意傳遞記者在聆聽席歐拉或每個人被暴力性侵時，內心感受到那真實而蒼涼的醜惡，她哽咽，她讓記憶從啜泣的空檔中如火山噴洩。你只要聽安娜貝拉．席歐拉掙扎地訴說自身的遭遇一遍，那些故事就會留在你內心永遠永遠。

❖

在她所稱的攻擊結束了幾星期，乃至於幾個月後，席歐拉都沒有把事情跟任何人說，更從來沒有去報警。「就跟大多其他的女性受害人一樣，我對於所發生的事情感到非常羞恥。」她說。「我不斷在內心糾結，鑽牛角尖，但始終還是會捫心自問，為什麼我要開那個門？誰會那麼晚了還不設防地開門？我無疑感到非常尷尬、非常不能接受。我覺得自己要笨了，搞砸了。」她陷入了抑鬱，體重不斷減輕。她的父親雖然不明所以，但仍非常擔心，於是催促她去尋求專業的協助，而她也確實去看了治療師。但她說，「這事我連對治療師都說不出口。真的是很可悲。」

席歐拉一如許多其他受害者，都認為溫斯坦在報復。她說她幾乎是立即就感受到生計受到影響。「從一九九二年起，我一連沒工作了三年。」她說。「我只是一直鬼打牆地被說『我們聽說你很難搞；我們聽說這個，聽說那個』。我覺得那應該是哈維的機器在運作。」女演員蘿西．裴瑞茲（Rosie Perez）做為最先跟席歐拉討論這件事的朋友，告訴我說「她原本意氣風發，然後突然行為舉止變得怪怪的，最後更變得極其之宅。我整個看傻了。為什麼這個才華橫溢、發展順利，戲一部比一部紅的女人，會突然之間從雷達上消失不見？看著她的演藝生涯沒有按計畫綻放光華，讓同為女演員的我看著非常心痛。」

幾年後席歐拉終於回歸工作，而溫斯坦也又一次以不當的性攻勢追求她。一九九五年，她來到倫敦拍攝《無邪之眠》（暫譯，*The Innocent Sleep*）這部並非由溫斯坦製作的電影。按照席歐拉所說，溫斯坦開始留言給她，要她回電或去飯店找他。她不知道溫斯坦是怎麼找到她的。她說某晚他突然出現在她的房間外頭，開始猛捶房門。「之後接連好幾晚我都無法成眠。我把家具推去擋門，就像電影裡演的那樣。」

事隔兩年，席歐拉在犯罪電影《警察帝國》（*Cop Land*）裡飾演腐敗警官之妻莉茲・蘭頓（Liz Randone）。她說她去試鏡時，一開始並沒有察覺到這部是米拉麥克斯公司的電影。她是等到在談合約的階段，才得知溫斯坦的公司參與其中。一九九七年五月，就在電影發行前夕，席歐拉前去參加坎城影展。當她登記住進了位於安提貝（Antibes）的伊甸豪海角酒店後，一名米拉麥克斯公司的人員告訴她說溫斯坦的房間會在她隔壁。「我的心立刻一沉。」席歐拉回憶說。某天清早她還在夢鄉中，飯店門板就傳來了敲撞聲。昏昏沉沉的她想著自己肯定是忘記要早起弄妝髮了，於是迷迷糊糊地開了門。「站在門口的是全身只有一條內褲的哈維，他一手握著瓶嬰兒油，另一手則拿著一捲錄影帶，應該是部電影。」她回憶說。「那一幕非常恐怖，因為我是過來人了。」席歐拉說她轉身就跑。「他追得很快，一下子就逼上來，而我則胡亂按起所有衣服送洗或客房服務的按鈕，直到終於有人出現。」席歐拉說飯店人員一到場，溫斯坦就撤了。

時間一久，席歐拉慢慢向一小部分人敞開了心房。裴瑞茲說她聽熟人說起溫斯坦在倫敦飯店的獸行，便跑去質問席歐拉當時發生了什麼事。席歐拉把在公寓遇襲的事情告訴了裴瑞茲，而兒時曾遭親戚性侵的裴瑞茲當場落下淚滴。「我說，『喔，安娜貝拉，這事妳不報警不行。』但她說，『我不能報警。他會讓我在這一行裡待不下去。』」

為了鼓勵席歐拉站出來，裴瑞茲跟她分享了自己公開被攻擊一事的經驗。「我告訴她『我曾經躊躇不前好幾年，就像不停踩水，那真的是天殺的累死人了。或許把話說出來，就是妳的救生艇，妳就抓住船緣，浮出水面吧。』」裴瑞茲回憶說。「我說，『親愛的，水是永遠不會退去的。但自從我把事情公開，那些水已經縮小成了池塘，而我也在上頭搭了座橋梁。我可以，妳也一定做得到。』」

❖

等席歐拉決定要公開站出來後，我便告訴蘭尼克說我有資料可以補充。他指派了大衛・羅德（David Rohde）這名出身路透社與《紐時》的資深戰地記者來增援編輯的戰力。曾經被塔利班擄走的羅德，生得一張天使般的臉孔，你會覺得那張臉做不出惡意或欺騙的表情。

那年十月，他跟佛立－孟德森負責起一則專題，內容是諸多女性在猶豫著要不要把事情說出來時的內心糾結與掙扎，而這後來也寫成了一篇新聞。我們在當中納入了席歐拉的自敘，外加女演員戴露・漢納（Daryl Hannah）的陳述。戴露告訴我說溫斯坦也曾性騷擾過她，並說在二〇〇〇年代初期一次坎城影展期間，溫斯坦曾發了瘋地搥打她的飯店房門，逼著她走通往戶外的門溜出房間，在她化妝師的房間躲了一晚。隔天晚上溫斯坦又跑來，她只能用家具把門擋起來。幾年後，戴露人在羅馬參加《追殺比爾》（*Kill Bill: Volume 2*）續集的首映，而該片是由米拉麥克斯發行。這次溫斯坦直接現身在她的房間裡。「他有鑰匙。」漢納告訴我。「他穿過客廳來到臥房，就像頭發怒的公牛闖了進來。而我身上的每一個細胞都知道萬一我運氣不好，男性化妝師當時不在房裡，我的下場恐怕不會太好。那場面真的很可怕。」應是為了不讓意料之外的第三者覺得他闖進來很怪，溫斯坦趕緊瞎說要我去樓下的房間參加派對，但等我真的下去了，房間空空如也，唯一在的只有溫斯坦。他問我，「妳的奶是真的嗎？」然後開口說要摸摸看。「我說：『不可以！』然後他說：『那起碼閃一下給我看。』而我說：『給我滾，哈維。』」隔天早上，米拉麥克斯公司的私人飛機就拋下漢納飛走了。

席歐拉與漢納都提到了是哪些力量在讓女性噤聲。漢納說她一開始就逢人到處講，除非對方不願意聽。「而我發現根本沒差。」她告訴我。「妳是不是有名的女演員沒差，妳是二十歲還是四十歲也沒差，妳有沒有報案同樣沒差，因為反正沒有人會相信我們。事實上說沒人相信是客氣了——我們會被譴責、被批判、被怪罪。」

另一方面，席歐拉一直畏懼把事情說出來的理由，也是許許多多性侵倖存者怯於開口的理由：亂棍在毆打她們內心的創傷；還有就是害怕被報復與污名。「現在我不論上館子或去參加活動，旁人都會知道我發生過什麼。」席歐拉說。「他們會看著我，然後他們會知道我的過去。我是個非常重視隱私的人，而這肯定是最破壞隱私的事情了吧。」

但除此之外，席歐拉保持沉默還有一些特定的因素。溫斯坦的魔掌席捲了整個媒體界，所以你根本無從判斷誰能信誰不能信。「經年累月，我算是認清了哈維這人有多神通廣大，你真不知道他控制了多少記者跟多少八卦專欄作家。」她說。

她沒有證據，但她堅信溫斯坦派人監控她，記錄她的一舉一動，或是找臥底用各種理由接近她。她承認這聽起來有點被迫害妄想。「我之前提防你，是因為怕你是溫斯坦的臥底。」她說。「跟你說話時，我怕你不是我以為的那個人。」我順勢問她有沒有可疑人士接觸過她，她努力回想。「說有個英國記者打了通讓她不太舒服的電話來。「那人講話讓我覺得很唬爛。」她告訴我。「我怕是哈維的測試，看我會不會爆他的料。」她在簡訊裡找了一會兒，有了，就在八月分他聯絡我之後不久，費里德曼也傳了封訊息給席歐拉說：「嗨，席歐拉女士，我是賽斯，倫敦的那個記者……您會不會有空跟我很快通個電話，替我們的報導增色呢？最多十分鐘，我們的研究非常需要您的協助……」

第四十六章　假託

賽斯．費里德曼這人介紹起來，稱得上多采多姿。他是個眼神很狂的小男人，留著濃厚的鬍子，頭髮感覺永遠弄不直。他在倫敦幹過股票營業員，後來移居以色列，在以色列國防軍（IDF）的作戰單位裡服役了十五個月——那是二〇〇〇年代的事了。他後來轉型為吹哨人，把自家金融公司如何操弄批發天然氣價格的事情讓《衛報》刊登出去，最終也因此遭到解雇。他的文章讀來有一種碎碎念跟滑稽的感覺，而且動輒不諱言自己有吸毒的習慣。二〇一三年，他出了一本小說叫《死貓跳》（*Dead Cat Bounce*），講的是一個吸古柯鹼的倫敦金融業人士跑去加入以色列國防軍，然後被捲進全球性的諜報與犯罪風雲，並從頭到尾都打著自己是《衛報》撰稿人的幌子。費里德曼寫起東西就像道上兄弟，讀起來活像是英國導演蓋．瑞奇（Guy Ritchie）的黑幫電影台詞：「用刀分成一條線的白粉，是最完美的莫希托雞尾酒。懂我的比喻嗎？蘭姆酒、萊姆、糖、薄荷——是啦、是啦、是啦，但相信我，最完美的莫希托就是窮人的查理、膽小鬼的白雪、直男的小張。」[51]

二〇一七年的十月底，在跟席歐拉談過之後，我追起了費里德曼的電話，並告訴他我想要談談。我告訴他說這事有點急，於是WhatsApp的訊息連番殺到。「超級恭喜你的報導一炮而紅。」他

51 查理、白雪、小張都是古柯鹼的俚語。

說。「我一直有在留意你。」他說他持續有跟一家英國報紙合作，為的也是能把這類新聞散播出去。後來他解釋了自己是如何把他跟麥高文與另一名溫斯坦指控者的對話錄音交給《衛報》的周日版，也就是《觀察家報》（*Observer*），而《觀察家報》也根據訪問登了幾篇文章。只不過那些文章都刻意繞開了費里德曼的姓名，隻字不提誰做了這些訪問，目的又是什麼。

費里德曼宣稱他分享這些錄音，單純是出於一種想幫忙披露真相的心情。他甚至主動表示願意協助我的報導，並三兩下就傳了一張截圖，上面顯示一份文件的標題是「目標清單」。這份文件是資料的一部分，而全部的資料加起來有將近一百個名字：溫斯坦的前員工、要弄溫斯坦的記者，還有最重要的、那些站出來指控溫斯坦的女性：蘿絲・麥高文、薩爾妲・柏金斯、安娜貝拉・席歐拉。我報導中的許多消息來源都列名其上，其中好幾人都曾不安地懷疑過自己被監視或跟蹤。優先順序較高的目標被標示為紅色。這跟魯貝爾與多伊爾・錢伯斯協助編纂的是同一份名單，某些目標人物後面還加註了魯多二人與其對話的最新紀錄。

用訊息筆談幾小時後，我跟費里德曼通上電話。一開始他反覆說著他是如何只以記者的角度對這件事感興趣。「我大概去年十一月接獲線報說有事要發生，外傳有人在查溫斯坦。」他說。「當時我只是想寫一篇關於好萊塢的報導，我想談的是好萊塢的人生樣態。」

但繼續往下談，愈來愈多關於「哪些人」在「調查」溫斯坦指控者的細節浮現了出來。一開始他稱呼這個鬼鬼祟祟的團體「他們」。「我算是之前就知道『他們』了，但我初認識他們的時空環境與如今大相逕庭。」後來，「他們」慢慢變成了「我們」。「起初，我們覺得這只是……寡占市場裡寡頭A跟寡頭B的正常商戰，一種一山不容二虎的概念。」他說。他最初收到的檔案詳述了溫斯坦在商場上的對手，包括愛滋病研究基金會的董事會成員。但費里德曼說隨著資料的重點轉移到麥高文、柏金斯與迪克斯身上，他開始對扯上這件事感到有些不安。「弄半天，這關乎的是性侵害的問題。我們於是把手抽了回來，並表示天塌下來我們也不想扯進這種事。但我們怎麼抽身呢？畢竟他是花錢雇用我們。」

我滿腦子問號思索著賽斯．費里德曼是替誰在幫溫斯坦工作。「我們現在講的是私家調查員在幫溫斯坦工作，還是在說其他記者同業？」我問。

「嗯嗯，前者，是前者。」他語帶保留地說。「我待過以色列軍隊。」他說。「我在以色列的情報系統裡有不少人脈。這樣即便我不明說他們是誰，你心裡應該也有個底了吧。」

我還是不放棄。「你可以隨便給我一個組織成員的名字，或是直接告訴我這組織叫什麼嗎？」

終於他挑明了說，「他們叫黑立方。」

❖

對你或我來講，「私家偵探」一詞會讓人聯想到的畫面是酗酒的退役警察在破落的辦公室裡工作。但對不缺錢的企業與個人來說，這一行能提供的服務早就與時俱進，讓人完全認不出來了。回到一九七〇年代，一名名叫朱爾斯．克羅爾（Jules Kroll）的前檢察官用自己的姓氏創立了德安華公司[52]，服務對象為律師事務所與銀行，公司員工則有前警察、聯邦調查局幹員、鑑識會計師背景的人才。這樣的「公式」，在一整個世代的模仿者推動下，於二〇〇〇年代大行其道。其中以色列更成為這類徵信公司的溫床，主要是以色列的徵兵制有著傳奇色彩，戰功彪炳的特務機構摩薩德，提供了

52 克羅爾跟德安華的英文都是Kroll。

源源不絕且訓練有素的幹員。以色列業者率先強調不同於傳統的商業間諜服務，當中包含「臥底」：讓幹員以假身分進行活動。

青出於藍而勝於藍，把德安華的公式發揚光大的以色列業者，正是黑立方。黑立方誕生於二〇一〇年，創辦人是丹・佐瑞拉（Dan Zorella），以及與溫斯坦律師團通過電郵的艾維・亞努斯博士。佐瑞拉與亞努斯都是以色列情治單位的老將。從創立之初，黑立方就跟以色列軍情高層交情匪淺。摩薩德的傳奇前局長梅爾・達干（Meir Dagan）就一直到二〇一六年死前，都坐鎮黑立方的顧問委員會。達干曾這麼對一名大亨推薦過黑立方的服務：「我可以幫你找到私人專屬的摩薩德。」

黑立方慢慢茁壯成一支幹員逾百人的團隊，可跨三十種語言辦案。他們把據點開到了倫敦、巴黎，最後還把極其寬敞的總部搬到特拉維夫市中心一座光彩奪目的高塔裡，一扇曜黑的低調大門背後。進到門後，你會看到更多什麼標誌都沒有的門板，還會看到那些門上的指紋辨識器。在該公司的接待區，你會發現從豪華舒適的裝潢，到懸掛的藝術品，大大小小的東西都在呼應黑立方這個主題。在其他房間裡，幹員們把「假託」[53]的理念進行到前所未見的極致。光在一張辦公桌上，你就能看到一個個儲物格裡放著二十支不同的手機，每一支都有不同的號碼跟不同的人物設定。所有人都得接受例行的測謊，確保情報沒有被洩漏給媒體，包括工友都不能豁免。

黑立方與正牌以色列情報機關的差別，只是一條細線。一份法庭文件披露，這些私人徵信機構是「專做大型機關團體與政府部門生意的徵信服務供應商」。所以擔任過以色列內閣總理的埃胡德・巴拉克會推薦黑立方給溫斯坦，也就不足為奇了。

❖

我用電話跟電郵對特拉維夫進行了地毯式轟炸，沒多久一家主打不動聲色的公司開始悄悄出了聲，而且後來還簡直像在嘶吼。特拉維夫一個專門給危機善後的接案公關，艾多・明科夫斯基（Eido Minkovsky），編排出一道正式而空洞的否認，他在一通通電話裡對我又是裝熟又是灌迷湯。「我太太看過你的帥照。」他說。「她絕對不准給我去紐約。我已經把她的信用卡沒收了。」

「你嘴巴可真甜，我肯定你這點。」我說。

「是啊，我就是靠這張嘴吃飯的。」

然後一連串更為露骨的電話會在每天一大早打來，我跟羅德會這麼早在他辦公室裡討論工作，還是因為時差的關係。打這些電話來的是兩名跟黑立方過從甚密的男人，並要求要匿名。一開始他們統一陣線否認到底。他們說公司僅幫溫斯坦進行網路調查，並說其幹員從未接觸過任何指控者或記者。「我們從來沒接近過這兩種人。」兩名有以色列口音、聲音較低沉的那名男子說，他應該也是資格比較老的那個。「我也跟我的團隊確認過你在報導裡寫到的那些人：安娜貝拉・席歐拉、蘇菲・迪克斯、蘿絲・麥高文……」而當我提起班・華萊斯跟我覺得自己被鎖定的疑慮，得到的回覆是：「我們一般不會把記者當成跟監的目標。」為此那個比較資淺，嗓音也比較高而亮的匿名幹員說他們「可以發誓。」「我們是塔木德[54]的猶太人！」他說。「我們不隨便亂發誓的！」這些通話可以說在嚇人中帶著幾分娛樂。

他們承諾會寄送內部文件，證明黑立方不曾尾隨過指控者或記者。「我今天就會把文件寄過

---

53 一種社交工程技術，具體內涵是營造出虛構的情境來誘騙目標說出鎖定的資訊。
54 Talmud，猶太教的宗教經典。

去。」低沉嗓音說。「我們會用一次性的電郵或找台伺服器寄，你等著就是了。」

電話掛上半小時後，一則訊息傳自加密的電郵服務ProtonMail，信裡夾著附件。另一則訊息在幾小時之後發來，這次又是來自另一個電郵服務Zmail，當中又添了幾個附檔。我心想他們知道要分散到不同的帳戶寄出，這點還滿聰明的。「哈囉，朋友的朋友，」第一封電郵說，「隨函附上關於ＨＷ（哈維．溫斯坦）與ＢＣ（黑立方）一事的新資訊。祝安好，加密處理。」

寄出這封信的ProtonMail帳戶名為「沉睡者一九七三」。

第四十七章　跑起來

那封信的附檔是黑立方與溫斯坦合作的完整紀錄。雙方第一份合約簽署於二〇一六年十月二十八日，後續幾份追加的合約包括簽於二〇一七年七月十一日，雙方為了請款問題發生口角後的修正版。根據那最後一份合約，黑立方會提供服務到十一月結束：

本案宗旨是：

（a）提供情資協助客戶徹底阻止紐約某知名報社登出某篇負面報導文章（下稱「該文」）

（b）設法針對某本尚在撰寫中，且內含負面資訊將損及客戶利益的書籍（下稱「該書」），進行額外內容的獲取。

黑立方承諾「提供一支熱衷於工作的情報專家團隊，在美國與其他有必要的國家執行任務」，相關成員將包括一名專案經理、若干名情資分析師、語言專家、專門負責在社群媒體上創造假身分的「分身操作員」，還有是「在社交工程上經驗豐富的任務專家」。黑立方同意「應客戶請求聘請一名調查記者」，以四萬美元的代價讓該記者完成每個月十次的訪談，為期四個月。黑立方會「積極將記者進行訪問的成果回報給客戶」。

黑立方另外承諾會提供「代號為『安娜』的全職幹員（下稱『該員』），按客戶指示常駐紐約與洛杉磯，全天候協助客戶與其律師團，為期四個月。」

合約附上讓人眼珠子要掉出來的請款單：加一加可能突破一百三十萬美元大關。這些合約上的簽名屬於黑立方的總監艾維・亞努斯博士，還有就是代表溫斯坦的ＢＳＦ法律事務所。這一點讓我大吃一驚，因為波伊斯的事務所也**代表**《紐時》，但眼前我看到的確實是大律師用藍墨草書寫上的娟秀簽名，請黑立方協助他封殺《紐時》的報導，竊取麥高文的書稿。

黑立方強調其行事計謀都經過國際上的律師認證，恪遵法律規範。但我很快就聽在私人情報圈子裡的消息來源說，黑立方最出名的就是不守法。二〇一六年，兩名黑立方的幹員因為威脅女檢察官與駭進她的電郵在羅馬尼亞入獄。這兩人後來被定罪但獲緩刑。「隱私法、個資法，」一名直接涉入黑立方運作的人員告訴我，「他們幹這一行的，哪有可能不違法。」有家以色列私人徵信業者與黑立方打過交道，同時也與其在市場上競爭，而該業者的負責人告訴我說，「他們幹的事情，五成以上都犯法。」我問他要是懷疑自己被跟蹤該怎麼做，而他說，「跑起來。」

隨著我們與以色列人的對話愈來愈有爆點，我開始有幾個晚上睡在借來的《紐約客》辦公桌前，而沒有天黑了還在大街上四處移動。

❖

合約檔案傳過來後幾小時不到，我已經跟大衛・波伊斯通上電話，而這也開啟了我們接連數日的對話。一開始他不很確定自己要不要讓這些對話成為正式紀錄，他說他正忙著公益的案子，包括透過協商讓一名在委內瑞拉入獄的美國年輕人重獲自由。他還擔心自己的意思會被扭曲或斷章取義。「某集《不可能的任務》電影裡有個反派說過，這事一言難盡。」他在一封電郵裡寫道。我對他引用這句話感到十分不解。這句台詞出現在第三集，那幕戲前半段感覺像好人的比利．克魯登（Billy Crudup），坐在被綁在椅子上、滿身是血的湯姆．克魯斯前方，畢竟在劇本的起承轉合裡，英雄就是要在「轉」這個階段這樣被綁一下，而露出真面目的壞蛋就照例長篇大論一番，把自己都幹了哪些壞事通通說出來。「這事一言難盡。」克魯登說。他擔心自己的身分會暴露。「有別人看到嗎？」他問起能將他與惡棍連結起來的證據，一邊表情誇張到感覺他已經讀過了劇本，知道是他的最後一場戲。

波伊斯最終同意進行可公開的對話。「我們實在不應該簽約付錢給我們不能挑選也不能指揮的調查員。」他告訴我。「在當時，那看似對客戶是很合理的安排，但顯然我們沒有把事情想清楚，那是我的錯，我當時錯了。」波伊斯坦承側寫記者與扯他們後腿的作法是有問題的。「整體而言，我不認為對記者施壓是恰當的行為。」他說。「如果真的有這樣的事情發生，那真的是很不妥當。」接著他開始慢慢流露出他個人遺憾的情緒。「回過頭看，就我二〇一五年時知情的程度，我應該要被告知有這問題存在，然後我應該要做點處理。」他提二〇一五年是指聶斯特跟古提耶若茲的指控浮出水面時。「我不知道二〇一五年之後有沒有發生什麼事，但要是真發生了什麼事，那我想我是有責任的。我也覺得如果有人早點採取行動，那對溫斯坦也會是比較好的事情。」

我必須要肯定波伊斯像條漢子對所有事情坦承不諱，包括合約裡代號安娜的黑立方幹員與外聘的前《衛報》撰稿費里德曼。我把他跟黑立方簽的合約傳過去，他也很乾脆地回覆我說，「兩個都是我簽的名。」稱職的反派，就是知道何時該自己全招了。

❖

隔天早上在羅德的辦公室裡，我們繼續跟那兩個熟悉黑立方運作的以色列人通電話。我謝謝他們寄檔案過來，他們聽來相當開心，似乎覺得不論是誰指控他們以侵犯人權的方式替溫斯坦監視人，這些文件都能洗刷他們的冤屈。「我們沒有偷偷摸摸去接近那些女人。」那個男低音重複了一遍。「我們沒有偷偷摸摸去接近那些記者。」

當我問起正好影射到這些作法的那份合約時，兩人顯得有點不明白我在說啥。「我們從來沒有起草過什麼合約，我有百分百的把握告訴你，我們沒擬過這樣的東西。」男高音話說得信誓旦旦。

羅德跟我交換了一個莫名其妙的眼神。「你說沒有，但東西在我眼前啊，用的還是黑立方的信紙，上頭有艾維的簽名。」我說。「這不是你們兩位寄給我的嗎？」

「你說『你們兩位』，指的是『我們兩位』嗎？」男低音小心而擔心地說。

「這合約就在你們昨天寄給我的活頁夾文件裡啊，不是用Zmail寄的第二封喔，是第一封，用沉睡者的名義寄來的那封。」我說。

鴉雀無聲。

「我們昨天沒有寄任何加密信件過去。」男低音說。「我們唯一寄的就是Zmail那封信。」

我起了恍然大悟的雞皮疙瘩。這對男人承諾了要用隱密的電帳，寄黑立方的文件過來。同時間另一個消息來源跳進來提供更具殺傷力的情報來打臉另一組人，這機率有多高，或者該說有多低？但有兩組人在洩密是唯一說得通的情況。換句話說，我誤打誤撞闖入了私家間諜的內戰戰場。

我趕忙放下文件來源的話題，告訴對方我們已經跟波伊斯等人確認過資料。「內容是真的。」我說。男低音突然驚慌了一下。「我……我不知道東西是誰寄的，但我們絕對會去查。」稍微冷靜下來後他說：「我們會很客氣地去查，我想。」我心想那不客氣會是什麼查法。

我立馬發了封電郵給那個神祕的帳號。「你可以提供些資訊來協助我們確認文件真偽嗎？部分牽涉方否認當中好幾件東西。」神祕帳號秒回：「他們不否認才奇怪呢，但東西千真萬確。他們就是透過一個叫『安娜』的女子在打蘿絲書稿的主意……她是個HUMINT，也就是專門蒐集『人際情資』的幹員。」

說完又一組附檔殺到：包山包海，位於諸多合約核心與周邊的郵件通聯紀錄與相關檔案。假以時日，我們將確認了全數檔案屬實。

我往後一靠，一隻手摀上了嘴巴，腦裡轉動著思緒。

沉睡者，你到底是誰？

第四十八章　煤氣燈下

「我們得查出這人是誰。」堅定的羅德跟《紐約客》幾乎所有人口徑一致。我們把這問題翻來想去。「『沉睡者一九七三』這代號可能跟伍迪・艾倫有關。」我寫道，因為一九七三年有部他執導的同名電影[55]。「這人還真敢。」至少算有幽默感。

但不論我怎麼苦苦哀求，沉睡者還是回絕我所有請求。不論我希望他提供身分資訊、想跟他在加密電話對談，或是跟他約出來見一面，他通通不肯。「我可以理解您身旁諸多編輯會對此有疑慮，但我真的很怕洩漏身分。這年頭沒有不能追查的線上通訊……我很難放心自己不會被追查出蹤跡。」沉睡者寫道。「我確信你知道NSO這家公司，所以我實在沒興趣冒沒必要的風險。」NSO集團是以色列一家網路情資公司，而其最出名的產品「天馬間諜軟體」可以控制手機，對當中的資料進行「露天開採」找有用的東西。全球各地的異議份子與新聞記者都吃過天馬的虧。

但說是這麼說，沉睡者並沒有停止透過加密的電郵把資料送過來，而且可說童叟無欺。麥高文告訴我說，她這幾個月以來身邊只有幾個信得過的朋友，想不出身邊有誰會是臥底的「安娜」。我把這點轉告沉睡者，他二話不說發來了回覆：「關於安娜，她的真名是史黛拉・潘（Stella Pen）。照片我也附上了。她恐怕拿到了蘿絲共一百二十五頁的書稿（黑立方與波伊斯的合約上有出現），並就此跟溫斯坦本人討論過各種發現。」

附件的三張照片上是一名身材高䠷如雕像的金髮女子，高挺的鼻子與高顴骨也一應具全。我人在計程車裡，窗外的西城公路不停呼嘯而過。我把照片傳給了麥高文跟班·華萊斯。

「我的天。」麥高文回文說。「魯賓資本的黛安娜·菲利浦，幹，不會吧。」

華萊斯也馬上就想起了此人。「沒錯。」他回覆說。「她真身是什麼人？」

❖

黑立方的行事宗旨就是絕對不能穿幫。但若要人不知，除非己莫為，總有幹員會留下蛛絲馬跡。二〇一七年的春天，正當川普政府與其支持者拚命要退出二〇一五年與伊朗簽訂的核武協議之際，捍衛該協議的諸多大將突然面對一連串詭異的訪查。一名來自魯賓資本，自稱安德莉雅娜·加夫里洛（Adriana Gavrilo）的女性，發了電郵給芮貝卡·卡爾（Rebecca Kahl）。芮貝卡曾在美國國家民主研究所（National Democratic Institute）裡擔任活動幹事，而她先生是在歐巴馬政府裡做過外交政策顧問的柯林·卡爾（Colin Kahl）。加夫里洛告訴芮貝卡說，她手上有個關於教育的計畫，並再三要求要見面談談芮貝卡女兒就讀的學校。擔心自己被「當成奇怪的目標」，芮貝卡決定相應不理。

隔了幾周，一名叫做伊娃·諾瓦克（Eva Novak）的女性，自稱來自倫敦一家名為貝殼製作（Shell Productions）的電影公司，傳了電郵給安·諾里斯（Ann Norris）。諾里斯本身是前國務院官員，也是歐巴馬時代另一名外交政策顧問班·羅茲（Ben Rhodes）的配偶。諾瓦克希望諾里斯能提

55 伍迪·艾倫自導自演的科幻喜劇，中譯有一個版本為《傻瓜大鬧科學城》。

供意見給一部她形容為「《驚天大陰謀》[56]遇上《白宮風雲》[57]的電影。」諾瓦克表示劇本是關於處於地緣政治危機中的政府官員，包括他們如何「與帶有敵意的外國進行核武談判。」因為覺得諾瓦克的要求「很怪」，所以諾里斯決定連回信都省了。

後來我輾轉取得了這些行動幕後的文件：黑立方側寫歐巴馬的政府官員，然後從中找出可以當成武器的資訊。他們鉅細靡遺地捏造不實指控，說這些官員與伊朗的遊說者合作，說他們收回扣，還說他們其中一人有婚外情。

這樣的例子屢見不鮮。在二〇一七年的夏天，一名自稱是黛安娜・伊利克（Diana Ilic）的女子，說她是歐洲某軟體大亨的駐倫敦幕僚，並開始透過電話與會面，接觸安姆塔斯特金融服務公司（AmTrust Financial Services Inc.）的批評者，逼他們做出專業上不利於自身的違心之論。不久之後，自稱屬於倫敦人力仲介業者凱撒公司（Caesar & Co.）的瑪哈・拉札洛夫（Maja Lazarov）開始對加拿大避險基金公司西壁資本（West Face Capital）做起相同的事情。

連結到上述名字的社群媒體帳號，還有會面時拍下的照片，都會出現一張不陌生的臉：高顴骨被框在了金色長髮裡面。

這種蛛絲馬跡讓人想問一個問題：

安娜、安德莉雅娜、伊娃、黛安娜、瑪哈。

妳是誰？

❖

史黛拉．潘．佩查納克（Stella Penn Pechanac）生於兩個世界之間，但又不屬於任何一邊。「我生來是波士尼亞的穆斯林，而我丈夫是塞爾維亞的東正教徒。」她的母親後來說。「所以我們的小史黛萊莎[58]算什麼呢？」

兒時照片裡的她還不是金髮，而是黑髮：黑髮、黑眼睛。她長大在沒落的塞拉耶佛[59]郊外，環境裡不是破舊的車體就是年久失修的樓廈，而情況每況愈下。

佩查納克看著故鄉的一切在血泊中灰飛煙滅。戰爭爆發在塞爾維亞東正教與波士尼亞穆斯林之間。塞拉耶佛市內出現了沿派系而行的路障與封鎖線。即便是最好的時候，也得日復一日面對貧窮與飢餓邊緣的生活。實在沒東西吃時，母親會用草煮湯。佩查納克天資聰穎，但少有機會能受教育。糟糕的時候，童年生活無異於格爾尼卡[60]。屋頂上的狙擊手讓上街變成玩命。有半年之久，這家人得搬進幾乎就是個空殼子，只有櫥櫃大小的地下室房間。第一次被轟炸時，佩查納克的雙親盡可能聚攏了他們能找到的傷者，跟他們一起在房間裡那單薄的墊子上休息。「有個女人死在了墊子上。」佩查納克後來聳肩回憶說。轟炸結束後，他們殘破的居所入口真的是血流成河。「我們會用水

---

56 *All the President's Men*，一九七六年講述水門案故事的電影。

57 *The West Wing*，美國政治題材影集。

58 史黛拉的暱稱。

59 波士尼亞首都。

60 *Guernica*。格爾尼卡是畢卡索的名畫，也是二戰時西班牙共和國所轄城市。西班牙內戰期間，納粹德國受佛朗哥之邀對格爾尼卡城進行了人類歷史上第一次地毯式轟炸。後來畢卡索受西班牙共和國政府之託，為巴黎世界博覽會繪製一幅裝飾畫，而畢卡索就用立體派手法描繪了受炸彈蹂躪後的格爾尼卡城。

管去沖，我記得大家會把血通通洗出門口，那時我七歲吧。」

在溫斯坦出事的大約十年前，二十出頭的佩查納克跟母親回到了塞拉耶佛，參與戰爭跟家族逃難紀錄片的拍攝。她爆哭的母親走在家鄉的街上，回憶種種死傷。佩查納克看來興致不高。她盤旋在鏡頭的邊緣，嘴裡不是口香糖就是菸，偶爾不屑地對鏡頭望兩眼。

最終，一名製片在一傾頹建築的入口處攔住這名意興闌珊的年輕女子，問她這些痛苦的回憶於她有何意義。她還先聳了個肩。「我很氣她得經歷這些。」她說的是自己的母親。「但就我個人而言，我已經很久沒有感覺了。」

二次大戰期間，佩查納克的祖母曾藏匿與保護過猶太人，以色列政府因此頒給她「國際義人」的榮銜，創下了穆斯林女性的首例。在戰火肆虐下的塞拉耶佛，一個猶太家庭感念其恩澤湧泉以報，協助佩查納克一家撤離戰區。脫身後的他們落腳在耶路撒冷，並捨穆斯林信仰改皈依猶太教。年輕的史黛拉·佩查納克自此適應了新的身分與文化背景。「她不像土生土長的以色列人愛國心切。」一個熟悉她的人說。「在某個程度上，她總感覺自己是個外人。」

十八歲時，佩查納克加入了以色列空軍。那之後她進入了以色列名師尼桑·納蒂夫（Nissan Nativ）的表演學校。她夢想著好萊塢，但她最終只在零星的舞台劇與音樂錄音帶裡找到不多的表演機會。「每次去試鏡，」佩查納克後來說，「他們都會注意到我的口音。他們都會注意到我的格格不入。」

黑立方的工作給了她一個理想的妥協。幹員會接受心理戰的訓練，目的在操控目標的內心。就像最好的演員一樣，他們會學習肢體語言，學著從細微的抽搐中得知對方在說謊或動搖。他們不但懂得「閱人」，也懂得在自身表情中加入這些元素來欺騙人。他們會換上戲服，運用像從間諜片裡走出來的黑科技：手錶攝影機、幾可亂真的錄音筆。「她加入了黑立方，」她的那名熟人說，「因為她想成為一名角色。」

❖

我一把來自沉睡者的證據端出來，與黑立方關係匪淺的高低音二人組就放棄了抵賴。他們跟波伊斯一樣，都確認了費里德曼就是合約裡所稱的受雇記者，並形容他是非正式的團隊一員。他們詳細地描述佩查納克是如何滲透進麥高文的人生。對佩查納克來說，麥高文很好搞定。「她很容易相信人。」男低音說。「他們變成了好朋友，我相信她當時有點脆弱。」麥高文對佩查納克說，怎麼生活中的每個人都在替溫斯坦辦事。她甚至懷疑過自己的律師。但「她自然沒有懷疑過我們的人。」

等我終於把自己所知道的告訴麥高文後，她感覺天旋地轉。「那就跟《煤氣燈下》[61]電影演的一樣，所有人都無時無刻不在對我說謊。她說回顧一整年，「我就像活在全部都是鏡子的哈哈屋裡。」

61 *Gaslight*，一九四四年的美國電影，講述一名丈夫如何用煤氣燈為道具來操控美麗妻子的心靈，藉此謀奪她姑母的遺產。

第四十九章　吸塵器

問題不是只有黑立方一家業者。電話能找到的消息來源開始開枝散葉，沒多久水壩的裂縫就愈來愈大，一個見不得光的私人徵信世界開始祕辛大放送。有良心發現的內鬼提供我他們所屬情報機構的訊息，也有些公司的幹部瘋狂洩漏同業資料，希望我的報導能把對手也一併拖下水。

各種文件與消息來源顯示溫斯坦與德安華，乃至於他與德安華內部負責美國調查與爭端事務的董事長丹．卡森（Dan Karson），都有著長年的關係。一名溫斯坦的前員工記得在二〇一〇年代初期的一通電話裡，卡森提到一名跟溫斯坦有爭端的司機時說，「你知道我們可以讓這個人沉到湖底喔。」該員工推測這多半只是一種比喻，但內心還是不舒服到無法忘懷。年復一年，德安華都一直協助溫斯坦去破壞記者的報導。好幾名德安華的消息來源都說，溫斯坦曾指派該公司去挖掘已故社論撰稿與媒體記者大衛．卡爾的醜事，證明了大衛生前的懷疑屬實。溫斯坦請私家調查員編纂的一份檔案中，提到卡爾從來沒有把性虐待的指控納入對溫斯坦的報導中，就是「怕哈維．溫斯坦報復，至少哈維本人是這麼說的。」

在二〇一六與二〇一七年，德安華與卡森再度與溫斯坦緊密合作。在二〇一六年十月的一封電郵中，卡森寄了十一張照片給溫斯坦，全部都是麥高文與溫斯坦參加相同活動的照片，而且時間全都在麥高文指控被哈維攻擊之後。溫斯坦的刑案辯護律師布萊爾．柏克（Blair Berk），回說其中一張顯示麥高文與溫斯坦相談甚歡的照片「是最價值連城的一張」。在華萊斯進行報導的同時，德安華也去翻找他跟他《紐約》雜誌編輯亞當・摩斯（Adam Moss）的黑歷史。「目前沒有發現亞當・摩斯的負面資訊（無誹謗／妨礙名譽案件，無出庭紀錄或判決／財產查封／統一商用法典〔金錢或票據往來糾紛〕等問題）。卡森在一封電郵中寫道。此外，德安華寄給溫斯坦的東西還有華萊斯之前報導所受到的批評，外加他某本書在英國引發誹謗訴訟的來龍去脈，該案最終達成了庭外和解。

由傑克・帕拉迪諾與珊卓拉・薩德蘭創辦的PSOPS公司，也曾協助搜尋不利於記者與證人的資訊。PSOPS針對麥高文出具的一份報告中有大標為「謊言／誇大／扭曲」、「偽君子」與「可協助進行負面人格攻擊的人」的多個環節，這裡的**人**顯然指的是某種證人。一個副標寫著「舊情人」。帕拉迪諾寄了摩斯的詳盡側寫給溫斯坦，當中表示「我們的研究並未顯示出任何值得期待，可對摩斯個人進行討伐的題材。」PSOPS甚至側寫了華萊斯的前妻，以防她日後被發現「可供我們納入回應策略的布局當中。」該公司對記者的調查一直延續到我與《紐時》的茱蒂・坎特，重點都是想追出我們的消息來源（有些調查員的觀察不是非常敏銳，推特尚有一份文件提到，「坎特**沒有**在追蹤羅南・法羅。」我只能說人沒有完美的）。

與溫斯坦合作的還有一家K2情報（K2 Intelligence）公司，這是朱爾斯・克羅爾在二〇〇〇年代賣掉英文與自己同名的第一家公司後，後續創辦的第二家公司。在對古提耶若茲進行調查時，溫斯坦的律師艾爾坎・阿布拉摩維茲（Elkan Abramowitz）起用了K2，而K2則聘請了義大利的私家調查員去挖掘古提耶若茲私生活的傳言——性愛派對、還有她駁斥過的賣身傳聞。在職或離職的K2員工，只要是有在地區檢察官辦公室服務過的，都會透過電話將古提耶若茲的情報傳遞給檢察官。替溫斯坦工作的律師也在面對面的會議中，提交了一份私家調查員的調查成果檔案給檢察官。

兩名K2員工說這些線人是聯繫地區檢察官與高價私人徵信公司間的一種「旋轉門」文化。後來，凡斯檢察官的辦公室說這種與辯方律師的互動是標準作業程序——我想他要表達的是檢察官與有錢有勢者交流是很正常的事情。

❖

報導範圍的擴大，也顯示溫斯坦很熱衷拉攏記者到其陣營來騷擾指控者。在溫斯坦的通聯紀錄裡，他與《國家詢問報》狄倫・霍華的結盟，是想不看到都沒辦法的東西。在二〇一六年十二月的一次互動中，霍華寄給了溫斯坦一張聯絡人清單，並表示他們應該要「討論一下下一步該怎麼處理每一個人。」溫斯坦謝過他之後，霍華描述了他是如何努力從電影製作人伊莉莎白・艾夫朗（Elizabeth Avellan）處，取得不利於麥高文的聲明。艾夫朗的前夫兼孩子的父親勞勃・羅德里奎茲（Robert Rodriguez）之所以離開艾夫朗，就是因為麥高文的關係。溫斯坦心想艾夫朗一定很不爽。

在他替溫斯坦進行的某些工作中，霍華曾委託過一個《國家詢問報》也很愛光顧的承包商，那是家主打名人照片的新聞畫報社，叫做柯曼—雷納（Coleman-Rayner）。為了搞定艾夫朗，霍華找了個當時在柯曼—雷納擔任新聞編輯，之前為《太陽報》、《每日郵報》與《國家詢問報》本身都寫過名人八卦的英國記者。

跟她通上電話後，艾夫朗對我說針對這件事她記得很清楚。她說那個記者「電話一直打一直打一直打」，而且還接觸了跟她走得比較近的一些人。艾夫朗回了他電話，因為「我怕他們接著會開始打電話給我的小孩。」

艾夫朗堅持電話內容不得公開，而該名記者也同意了。雖然他當時人在加州，而加州規定電話錄音得經過雙方同意，但他還是未詢得同意就偷偷地錄了音。就這樣，在那年冬天，溫斯坦跟霍華在往來的電郵中興奮異常，霍華寫說「我有**超級好**的好消息……終於她還是對蘿絲開罵了，而且罵得可兇了。」對此溫斯坦回覆說，「這是殺手級的東西，尤其如果上頭沒有我插手的痕跡的話。」霍華保證他沒有留下蛛絲馬跡，而且整個過程都被錄下來了。

我在《紐約客》熬夜研究著那些電郵，同時間不遠處有吸塵器的回音。事實證明，說起《國家詢問報》與他們替有權勢的男人所掩護的各種見不得人的祕密，那些電郵只是冰山一角而已。

❖

就在我們準備著要透過報導，把跟溫斯坦狼狽為奸的機構都抖出來之際，這些心虛的機構開始心慌意亂。在好幾通電話裡，狄倫．霍華的口氣像是巴結與威脅的綜合體。「小心點。」他這話說得跟溫斯坦如出一轍。賈德．伯斯坦（Judd Burstein）身為與霍華合作的律師，後續發了封信過來形容我的報導是妨害名譽跟誹謗。等這些都碰壁後，霍華開始「見笑轉生氣」。他對兩名同僚說：「我跟這傢伙沒完。」

黑立方也透過旗下的英國律師事務所發出威脅，他們信誓旦旦說若黑立方的文件或資訊被報導出去，他們會對我「採取必要的行動。」在黑立方內部，總監艾維．亞努斯博士考慮著要毀掉所有源自溫斯坦一案的資料。「我們希望能銷毀手中跟這個案子有關的所有文件跟資訊。」他在一封電郵中說。然後他逼著公司的律師去申請禁制令，希望讓《紐約客》無法把東西刊登出去。

當然我們還是把東西發出去了，而且那新聞就像槍響一樣在空氣中迴盪。在一個接著一個節目上，電視上的人物都是一副不可置信的表情：金字塔頂端的人可以威嚇、監控、抹消其他人到這種無法無天的程度，你能想像那代表權力有無之間的鴻溝有多大嗎？

❖

私家調查員歐斯卓夫斯基馬上就看到了報導。他讀到了黑立方的目標清單，看到了上頭有哪些記者，然後馬上就回想起夏天接的那些工作。他把新聞轉給了凱金，問他看過了沒有。凱金推託這事他們見面再談。幾天後，在一次例行的盯梢行動中，歐斯卓夫斯基又問了同樣的問題。凱金有點不耐煩，也不是很想談。但最終他還是說了，「現在你知道我們服務的客戶是誰了吧。」

又過了段時間，歐斯卓夫斯基才又得以追問這件事情。這次是在深夜，兩人在紐澤西桑迪胡克（Sandy Hook）沙洲北面冰冷海水中的一艘船上。凱金很熱衷帆船運動，他甚至替帆船同好開了一個社群媒體專營這個事業。兩人在大西洋高地（Atlantic Highlands）的某水畔餐廳用完晚餐，此時正在返回紐約的途中。歐斯卓夫斯基把握機會，再次提起了黑立方的話題。

凱金用力注視著他說，「對我而言，這就像是在完成上帝交付的誡命。我是在替以色列做好事情。」歐斯卓夫斯基瞪了回去。這才不是什麼上帝的誡命，跟以色列更沒有半毛關係。

「我很怕，但同時也覺得很有趣，很刺激。」歐斯卓夫斯基順著毛摸，聊起了黑立方的工作。

「該害怕的是我好嗎，這整件溫斯坦的鳥事都是掛我的牌在弄。」凱金說，然後又趕忙補充：「所有事都合法，犯法的事我們沒幹過。」但他的口氣聽來有點緊張。

❖

在我們報導的最後衝刺階段，跟黑立方走得很近的一干人等開始瘋狂查起消息來源，他們想知道是誰把合約與其他文件傳給我。「我們上天下地調查那些人在搞的鬼，還有他們偷走了什麼。」男低音說。他提到他正在進行新一輪的測謊，並保證會把被抓包的人告上法院。「我們實在很難相信會有員工從事這種自殺性的行為。」男高音說。

「我只是想確定你安全沒事。」我寫信給沉睡者。「有什麼我可以幫忙保護你的地方不用客氣。」回應照例來得飛快：「您的關心我真的很感激……我暫且應該不會有事。」

就在發出報導前，我最後一次嘗試希望得知他的身分。我寫道說我掌握的真相愈多，新聞的品質就愈好。沉睡者於是跟我分享了一件事情，讓我完全清楚了文件的來源，然後他請我做一件事來保守祕密。

沉睡者提及他的動機。「身為內部人，我受夠了黑立方用下流的欺騙手法非法取得資訊。」沉睡者說。「再者在此例中，我真心相信哈某人是個性犯罪者，身為女性的我恥於當他的幫兇。」

我停下來消化這個訊息，心裡再一次感覺到什麼叫真相讓人寒毛直豎。關於沉睡者，也關於她為什麼願意冒險揭發一切，我只能言盡於此：沉睡者是名女性，一名看不下去的女性。

「這麼說吧，不能百分百保證是真的的東西，我絕不會交給你。」她在最後的其中一封信中這麼說。「我從事情報業。諜報與無止盡的行動就是我的世界。希望我們有朝一日可以真正好好聊聊這事。我參與的案子……都非常超現實，親愛的。」

第五十章　玩伴

關於狄倫．霍華跟《國家詢問報》的報導另闢了一條蹊徑。美國媒體公司內部與周邊的消息來源如雨後春筍冒了出來，他們都說溫斯坦不是該八卦報帝國跟人合作來打壓新聞的個案。

那年十一月底，律師卡洛．海勒（Carol Heller）寫信給我。她說《華爾街日報》在二〇一六年秋天的一篇報導還有內幕。那篇報導講的是某《花花公子》的模特兒把她據稱與唐諾．川普的外遇報導，簽給了美國媒體公司，而且是獨家——但美國媒體公司自始至終都沒有報導這事。海勒說這謎團核心的女子，是當選過《花花公子》年度玩伴女郎的凱倫．麥可杜格（Karen McDougal），而她至今都「怕到不敢開口。」若我能讓她還有這場交易的相關人員開口，那我或許就能披露美國媒體公司的那張合約是怎麼簽的，甚至可以以此為突破口，讓社會大眾看看保密協定與讓新聞石沉大海的文化是如何從好萊塢擴散到政壇。

那個月底，我跟麥可杜格通上了電話。她告訴我說與美國媒體公司的合約「奪走了我的版權。」那當中有一個條款，讓美國媒體公司有權與她進入非公開的仲裁程序尋求財務賠償。麥可杜格當時已經是有一餐沒一餐，所以美國媒體公司完全有能力讓她一下子陷入萬丈深淵。「此刻我實在覺得自己說什麼都會陷入麻煩。」她說。關於川普，她說：「我連他的名字都不敢提。」但隨著我蒐集到更多證據，包括她與美國媒體公司簽的合約，還有多方當事人的證言，麥可杜格也開始分享她的遭遇。

❖

麥可杜格生長在密西根一個小鎮，當模特兒之前是個幼稚園老師，這樣的她認識川普是在《花花公子》總部宅邸的泳池派對上。那天是二〇〇六年六月，川普去那兒是為了拍攝實境秀《誰是接班人》（*The Apprentice*）。「過來過來。」他叫幾個身穿馬甲的兔女郎過來。「哇，太美了。」節目的攝影組用特寫追著女體，就好像他們是野生動物的攝影師，而女人的胸部是瀕臨絕種的生物。在派對當時，川普已經是有婦之夫。斯洛維尼亞名模梅蘭妮亞・克諾斯（Melania Knauss）是他結縭不到兩年的妻子，他們的兒子貝倫（Barron）才幾個月大，但川普似乎並沒有讓妻小成為他的絆腳石。麥可杜格記得他一邊對她「上下其手」，一邊誇她漂亮。然後他問了她的名字。這兩人開始頻繁聊天，然後沒多久就約在比佛利山飯店的私人小屋裡吃晚餐。「我們聊了幾小時——然後就像『開關打開！』我們倆脫了個精光然後做了愛。」麥可杜格在我後來取得的札記中如是說。等麥可杜格穿衣要離開時，川普拿了錢要給她。「我看著他（並感覺悲傷）說了謝謝，還說『我不是那種女人』。」那之後，麥可杜格只要「他一來洛杉磯就去見他（他來洛城像在逛廚房）。」

在這段婚外情中，川普會用飛機把麥可杜格送到全美各地參加正式活動，但把背後是他在付錢的事情當作機密。「他沒留下紙本痕跡。」她在札記中說。「每次我飛去見他，都是我自行訂好機票、飯店並墊錢，然後他會再把錢給我。」在兩人交往期間，川普把她介紹給他的家庭成員，並帶她參觀他的各處房產。麥可杜格寫到在川普塔中，他還指出梅蘭妮亞的獨立臥房。他說「她喜歡有自己的空間」，麥可杜格寫道。

九個月後也就是二〇〇七年的四月，麥可杜格結束了這段關係。對川普家人認識愈深，她內心就愈發產生一種莫名的罪惡感。而川普的種種失序行徑，也與她溫文有禮的中西部人生觀格格不入。有一次川普管麥可杜格那跟他年紀差不多大的母親是「死老太婆」。另外一次，在環球小姐選美那晚，在她跟一名女性朋友坐進川普的長版禮車後，他便化身專家評論起陰莖的大小，還逼著女性友人分享性經驗與偏好——主要是問她喜歡「小雞雞」還是「大雞雞」還是「黑雞雞」。

❖

第一個建議麥可杜格把新聞拿出來賣的，是她的友人強尼．克羅佛（Johnny Crawford）。二〇一六年，看著選舉年關於川普的各種報導，克羅佛開口說：「話說，妳跟他有過交往之實的事情應該值兩個錢吧。」在克羅佛的慫恿下，麥可杜格寫下了關於這段不倫戀的手札。她一開始並不想把故事說出來，但當一名以前在《花花公子》的模特兒朋友凱莉．史蒂文斯（Carrie Stevens）開始在社群媒體上貼文提到這段事情後，麥可杜格心想與其被別人爆料不如自己先講。

克羅佛找來了A片女星傑娜．詹姆森（Jenna Jameson）的前夫傑．葛迪納（Jay Grdina）來幫忙行銷。葛迪納首先撮合了麥可杜格與活躍於拉丁美洲政壇的蘭登（JJ Rendón）開了兩場會，當時蘭登已經否認媒體對他在社群網路上偽造有人氣並駭進政敵電郵帳號的報導。蘭登表達沒有興趣後，葛迪納轉而找上基斯．M．戴維森（Keith M. Davidson）這名以兜售鹹濕新聞著稱的律師。戴維森聯絡上美國媒體公司，接著《國家詢問報》的佩克跟霍華則通知了川普的律師麥可．柯翰。沒多久川普就在電話上開口要佩克幫忙。

二〇一六年六月，麥可杜格與霍華見了面。霍華接著提出報價：一開始只是區區一萬美金。但在川普贏得共和黨提名後，這價碼也從一萬美金三級跳。二〇一六年八月五日，麥可杜格簽下了有限期的新聞版權合約，讓美國媒體公司獨家獲得她與「有婦之夫」交往的故事權利。她聘請戴維森，已讓這有婦之夫就是川普的事實呼之欲出。做為交換，美國媒體公司同意付她十五萬美元。交易的三名中間人——戴維森、克羅佛、葛迪納——拿走了當中的四成五當作費用，麥可杜格到手的只有八萬兩千五百美元。她要簽下合約的那天，麥可杜格傳了電郵給戴維森，她表示自己對合約內容有點困惑，同時也想知道自己面對記者提問該如何回應。「否認就沒事了。」戴維森寫道。「我們真的需要把這東西簽一簽，然後為這件事畫下句點……」「接受合約的是我，所以我也有錯。」麥可杜格告訴我。「但我真的沒有全部都看懂。」

隨著選民在二〇一六年投下神聖的一票，霍華與美國媒體公司的法務長跟麥可杜格暨她的律師事務所通了電話，承諾要在工作發展上拉麥可杜格一把，並表示將幫她請一名公關來處理受訪事宜。那名公關是馬修．希爾特齊克，也就是伊凡卡．川普的危機處理專家。這人曾代表溫斯坦打給我——只是最終人家也沒有用他。記者一嘗試訪問麥可杜格，美國媒體公司很快就做出了回應。二〇一七年五月，《紐約客》的傑佛瑞．托賓在撰寫大衛．佩克的側寫之餘，請麥可杜格評論她與美國媒體公司跟川普的關係，而霍華則在另一名公關的協助下轉了回覆的草稿給麥可杜格，標題寫著「把這寄出去」。二〇一七年八月，佩克讓麥可杜格搭機到紐約，兩人共進了午餐，期間他謝過她的忠誠。

❖

二〇一七年底到二〇一八年初，就在我們忙著做新聞的同時，美國媒體公司突然對於要求人履行合約的興趣大增。一月三十日，美國媒體公司的法務長發了電郵過來，主旨是「麥可杜格合約延長」，內文是以雜誌封面拍攝為誘餌提議她簽下新約。

那年二月，我們的新聞不受影響登了出去，其中麥可杜格克服了心魔，第一次同意公開對事件發言。在這之前的幾年間，她有了宗教信仰，由此變得極度利他。「每一個開口的女孩，都是在成全另外一個女孩。」她告訴我。她之前沉默不說的，固然是雙方合意的婚外情，但如今自己的事情說出來，卻能有助於披露一個更深層、更廣大的系統，一個時不時會打壓新聞，掩護嚴重、甚至是犯罪行為的系統。

白宮稱此報導「不過是更多的假新聞」。美國媒體公司的法務長也寫說這篇報導的內容「子虛烏有而且涉嫌妨害名譽」，還說我與人合謀，共同參與了「一個由麥可杜格與其律師策畫的陰謀，目的是從美國媒體公司訛詐更多金錢」。霍華自行威脅要公開對《紐約客》宣戰。美國媒體公司堅稱他們拒絕刊載麥可杜格的新聞，是因為他們不認為其內容屬實。他們說這條新聞只是單純沒有達到《國家詢問報》極高的新聞工作標準。

第五十一章　吸血怪

等到我們發出新聞後，我已經聽聞另一筆交易，而這筆交易可能顯示麥可杜格所簽的合約，是美國媒體公司用來替川普打壓新聞的慣用手法。狄倫．霍華的朋友與同事聯絡了我。他們說霍華宣稱，他有證據顯示川普有可能在一九八〇年代尾聲與其前管家偷生了個小孩。霍華「有時候醉了或吸毒就會說些奇奇怪怪的事情，包括他跟我說過他們會花錢買新聞然後不登，藉此來保護一些人」，一名他的友人告訴我。「有些話你聽了是不會忘記的，像有人會說『喔對了，可能的準總統有個私生子』。」

二〇一八年的二月，我坐進了大衛．蘭尼克的辦公室，並把上述事情告訴他。「你知道外界發現**你**在報導這件事，他們會怎麼說吧？」他好奇地說。我們相視而笑。關於父親是誰這事被傳得繪聲繪影是什麼感受，我早已熟門熟路[62]。

要說有什麼證據能坐實這則私生子的傳言，答案是沒有。但那年春天，愈來愈多的文件與消息來源證明美國媒體公司會未雨綢繆地去購買爆料新聞的版權，以此防止消息外洩。

62 外傳羅南．法羅的親生父親可能不是伍迪．艾倫，而是法蘭克．辛納屈。

二〇一五年底，川普塔的前門房迪諾・薩主丁（Dino Sajudin）就把私生子的傳聞告知美國媒體公司，包括母子姓名都一應俱全。《國家詢問報》的記者追了幾周這條新聞。該小報聘請了兩名私家調查員：達諾・漢克斯（Danno Hanks）負責去搜尋那個家庭的各種紀錄，而麥可・曼庫索（Michael Mancuso）這名前刑警則負責對薩主丁實施測謊。若干名記者都對薩主丁的可信度心存懷疑（他的前妻後來稱他為寓言家。「他見過卓帕卡布拉（chupacabra，傳說中會吸羊血的怪獸），」她說，「他見過大腳雪怪。」）。但這前門房通過了測謊，並作證說這事他是聽包括川普安全主管馬修・卡拉馬里（Matthew Calamari）在內的高階幕僚所說。

然後大衛・佩克驟然下令記者停手。二〇一五年十一月，薩主丁簽約賣掉了這則消息的權利，代價是三萬美金。不久後他跟一名美國媒體公司的記者約在賓州的一間麥當勞見面，又補簽了一項修正條款，內容是若他背著美國媒體公司洩漏祕密，就會被聲索百萬美元的罰金。記者告訴薩主丁說他會拿到錢，薩主丁則心滿意足地說這年他會「聖誕很快樂」。

就跟他後來在麥可杜格案中的作法一樣，川普的私人律師麥可・柯翰也很仔細地追蹤薩主丁案的發展。「繼續保護川普，絕對是在賣他人情。」一名美國媒體公司的員工告訴我。「這點無庸置疑。」

後來，當記者圈打算報導這項傳聞時，《國家詢問報》的反應是拚了命地從中作梗。二〇一七年夏天，美聯社兩名記者傑夫・霍爾維茨（Jeff Horwitz）跟傑克・皮爾森（Jake Pearson）便已詳細採訪了這事，並交出了稿子。但就在他們行將把新聞發出去的前夕，霍華召集了一支有力的律師團隊，威脅要控告美聯社。七月，在美國媒體集團的敦促下，美聯社總編輯莎莉・巴茲比（Sally Buzbee）與其法務長見了霍華本人與其團隊。他請了溫斯坦的兩名律師：波伊斯・席勒與蘭尼・戴維斯。

隔月，巴茲比在內部宣布這條新聞不發了。「經過充分的內部討論後，美聯社的高層認定這則消息在當時並未達到該社對消息來源的高標準。」巴茲比後來如此捍衛當時的決斷。數名美聯社記者覺得資料來源足夠扎實而對總編的決定深感驚訝。霍爾維茨罷工了好幾天，幾名上司好說歹說才肯歸隊。這條新聞就這樣了無聲息將近一年。

❖

但隔年春天事情出現了變化，主要是《國家詢問報》的消息來源開始發聲。二〇一八年三月初，一名消息來源眼看就要把薩主丁簽於二〇一五年底的修正條文分享給我。該名消息來源跟我約見在洛杉磯一家破落的中東餐廳，而我把握機會跟他說明了把文件拿出來的好處。那天晚上，我回到強納生在西好萊塢的住處，手中已經握著那份文件。

「你是何時意會到——」強納生在我遲歸走進門時，話說得戲劇張力十足。

「——我知道，我知道我恨你。」我說，心想又來了。

「我們不是說好吃晚餐的嗎？」他說。

「抱歉，今天加班。」

「你昨天也加班。」他說，然後我們就為此吵了起來。我在想我們可以繼續這樣下去多久，我老是不在，然後一出現就精疲力盡或壓力山大。匆匆把強納生趕去睡覺之後，我一出門就見到一名外送員。街道正對面一名三十來歲的蒼白黑直髮男性，臉上帶著鬍渣，站在車旁邊瞪著一雙眼睛。我又有了那種揮之不去的被監視感。

❖

我自己被新聞界好奇了一輩子，所以多管閒事實在非我所願，但為了尊重涉及此一傳言的各個當事人的心願，我必須要查清他們有沒有話想說。三月中，我敲了薩主丁在賓州鄉下林中的家門。「跟我聊天沒有免費的喔。」他當著我的面把門一摔。我試著用電郵與電話聯絡那名現在當然已不是孩子的私生子，也都毫無回應。那個月底，我去加州灣區訪查，重點放在新登記的住家住址上，結果我只找到一名家族成員，而對方說「我不方便跟你說話。」我也試了一個工作地點。謠傳的私生子任職於一家遺傳測試公司（對，就這麼巧）。

最終我嘗試去了那家人在皇后區的住處。那地方既不大，也不新，四邊是橫板外牆。在屋外一方草地上有個小小的神壇祭祀著石膏聖母像。我去了幾趟，才終於遇見一位中年男子，並認出他是傳說中川普外遇對象的丈夫。他在我靠近時舉起手，以示抗拒說，「她對你或其他人都無可奉告。」他言談中沒有太複雜的抑揚頓挫，口音則屬於拉丁美洲。他確信傳言是胡說八道。《國家詢問報》的交易讓這家人的處境很尷尬。「我不懂他們為什麼要付錢給那傢伙。」他說。「孩子的父親是我。」

「了解。」我說，然後給了他一個慰問的眼神。我告訴他我只是要確定他們若有話想說的話不會求助無門。我說我懂得被媒體像蒼蠅一樣盯上有多討厭。

他點了點頭。「我懂。你是法羅吧。」

「是。」

「喔，我知道。」

然後換成他給了我一個慰問的眼神。

❖

四月初，我們為該篇報導取得的證據，已包括六名現任及前任美國媒體公司員工的供述、美國媒體公司與薩主丁簽約前後的簡訊與電郵，外加薩主丁在麥當勞裡簽下的修正條款。就跟麥可杜格案一樣，白宮方面也一概否認，並補充說：「我會建議你去找美國媒體公司。」對於一則在記錄白宮如何與可疑媒體私相授受的新聞而言，這樣的回應其實也還可以接受。

尚．拉沃里（Sean Lavery）這個娃娃臉的中西部子弟，被指派來確認這條新聞的真實性。他寄了份鉅細靡遺的備忘錄給霍華。不到半小時後，美國媒體公司旗下的雷達線上網站刊出了一則貼文全面迎戰。「《紐約客》的羅南．法羅，」文中寫著，「正在打電話給我們的同仁，他似乎認為這又是《國家詢問報》在扼殺跟川普總統有關的新聞，所以我們是美國國家安全的一種威脅。」

幾分鐘後霍華發出了電郵。一如在麥可杜格一案中，他也宣稱自己的動機純粹是出於新聞報導的考量，並否認跟川普總統有任何勾串。「你就快要把《紐約客》這家老店弄到滿臉大X了。」他寫信給蘭尼克說。「羅南對本報的窮追猛打（**還有對我本人的變態執念，是我的笑容太迷人了嗎？**）恐怕會陷你於不義。」最後他又多念了我兩句，「**他自己就快要成為《國家詢問報》最想要的八卦材料了。**」（霍華每句話都要這麼酸嗎？）。

隨著霍華在雷達線上的爆料進入網路世界，美聯社趕忙解凍之前的稿子，用現場直播的方式把復活的新聞報了出去。而身在《紐約客》的我們也連夜登出報導。

❖

美國媒體公司替川普辦事並非無往不利。我後來得知有另外一個案子是該公司與川普的手下密切合作去調查了一件事情。二〇一六年初，一名不知名的女性——初始文件裡叫「凱蒂・強森」，接續的文件裡變成「無名氏」——對川普提出了告訴。這名原告宣稱在一九九四年，十三歲的她想成為模特兒初來乍到紐約，接到一種工作是拿錢去參加投資大亨傑佛瑞・艾普斯汀（Jeffrey Epstein）作東而川普是座上賓的派對。令人毛骨悚然的性暴力傳聞接踵而至——訴訟案內容指稱包括原告在內的未成年者，被迫與川普與艾普斯汀進行某種性行為，最終導致由川普發動的「野蠻性侵害」：川普以人身安全威脅原告與原告的家人，叫他們不准把事情洩露出去；川普與艾普斯汀都知道少女們未成年。

故事的背景似乎言之成理：艾普斯汀曾與川普過從甚密。「我認識傑佛瑞十五年了，很棒的傢伙。」川普在二〇〇二年對一名記者說過。「跟他在一起很有趣。有一說是他喜歡美女的程度不在我之下，而且他的妹都偏年輕。不過分地說——傑佛瑞的社交生活多采多姿。《邁阿密前鋒報》（*Miami Herald*）撰稿茱莉・K・布朗（Julie K. Brown）後來將艾普斯汀性虐待未成年者，外界傳得沸沸揚揚的各種指控，寫成了非常有力的報導。二〇一九年，聯邦探員以買賣人口賣淫的罪名將他逮捕歸案，進而揭發了是什麼樣的認罪協議保護了這名淫魔投資家。此一高高舉起輕輕放下的認罪協議，是川普內閣的勞工部長亞歷山大・艾柯斯塔（Alexander Acosta）在檢察官任內從中穿針引線的傑作。後來他為此引咎下台。沒多久艾普斯汀就自縊死在獄中。

但正如薩主丁宣稱的私生子傳言，這無名女子的強暴指控也欠缺強力的證據支持。首先在加州提出的訴訟就因為程序問題被駁回，重新在紐約提告也沒能成案。諾姆．魯伯（Norm Lubow）是脫口秀傑瑞．史普林格秀（*Jerry Springer Show*）的前製作人與好幾宗名人醜聞疑案的推手。他協助策畫了訴訟並親自擔任原告的媒體窗口。原告本人很難聯絡上，就連一名代表她的律師都告訴我說他有時也找不到她。能接觸到她的記者更是少之又少，其中一人艾蜜莉．舒格曼（Emily Shugerman）說這女子的律師好幾次取消了排定好的Skype或FaceTime訪問，並用看不到臉的簡單電訪草草帶過。舒格曼跟多數記者同業都開始懷疑這條新聞跟其神祕的女主角。她有可能是擔心自身安危而深居簡出，也可能她根本是身邊那些牛鬼蛇神編出的角色。

但還有一件令人好奇的事情沒有公諸於世。根據好幾名美國媒體公司的員工與一名資深川普幕僚所言，當時與川普往來密切的佩克在訴訟被提出不久後就掌握了消息。那之後霍華與川普的貼身律師柯翰通上電話，期間霍華向他保證他們會追出提出強暴指控的女性，並會視情況做出適當的處理。一名美國媒體公司的員工回憶說「狄倫開始跟柯翰有講不完的電話」，因為一點小事都要通報柯翰。「那變成了他會優先處理的事情。」在柯翰的坐鎮指揮下，霍華派出一名美國媒體公司的記者走訪初始提告文件中提及的一個地址，但該記者只在加州一個寂寥小鎮二十九棕櫚（Twentynine Palms）處找到一間被查封的房子，一名鄰居說那裡從前一年秋天就沒有人住了。

他們沒有機會可以買下這個故事。但即便如此，在該無名女子提告的初期，少有媒體觸碰這一塊的時候，美國媒體公司就連番發出新聞來擊落該案在法庭中提出的指控。該公司的其中一則頭條新聞引用了川普的話，說此案「令人作嘔」，另外一則頭條則用上了「無中生有」的說法。

二〇一六年底，指控被強暴的無名女子帶著新律師團回歸。她的新律師沒有別人，正是自稱捍衛女權，後來被霍華稱為「多年好友」的麗莎．布魯姆。在他得知布魯姆負責此案後，霍華便去電警告她最好離本案遠點。最終布魯姆也在最後一刻宣布取消計畫中的原告記者會，並徹底退出了該案。

❖

其他媒體所報導的一些新聞，也強化了川普與美國媒體公司狼狽為奸的可信度。從麥可杜格案被報導出來的一開始，我就聽聞A片女星史多美．丹尼爾斯（Stormy Daniels）簽下了保密協定，不能談論到她所宣稱的，與川普有過的某次性接觸。在我與麥可杜格開始對話的兩個月後，《華爾街日報》報導說丹尼爾斯確實簽了由麥可．柯翰親自操刀的保密協定。沒被寫進這篇報導的一項事實是丹尼爾斯的律師，也就是曾經代表過麥可杜格的基斯．戴維森，曾事先打了電話給狄倫．霍華通風報信。霍華告訴戴維森說，美國媒體公司正設法讓丹尼爾斯案大事化小小事化無。佩克正使盡渾身解數在向川普輸誠，由此他開始如坐針氈擔心事情會不會生變。但霍華指引戴維森去找麥可．柯翰，而柯翰則開了間空殼公司來支付丹尼爾斯十三萬美元的封口費。此一保密協定用上的是假名：丹尼爾斯變成了「佩姬．彼得森」，而川普則成了「大衛．丹尼森」。

「你知道誰真的被背後捅了一刀嗎？」戴維森後來告訴我。「大衛．丹尼森。他是我高中時候的曲棍球校隊。他氣炸了。」

美國媒體公司在選舉期間買下並埋葬的新聞，包括薩主丁案、麥可杜格案，還有他們與柯翰聯手提前擋下的，比如說丹尼爾斯案跟無名女性強暴案，都引發了棘手的法律與政治疑慮。川普沒有把任何一筆封口費列入他的選舉經費申報中。在我們釋出報導的同時，一家非營利監督機構與一個左傾的政治團體共同向官方提出檢舉，希望美國法務部、政府倫理辦公室、聯邦選舉委員會能介入調查川普陣營付給丹尼爾斯跟麥可杜格的錢是否違反了聯邦選舉法。

法律專家說違法是有可能成立的。選舉的時機是理想的間接證據，可以說明美國媒體公司的意圖是要幫助川普當選；該公司與柯翰的對話就更不在話下了。媒體業可以在方方面面豁免於選戰期間的財務法規，但同一群法律專家說一家媒體公司若是不以媒體身分自居，而是自甘做為某個有權力者的公關白手套，那這些豁免能不能適用就不好說了。

❖

每一個跟我談過的美國媒體公司員工都說，與川普的結盟扭曲了公司的定位與經營模式。「我們每一個印出去的字，都要先經過川普的核定。」前美國媒體公司資深編輯傑瑞．喬治（Jerry George）說。好幾名同仁告訴我佩克拿到了可觀的好處。他們說親近川普的人幫佩克牽線，讓佩克找到了美國媒體公司的潛在金主。二〇一七年夏天，佩克造訪了美國總統的橢圓辦公室，並在白宮與一名善於與沙烏地阿拉伯牽線的法商共進晚宴。兩個月後，該法商偕佩克見到了沙烏地王儲穆罕默德．賓．沙爾曼（Mohammed bin Salman）。

某些員工覺得此一路線帶來最大的好處，就是美國媒體公司蓄積了能力可以勒索川普。霍華對朋友誇耀說他現在已經不屑上電視邀約了，因為他覺得自己的地位與用負面新聞對付人的能力已經高人一等，在傳統新聞工作上賣命已經甚無意義。「理論上，你會覺得川普在這段關係中占盡上風。」美國媒體公司的老臣麥克馨．佩吉對我說。「但實際上占上風的是佩克——他有權力想出什麼新聞就出什麼新聞。他知道屍體埋在哪兒。」這樣的疑慮也充斥在我與麥可杜格的對話中。「要是有人能影響身居高位而手握國家大權者，」她指的是川普，「那可不是開玩笑的事情。」

美國媒體公司與川普的關係，是媒體有潛力從獨立監督機構墮落成與報導對象成為酒肉朋友的極端案例。但對美國媒體公司而言，這只是稀鬆平常的事情。經年累月下來，該公司替名人下架的醜聞已經不計其數，包括阿諾·史瓦辛格（Arnold Schwarzenegger）、席維斯·史特龍（Sylvester Stallone）、老虎伍茲（Tiger Woods）、馬克·華伯格（Mark Wahlberg）等人都是他們的客戶。「我們手上有新聞，而我們買下這些新聞時就知道它們永遠不會成為新聞。」喬治說。

一個接著一個，美國媒體公司的同仁開始異口同聲地用同一種說法來形容這種把新聞「買來埋」的作法，那是八卦報圈子裡行之有年的行話：「抓來殺」（catch and kill）。

PART V
SEVERANCE

◆

第五部

遣散費

第五十二章　一大家子

狄倫・霍華這人有仇必報，十個替他工作過的人都這樣告訴我。某些前員工後來告訴美聯社說他「會公開在新聞編輯室裡討論他的性伴侶，還會討論女性同事的性生活，並強迫女性看或聽色色的東西。」二〇一二年，為了回應女性同仁的檢舉，美國媒體公司發動了由外部顧問主導的內部調查。公司強調該報告未發現任何「嚴重」的犯行。公司法務長證實了有女性檢舉霍華，包括有人指證他提議要為某同事的陰道開一個臉書專頁。在公司算老資格的麥克馨・佩吉說她代表許多其他女性申訴過。另外一名女記者莉茲・克羅金（Liz Crokin），在把霍華騷擾她告訴調查這事的外部顧問後，她認為被霍華報復了，因為她自此都只接到些不痛不癢的小新聞，大新聞都沒她的分。霍華後來否認了行為不當的指控，而一名發言人也說公司的女員工只是「挾怨找麻煩」。

經過我的報導後，好幾名霍華的同事說他似乎非常生氣。其中兩人記得他說了「不會放過我」。有人提醒他這種話不要亂說，因為這樣報復實在太明顯了，但霍華不為所動。

有那麼光宗耀祖的一瞬間，我成了《國家詢問報》的公敵代名詞，而且還像固定班底似地老出現在他們的報紙上。在門房的新聞問世後沒幾天，有媒體找上我評論我不記得自己有見過的叔叔，只因為溫斯坦在威脅我的律師信裡提到過這人。他們說：「《國家詢問報》打算寫一篇新聞，報導羅南・法羅的叔叔約翰・查爾斯・維勒斯－法羅，被判性虐待兩名十歲少年有罪一案。」那之後沒多久，報社的白手套開始寄措詞強硬的訊息來索取「屌照」。我相應不理，《國家詢問報》就對外抱怨我不配合採訪；當我稍微曖昧或比較有誠意地回覆時，霍華則會原文照登。霍華跟他的手下會找我評論各種子虛烏有的事情，說什麼我跟另一名在新聞上嚴詞批判過美國媒體公司的記者去巴西滾床單（我還真希望自己的人生有這麼精采）。

霍華跟他的手下接連不斷地打電話或發電郵，而這些都是他們公式般的慣用伎倆，事實上收到這些電話或電郵的人也有教戰手冊可以參考，可以：一、表示聽到了；二、跟霍華賣個乖；三、進行交易。另一名被霍華鎖定的記者，找了個神通廣大的律師去跟《詢問報》交涉，透過律師低調的談判確保美國媒體公司不會把記者的名字秀出來。問題是，這名記者在當下已無美國媒體公司的新聞要報，而我有。任由敵對的報導對象威脅自己，正是溫斯坦的新聞會在前一年差點又不了了之的原因。所以我決定把霍華當空氣，繼續報我的新聞。

這些伎倆在霍華的手段裡還不是最卑鄙的。好幾名美國媒體公司的員工說，他還找了跟柯曼——雷納畫報社有關的包商——與偷錄溫斯坦的公司是同一家廠商——來監控強納生在洛杉磯的行動。由此強納生在家被監視，出門被跟蹤。霍華會「進公司說我們得派人尾隨羅南的男朋友。」一名員工回憶說。然後霍華還說：「我已經派人跟蹤他了，現在就看看他要去哪裡。」霍華說員工的指稱有誤。最後，員工們說強納生的日常無聊到連監視他的包商都舉手投降。

「我明明就很有趣！」強納生從我這聽到真相後深表不滿。「我超有趣的好不好！我去玩了密室逃脫耶！」

❖

至此，美國媒體公司已經開始被團團包圍。好幾家以《華爾街日報》為首的媒體，仍在挖掘該公司於選戰期間代表川普去買新聞的真相，而得到的成果也驚動了執法單位。二〇一八年四月，聯邦調查局派人臨檢了律師柯翰的飯店與辦公室，目標是他們付錢給麥可杜格的相關紀錄，還有柯翰、佩克、霍華之間的通聯。執法部門開始對佩克與霍華施壓。針對我在報導中的指控，他們一概否認到底，並說什麼抓來殺的的概念簡直可笑。他們宣稱自己唯一的動機就是新聞報導。就在幾個月前，他們才為了避免被起訴一堆罪名而跟檢方談了條件，針對包括違反選舉財務法規的行為通通坦承不諱。他們承認在川普競選的初期，佩克曾與柯翰暨其他競選團隊成員見面。「佩克主動表示他可以幫忙處理川普的負面花邊新聞，手段包括但不限於協助競選團隊確認哪些新聞危險到得以購買避免出刊。」不起訴協議有這樣的紀錄。他們會把這類新聞抓起來，宰掉，而這麼做的動機是要左右總統選舉的結果。

做為與檢調單位的一部分協議，美國媒體公司承諾三年內「不會有任何違法行為」。但還不到一年，《詢問報》就面臨了他們有沒有照做的質疑。霍華傾全公司之力去追查亞馬遜創辦人兼執行長傑夫・貝索斯（Jeff Bezos）的外遇新聞。這一次霍華拿到了他習慣性想要的齷齪照片（世上對貝索斯老二感興趣的人，扣除他的正宮與小三不算，應該就是狄倫・霍華了）。他玩的又是那一套：美國媒體公司以照片威脅貝索斯跟他們談條件。但貝索斯對此採取了攻勢。「不了，謝謝。佩克先生。」他在公開信中說。「與其對勒索行為投降，我決定把他們寄給我的東西通通公諸於世，即便我確實也得付出代價或因此顏面無光。」

二〇一九年初，一邊有聯邦檢察官在打量霍華是否違反了不起訴協議，一方面則是美國媒體公司深陷債務危機。《國家詢問報》與其姊妹報《環球報》與《國家調查報》（*National Examiner*）

被集團賤賣求現，買家是父親創立了哈德遜新聞集團（Hudson News franchise）的詹姆斯・科罕（James Cohen）。科罕最為人所知的除了愛蒐集藝品，就是為了給她女兒辦猶太成人禮而狠砸百萬美金。外界十分質疑這交易真的是他出的錢，還是幕後金主另有其人。幸災樂禍到要爆炸的《紐約郵報》（*The New York Post*）引用了熟悉美國媒體公司的消息來源說，「這些人怎麼看都是一大家子」。

❖

四面楚歌的除了美國媒體公司，還有霍華的盟友哈維・溫斯坦。在《紐時》與《紐約客》的報導問世後，指控溫斯坦性騷擾或性暴力的女性一下子跑出來幾十人，精確地說是從三十人、六十人，然後變成八十人。一部分人提出了告訴，包括卡諾沙。倫敦、洛杉磯與紐約的執法單位開始虎視眈眈。《紐約客》第一篇新聞出刊的隔天，紐約警局巡佐凱瑞・湯普森（Keri Thompson）這名當年曾經督導過古提耶若茲那場釣魚行動的懸案小組警探，開始在美國東岸上上下下尋找露西亞・埃文斯——那名跟我說溫斯坦二〇〇四年在他辦公室性侵害過她的女子。警方找到了埃文斯，並告訴她說若她願意提告，他們就有機會把溫斯坦繩之以法。埃文斯有心幫忙，但她害怕。她跟警方都知道參與刑事訴訟的過程會把人剝一層皮，尤其溫斯坦的律師團一定會無所不用其極。他們會找來所有東西攻擊她。「我想任何人遇到要做這種改變一生的抉擇前，自我保護的機制都會火力全開。」她說。「這對你會有什麼影響？這會如何改變你的未來、你的家庭、你的朋友？」在經過幾個月的輾轉反側後，她決定跟溫斯坦法院見。

二〇一八年五月二十五日一早，一輛黑色休旅車滑進了紐約警局第一分局的入口。隨著拍照的閃光燈此起彼落，湯普森與另一名警探尼克・迪高蒂歐（Nick DiGudio）迎來了從休旅車上下來的哈維・溫斯坦，領他進了分局。為了參加今天的「投降大典」，溫斯坦走的是溫文儒雅的教授風打扮，黑西裝外套裡是粉藍V領毛衣。夾在一邊腋下的是一疊在講好萊塢跟百老匯的書籍。溫斯坦消失在分局建物內，準備因多起性侵跟一起性犯罪遭到起訴。他再被帶出來時，腋下的書沒了，取而代之的是雙手被上銬。

陪在溫斯坦身邊的是他新聘的律師，班傑明・布拉夫曼（Benjamin Brafman），還有一名叫做赫曼・懷斯堡（Herman Weisberg）的私家偵探。懷斯堡也是紐約警局警探出身，他的公司賽吉資安（Sage Intelligence and Security）也很主打這一點，就像以色列的徵信社也都會強調他們的摩薩德背景。他加入溫斯坦團隊已經有一陣子了——前一年秋天在我的新聞還沒發出前，他曾負責過麥高文那條線。他在當時的一場會議上宣布他發現警方正在私下調查麥高文有無攜帶毒品之實。「這消息我們可以放出去嗎？」溫斯坦興奮地說。前同事稱懷斯堡是條對血腥味很敏銳的「獵犬」。他最會的就是把目擊者揪出來盤問。

雖然在分局前演了一場戲，面子丟了一點，但那其實象徵意義大於實質意義，因為溫斯坦當天就以一百萬美元交保回家。戴上電子腳鐐的他被限制行動範圍在紐約跟康乃狄克州的兩個家之間。在後續的幾個月裡，紐約警方將溫斯坦的涉案範圍從兩名女性擴大到三名，主要是警方根據前製作助理咪咪・哈勒伊（Mimi Haleyi）宣稱溫斯坦二〇〇六年在他公寓性侵害她的證詞，追加了一條「掠食性性侵害」的罪名。但溫斯坦的反擊也不容小覷。他們將魔掌伸向了同意加入此案與為了此案在努力的人物。

在媒體上與面對檢察官時，布拉夫曼像吃了炸藥說溫斯坦收到過不只一筆哈勒伊非常友好的訊息，當中一筆說想見面的簡訊還是發在據稱的性侵害之後。另外在懷斯堡的努力下，他們也順利削弱了警探迪高蒂歐的可信度。露西亞・埃文斯一案中的某個周邊證人，宣稱她提供了新的細節給迪高蒂歐，但該名警探卻扣下了證詞沒有告知檢方。迪高蒂歐否認了此說法——但這樣的烏賊戰已經達到了布拉夫曼的目的。他公開表達了不滿，並指控執法單位共謀對溫斯坦不利。迪奧蒂歐被調離該案。露西亞・埃文斯對溫斯坦的控訴遭到撤除。「兩件事可以同時成立。」一名地區檢察官辦公室的消息來源告訴我。「你可以相信一名性侵倖存者所說為真，但同時同意撤除她的指控，因為若是為了保住一人的指控而使得其他指控的力道被削弱，其實並不划算，畢竟訴訟過程就是如此詭譎多變。」

布拉夫曼將這次的勝利歸功於優異的私家調查工夫。「我在溫斯坦案裡的表現不論有什麼值得稱許之處，赫曼都居功厥偉。」布拉夫曼說。他表示懷斯堡幫他「針對好幾名重要的檢方證人挖出不少料。」

沒多久，一堆訴訟都好像說好了一樣，開始朝溫斯坦能平安脫身的方向發展。埃文斯的指控被撤除後，媒體上開始流傳溫斯坦與溫斯坦影業的原董事會[63]想以四千四百萬美金概括達成所有民事求償的和解。

溫斯坦依舊得面對許多不利於他的情勢。好幾宗未能被撤銷的指控仍在紐約等待開庭。洛杉磯與倫敦的檢警調都仍持續在蒐集證據。民事訴訟中好幾名女性都對那概括性的和解金沒興趣，已經公開宣示要把官司打到底。

就在溫斯坦準備刑事庭審的同時，關於他的一小篇報導被登在了《第六頁》上。在一張攝於紐

63 溫斯坦影業於二〇一八年七月中遭收購而走入歷史。

約大中央總站（Grand Central）內部夾層的照片上，他趴在義大利餐廳希布里亞尼多齊的櫃檯上，粉色的脖子凸出於寬版的黑色T恤外，同時在了鬆垮的牛仔褲外頭露出好幾吋的四角內褲。比起照片上，現在的他瘦了點、老了點，駝了點。這則新聞的重點是圍著溫斯坦一群身穿深色西裝，低著頭在專注討論什麼的男人，文案說其中一個是私家調查員，另外一人則是律師。

不論飄盪到何處，哈維．溫斯坦永遠是哈維．溫斯坦，身邊永遠跟著他的傭兵，而傭兵也永遠在籌備、策畫，隨時要與人一戰。對像溫斯坦這樣的人來講，特務大軍永遠不會解散。

第五十三章　公理

在私生子的傳聞結束後，夏天再度來臨，而我也因緣際會在此時得到了初步的線索，掌握到服務完溫斯坦之後的黑立方活動。我剛踏進一節悶熱無風的地鐵車廂，電話就響了，來電顯示的名字是「艾克希恩（Axiom，意為公理）」。沒多久我收到了一則訊息。「我想跟你私下直接聊聊關於防刮煎鍋的事情。我偶爾也下廚，而煎鍋的黑色塗層讓我覺得很恐怖。」

我不久前在社群媒體上貼了張「黑立方」牌煎鍋的照片，還附註說這煎鍋「防刮，可能會用假身分與空殼公司來擷取資訊。」（「哈哈哈。」安珀拉．古提耶若茲在底下乾笑了兩聲。）

隨著地鐵車廂進入隧道，我寫道，「你可以多自我介紹一下嗎？」

「我只能說我做的是監視工作。」然後在抗拒我想進一步認識他的請求後，他說：「我們得見一面，但得小心不能被跟蹤。」

幾天之後，我穿梭在劇場區汗流浹背的群眾當中。我建議見面的地點在我取得古提耶若茲錄音檔的巴西餐廳。我準時到了，要了個兩人的座位，然後坐了下來。手機此時響起了祕密通訊軟體Signal的響聲。螢幕上再次顯示了艾克希恩的名字。

「不要點東西。」一個男人的聲音說。

我環顧四周，但沒看到誰的身影。

「你背著郵差包、身上是淡藍色襯衫，還有顏色稍微深一點的牛仔褲。」他說。他要我起身慢慢離開，不要用跑的。

「請麻煩你逆著人流走。」我伸長了脖子四處張望。

「不要亂看。」他顯現些許的不耐煩。「我會跟你保持大概半個街區的距離，所以請在路口停一到一分半鐘，我會確認沒有同樣的臉孔從這裡跟著我們過去。」

就在他引我在號稱地獄廚房的紐約西城繞來繞去之時，我又試著確認了一遍沒人跟蹤。「別亂看，正常走路就好，逆著人流，很好，就是這樣。」他讓我停在一間沒有手機訊號的地下室祕魯餐廳前面。「跟店家要一張靠裡面的桌子，愈裡面愈好。」

我照他的話做了。十分鐘後一個男人坐在我的面前。他留著黑鬈髮，身材有點「中廣」，一口相當濃重的烏克蘭口音。

「我參與了一些事情。」說話的是伊果．歐斯卓夫斯基，並把一隻手機推過桌面，示意要我滑滑看裡頭的照片。我看到我生活的街區、我的前門，還有在屋外的管理員。我看到了那輛日產，還有車裡的兩個人：黑胖的歐斯卓夫斯基跟白禿而眼神兇狠的凱金。

歐斯卓夫斯基說他們屬於紐約立案的一間在地私人調查業者。「但工作的成果，最終的那份報告，掛的會是黑立方的名字。」

「你為什麼要向我通風報信？」我問。

像他們這樣的下游包商，平日大多做一些大家聽了都不會覺得奇怪的工作——跟蹤偷吃的老公或紅杏出牆的老婆，或是為爭監護權去挖前夫或前妻的醜事，這些工作雖稱不上光彩但也還算問心無愧——但替黑立方做的工作可就是另外一回事了。歐斯卓夫斯基跟我說了他們是怎麼設法跟蹤我，有時候是跟蹤我本人，有時候是追蹤我的手機。我回想起那些垃圾簡訊、那些莫名其妙的氣象預報，還有在世貿中心收到的民意調查連發。他不確定這些垃圾簡訊跟我被跟蹤有沒有關聯，但他證實在我收到民意調查簡訊的前後，他確實得到了我所在位置的精確情報。「我擔心，」歐斯卓夫斯基告訴我，「自己在做犯法的事情。」他對用在我身上的手段很有意見。而我也不是唯一受到這種待遇的人。眾包商此時仍在替黑立方跟蹤人。歐斯卓夫斯基想知道為什麼。

他念了目標清單上的名字給我聽，還有每回監視行動的時間跟日期。在一家又一家的高檔飯店餐廳裡，眾包商監控黑立方幹員與目標的會面，而這些目標似乎是科技與網路犯罪的專家，當中好幾個都掌握了駭入及監控人手機的尖端科技——像出自以色列網路情蒐業者NSO集團之手，讓沉睡者非常擔心的天馬軟體，就是一例。

歐斯卓夫斯基說他所擁有的有限訊息，是「設計用來追溯回我身上」的。因此他很擔心自己也是被監控的對象，甚至在進門前巡視了餐廳四周一番。

我也開始變得緊張兮兮。我請了一名同事在幾條街區後跟著我，然後在餐廳外頭守著。李蔚珍（Unjin Lee，音譯）這名勉強有五呎高（約一五二公分）的嬌小韓裔美國女孩，或許不是很擅長以色列近身格鬥術，但抓出跟蹤者她可是一把好手。

歐斯卓夫斯基跟我相隔十分鐘，各走各的離開了餐廳。等我到安全距離外後，李打了電話給我。她說剛剛有個男人似乎在跟蹤歐斯卓夫斯基跟我。我們進餐廳的時候他跟在後頭，然後在入口處逗留了超過一個小時。

❖

事實證明世上只有三樣事亙古不變：死亡、繳稅，還有紐約南區聯邦地方法院（Southern District of New York）的調查。那兒的聯邦檢察官在看了我二〇一七年對黑立方進行的報導後，已經鎖定黑立方，並由其編制中的「複雜詐騙與網路犯罪小組」（Complex Frauds and Cybercrime Unit）發動了調查。過沒多久，在查溫斯坦跟美國媒體公司的幾位檢察官也動了想見我的念頭，而他們不當我是記者，是證人。

南區法院的電話與訊息在二〇一八年二月麥可杜格的新聞出現後，一連數月不歇。來找我問事情的有南區法院的檢座本人，也有他們的代理人，比方說普里特・巴拉拉（Preet Bharara）這名曾經在那兒任職過的前聯邦檢察官。他們除了會來找我，也會去找《紐約客》的柏托尼律師。

跟我在法學院同窗，現在服務於執法單位的一個同學，也傳了訊息來說要敘舊。在歐斯卓夫斯基跟我第一次見面後不久，我耐著悶熱前往世貿中心附近一家小餐館赴晚餐之約。

滿身大汗而且亂穿一通的我在吧檯前坐著，而他的聲音也在此時傳來。「哈囉。」

原本在看手機的我抬起頭，差點沒被一排完美無瑕的牙齒閃瞎。他五官端正對稱到可以去當平面模特兒，事實上連他的真名都假得像是個藝名，去演五〇年代郊區一名受鄰里愛戴的醫師正好。

他朝我靠了過來，又是一抹超閃的微笑。「好久不見！」

我像個二愣子地答說：「就都在忙。」

「有那麼多事可忙喔。」

他點了兩人份的飲料，然後我們就進了包廂。

那頓晚餐吃得很愉快，基本上是在「這個如何？」跟「那個如何？」中度過。我這才意會到自己的私生活萎縮到什麼程度。被人死命跟監可能算是我僅有的人際接觸了。

他說他結婚了。

「婚姻生活如何？」

他聳了聳肩。「一言難盡。你呢？」

「很好，他很棒。」突然一陣沉默，我憶起了與強納生那漫長而緊繃的一年。

「也是一言難盡喔？」他問。

「嗯，遠距離真的不容易。」

他眼裡流露出同情。「你壓力太大了。」

「現在比較好一點了。你應該也不輕鬆吧。」

他靠了過來，露出了暖到連放在型錄封面上都嫌太過分的笑容。「其實你不用把自己逼成這樣，你知道吧。」他說。隔著並不寬的桌距，我已經能感覺到他的呼吸。「處理這麼多事情，還都只能靠自己。」

他稍微調整起眼前的一把餐刀，一隻手指滑過了其銀色的表面。

「你說的是——」

「你應該要加入我們。」

「喔。」

「成為我們的證人。你不用透露任何你不想透露的消息來源。」

我縮了回來然後坐正。「你也知道你保證不了什麼吧。」

「所以呢？」他說。「只要你是受害者，你就該要出聲。」

雖然於私，我相信他是真的想敘舊，話說得也不過分，但於公，他的那些請託也著實讓我感覺公私兩股力量打起架來。那晚我們踏出餐廳，準備道別，在最後一刻他多抱了我一會兒。「要是改變主意，」他說，「就打給我。」接著他就又表演了一次高露潔廣告等級的微笑，走進了黑夜。

柏托尼跟我把這難題翻來覆去想了一遍。對任何一個以記者自居的人而言，跟司法單位合作都是自找麻煩的事情。當然在特定狀況下，記者沒有理由不報警，比方說得到線報說有人要被傷害了，但現狀並沒有這麼一翻兩瞪眼。說我是犯罪行為的受害者，並不算過分，畢竟我的電話被跟蹤，還有人想用計套出我的報導內容。但我不確定就我自己與旁人的人身安全而言，這些犯罪有沒有危險到得讓我去讓檢察官們問話。他們很快就會問起我的消息來源，危及我宣示要保守祕密的新聞報導。保護包括歐斯卓夫斯基在內的消息來源，絕對得是我的第一考量。而且我要顧及的也不光是我自己。柏托尼擔心哪怕跟執法單位聊過一次，就會為《紐約客》開啟一個危險的惡例。這次的事情我們開了口，下次檢方來找我們問政府吹哨人的身分，我們還拒絕得了嗎？

第五十四章　天馬

一開始，歐斯卓夫斯基並不肯給我他上司的名字，但其他的線索也非常足夠了。在他秀給我看的其中一幅影像中，連日產的車牌都看得到。我輸入了由此找到的姓名，而這又讓我搜索出了一部宣傳影片。「我是在江湖上混的傢伙，是行動派。」一個操俄國口音的禿子在影片中說。「我叫羅曼．凱金，資訊戰術集團創辦人。」

高亢的電音節拍播送著。在針孔攝影機拍下的影片中，字幕承諾著「尖端科技的監控設備。」凱金自信十足地模仿著不知道是龐德還是伊森[64]，展示了他穿越人潮如入無人之境的運動能力，讓人不得不同時佩服他的腳程之快與臉皮之厚。資訊戰術算是家中小企業，人力只有幾個接案的人員，而他們白天幾乎都還另有正職。在替黑立方工作的這一年裡，凱金又是嘗試了手機追蹤，又是大言不慚地說自己可以非法取得財務紀錄，真可以說把自己逼到了極限。

在影片當中，凱金對自身的能力認真到不能再認真。「小時候剛學認字的時候，」他說，「爸媽就被我嚇到了，因為我一字不漏地背起了自己最愛的那本——福爾摩斯。」

64 伊森，韓特（Ethan Hunt）為系列電影《不可能的任務》中的主角，由湯姆．克魯斯所飾演。

歐斯卓夫斯基持續分享他對於資訊戰術公司幫黑立方做事的看法。有時候我會自己去約好的地點赴約，有時候我會派不容易被認出來的同事過去遠遠地幫我把風。不變的模式是：黑立方的便衣幹員與網路犯罪跟科技專家在豪華酒店裡的會面。

歐斯卓夫斯基跟我也會照例先約在不起眼的餐廳碰頭，然後以此為跳板，開始一邊心驚膽跳地對話，一邊在迷宮般的巷弄裡穿梭。有一次，我們坐在某飯店大廳的陰暗角落聊了大約半個小時，然後他突然說要離開一下。回來時他面有難色地說我們得趕緊換地方。他懷疑坐在附近的兩名男子在尾隨我們。看來是專業人士的他們一直緊盯著我們。我們上了計程車，然後又換了第二輛計程車。歐斯卓夫斯基讓其中一輛計程車停在西城公路上靠到了路肩，等著尾隨的車經過或因為減速而露出破綻。一年前，我會覺得這是超級無聊的被迫害妄想。

❖

就這樣一直到二〇一八年結束，我繼續著關於以色列私人情報業的報導，並在過程中保持對黑立方的關注。替這民間特務組織處理公關事務的接案人員，那個笑口常開的艾多．明科夫斯基，是我固定的聯絡對象。「羅南寶貝。」他會接起我的電話時說。「不准跟我離婚喔。」他會這樣閃躲我的報導問題。二〇一九年一月，他同意在固定經過紐約時跟我見一面，一起小酌兩杯。

那場會議的幾個小時前，歐斯卓夫斯基打了電話過來。黑立方下令要羅曼．凱金跟資訊戰術公司去找支能祕密錄音的筆。歐斯卓夫斯基傳了照片過來，上面便是他們找來的那支祕錄筆。那是支鋼琴烤漆的黑筆，帶有銀色的筆夾：這種筆別人不提，你根本不會注意，但它卻有方便你追蹤的特色，像是在筆管的特定高度上有一圈鍍鉻。

明科夫斯基跟我約在地獄廚房的一間酒吧。我到的時候，他已經帶著柴郡貓的魔性笑容放鬆地待在角落。明科夫斯基點了杯雞尾酒，劈頭就是他平日的馬屁攻勢。接著他表示要把我為了報導想問的問題寫成筆記，為此他從外套口袋裡生出了一支銀夾的黑筆。

「真巧，我有支筆跟你的一模一樣。」我說

他的柴郡貓笑容動搖了一下。「這支筆別無分號喔，」他說，「是明科夫斯基工業生產的。」我問明科夫斯基是不是在錄音，為此他露出了受傷的表情。他會把我們的每一次會面都告知黑立方的創辦人佐瑞拉。他不這樣也不行，公司會定期測謊。但他說：「羅南，我說什麼也不會錄你的音。」

後來明科夫斯基會堅稱他拿出的只是支普通到不能再普通的筆，還會說他根本不知道有長這樣的筆可以錄音。但在那晚各自離開後，我傳了簡訊給歐斯卓夫斯基問：「你知道那支筆被交給了誰嗎？」他的回覆是一串照片，上頭全都是明科夫斯基在我們見面前，在角落站著收下特務筆快遞的畫面。

❖

幾天後，同一支特務筆似乎又在黑立方的新行動裡現身。一個自稱是麥可．蘭伯特（Michael Lambert），留著俐落白鬍子的中年男性，坐下來跟約翰．史考特—雷爾頓（John Scott-Railton）共進午餐，後者是民間監督組織公民實驗室（Citizen Lab）的研究員。蘭伯特說他曾在巴黎待過農業科技業者CPW顧問公司，所以想當面跟史考特—雷爾頓請教他的博士論文研究。他想知道要如何像史考特—雷爾頓說的那樣，把攝影機裝在風箏上以此測繪出地圖——很顯然這聽起來很鬧的作法是真有其事。

但餐點一來，蘭伯特感興趣的點就歪掉了。公民實驗室的成立宗旨是追查以國家力量在侵害或監視記者隱私的不當作法，他們近期曾報導過NSO集團的天馬軟體曾駭入記者賈邁勒・卡舒吉（Jamal Khashoggi）朋友的手機，而卡舒吉不久後就被沙烏地阿拉伯的特務用骨鋸大卸八塊。該調查引發了NSO集團的強烈不滿，他們一方面否認該軟體被用來鎖定卡舒吉，一方面也拒絕回答該軟體是否被售予沙烏地阿拉伯政府。蘭伯特想知道公民實驗室對來自以色列的NSO集團掌握了哪些資訊，還想知道他們調查NSO的動機中是否有種族歧視的成分，此外他也逼史考特—雷爾頓對納粹大屠殺的歷史表態。兩人聊著聊著，蘭伯特取出了筆管上有一圈鍍鉻的銀夾黑筆。他隨興把筆擱在了面前那黃底橫紋的經典筆記本上，筆尖正對著史考特—雷爾頓。

這套腳本十分面善。在涉及史黛拉・潘・佩查納克，以西壁資本員工跟安姆塔斯特金融服務公司的批評者為目標的行動當中，黑立方的幹員也曾設法套出對方的反猶言論。但這一次，黑立方的目標並不笨：因為懷疑對方有什麼陰謀詭計，所以史考特—雷爾頓早就有備而來，穿上錄音裝置從頭錄到尾。

這可說是諜對諜——雙方都各自準備了跟班來擔任備援。拉斐爾・沙特（Raphael Satter）是史考特—雷爾頓合作的一名美聯社記者。他帶著相機前來，一開口就質疑假名為蘭伯特的黑立方幹員，讓他的臥底正式宣告失敗。此時歐斯卓夫斯基也從鄰近的桌子在觀察與拍照。稍早來過又離開了的凱金開始惱羞成怒地呼叫起來。「我們的人被抓包了！」他說。「立刻在大廳集合！他需要人接應撤退。」

黑立方幹員從業務用出入口竄了出去。歐斯卓夫斯基開車接到了人跟行李，然後開始四處繞圈，目的在把潛在的尾隨者甩掉。他們車開著開著，幹員開始瘋狂打起電話，為的是訂到最早的班機離開紐約。他的行李上有標籤印著ALMOG的名字，還有一個在以色列的住家地址。這個名字是真的：這名幹員叫阿哈隆．阿爾莫格—阿索努（Aharon Almog-Assouline），是後來據報導曾涉及一連串黑立方行動的以色列退休安全事務官員。

黑立方與NSO集團後來會否認涉及任何不利於公民實驗室的行動，但在這之前的幾個月裡，歐斯卓夫斯基曾對我描述過許多次這樣的會面，當中阿哈隆．阿爾莫格．阿索努可說是無役不與，而且鎖定的目標似乎都是批評NSO、批評天馬軟體迫害新聞記者的人。

❖

行動失敗讓黑立方非常不能接受。為此公司下令：所有知道這次行動的人都得立刻接受測謊。歐斯卓夫斯基來電時顯得憂心忡忡，他擔心自己的身分暴露只是遲早的問題。他想把所知的一切通通抖出來，而且對象不能只是記者。他知道有與外國政府過從甚密的幹員，在美國本土從事間諜行動。他已經嘗試過聯邦調查局，但卻被不當一回事的聯邦探員像皮球踢來踢去，最後還被掛了電話。他問我在執法部門裡有沒有比較像樣的人脈。我打了電話給柏托尼。他還是很堅持記者與檢方之間的直接聯繫要盡可能壓到最低，但他也不覺得指引消息來源去與官方接洽是什麼大逆不道的事情。

我最近一次與老同學討論這件事，是在紐約金融區的另外一家餐廳。我在傾盆大雨下狼狽不堪地現身，他則俐落乾爽地再次展現最拿手的完美笑容，點好了飲料。

「你真的應該好好想想。」他重複了之前說過的台詞。在桌上，他的手與我的手距離間不容髮。

「你不用一個人挑起所有的重擔。」

他的建議在我腦中翻轉，我思考著這麼做會是什麼感覺。然後把手向後抽回了些。我說我本身沒辦法跟他多說什麼，但我有些消息來源或許願意開口。我跟老同學要了消息來源可以放心聯絡的窗口。

沒過多久，我把在紐約南區聯邦地方法院的一個名字轉給了歐斯卓夫斯基。他找了個律師——約翰．泰，也就是我諮詢過的那名吹哨人律師——開始自告奮勇成為一名證人。

第五十五章　融化

在NBC新聞網，溫斯坦新聞被爆出後的那一年宛若多事之秋。二〇一七年十一月底，莎凡納．葛瑟里穿著很適合參加晨間電視葬禮的黑色花洋裝，宣布了麥特．勞爾連夜被開除的消息。不到四十八小時前，新聞網收到一則「內部同仁所提有關不當性行為的詳實檢舉。」她一邊說她「心都碎了」，一邊稱勞爾「我最最親愛的摯友」，最後還不忘強調「這裡有非常非常多人愛他。」

葛瑟里念了一份安迪．列克的聲明，當中表明管理階層也非常震驚。姓名未公開的同仁提出了「麥特．勞爾在NBC新聞網服務逾二十年來，第一次因為行為不當遭到檢舉。」新聞網分秒必爭地在廣大的媒體上強調了這一點。

聲明發出後，歐本海姆召集了調查新聞部的同仁到四樓的會議室。他說無名同仁指控的行為「固然不可取」，但勞爾的行為只是有失專業，而不是做了什麼於法不容的事情。「這當中有些行為是在職場內發生的，而麥特．勞爾去到哪兒都是麥特．勞爾。」他說。「所以職場上很顯然存在權力落差。」但歐本海姆強調跟檢舉者說過話的新聞網同仁，「並未聽到她說出『犯罪』或『攻擊』等字眼。」很快地，NBC公關團隊所投稿的文章也開始傳達同樣的訊息。等到新聞網與《時人》雜誌合作，宣布由荷達．柯特（Hoda Koth）接棒勞爾之位的封面故事後——標題下的是「荷達與莎凡納：『我們心都碎了』」——這樣的統一陣線也就變得呼之欲出了。「多位消息來源表示終止合約的原因是一場違反ＮＢＣ雇用條件的婚外情。」該篇文章說。「消息來源一開始告訴《華盛頓郵報》說勞爾遭控性侵害。」《第六頁》報導說。「但後來又改口說是不當性行為。」當時多家與ＮＢＣ有接觸的媒體說新聞網已將事件本質定調為「外遇」，且無意進行修改。

歐本海姆還呼應了列克的說法，口徑一致表示新聞網對此一無所知，在無名受害者於兩天前站出來揭發之前，他們完全不知道勞爾有這樣的爭議。好幾名在場的記者都覺得那就怪了，因為《綜藝》與《紐時》已連續幾周在籌備勞爾被控在性方面行為不檢，而且是連續犯的文章，期間他們曾致電不只一名在新聞網的同仁。大樓內的許多人早在這之前很久，就聽過有人抱怨。在與歐本海姆開會時，麥克修再次開了口：「在周一之前，我們很多同仁就聽說麥特的一些傳言……姑且這麼說吧。在周一之前，ＮＢＣ究竟知不知道麥特身陷性方面行為不檢的指控？」

「不。」歐本海姆說。「我們去確認過了，而正如我們在聲明裡所說，新聞網內部這二十年來都沒有這樣的指控出現在『任何有紀錄可查的地方』。」最後加上的這個條件非常耐人尋味：一個人地位到了勞爾的等級，就不會有正式紀錄存在於人資部門了，這基本上是常識。溫斯坦也堅稱他一生的「正式」紀錄裡都沒有性方面行為不檢的指控。福斯新聞網的比爾・歐萊利也是。但這不是問題的重點。麥克修問的並不是正式紀錄，他問的是ＮＢＣ知不知情。而關於這點，歐本海姆就有點在打迷糊仗了。「《紐約郵報》大家都會看，超市結帳處的《國家詢問報》也沒有人經過時不會瞄兩眼。」他說。「這真的很難避免，尤其當涉入其中的當事人說這是《詢問報》在胡說八道。」

歐本海姆說得沒錯：美國媒體公司的員工與ＮＢＣ的內部紀錄，後來都告訴我們說勞爾從二〇一七年到二〇一八年，都是《詢問報》重點關注的對象。該八卦報內部的一封電郵，甚至包含了後來那名無名ＮＢＣ指控者的簡歷。

不久後，葛林柏格把麥克修叫到他辦公室，麥克修覺得葛是想探探口風，看看自己是不是跟媒體說了什麼。麥克修說他對NBC內部出了這些事深感不安，還說他擔心這些問題會不會影響他們對溫斯坦案的報導。「大家都在講這些東西，大家都說——」

「都說他們在包庇麥特・勞爾。」葛林柏格說。

「嗯。」麥克修應了一聲。

「你真的覺得他們早知道麥特・勞爾的事情嗎？」葛林柏格問。

麥克修看著葛林柏格的眼睛說，「我真這麼覺得。」

❖

接著的幾個月裡，NBC裡沒有人知道勞爾之事的說法，就像念經一樣被穩定傳頌著。二〇一八年五月，NBC環球公布了內部調查的最終結果：「我們查無證據顯示在二〇一七年十一月二十七日前，NBC新聞網與《今日秀》的高層、人資或新聞部任何一位主管，曾接到任何關於勞爾職場行為不當的檢舉。」球員兼裁判的報告下了這樣的結論。新聞網悍然拒絕了內部與新聞界要求進行獨立調查的呼聲。報告公布後，NBC找了外部律師來檢視內容，但構成報告的研究工作則完全操之於金・哈里斯的團隊之手，包括史蒂芬妮・法蘭柯（Stephanie Franco），也就是NBC主管勞資事務的資深副總。內部報告公布的當天，歐本海姆跟哈里斯把調查新聞部找來開了又一場危機處理會議。集合的記者各種懷疑與問題炸了開來，麥克修仍參與其中。「NBC有沒有付封口費給提出資料來指控麥特的員工，要她簽保密協定？」他問。哈里斯眨了下眼睛。「嗯，」他說，「沒有。」

然後他又問在最近的「六七年裡」，NBC有沒有跟任何牽涉到騷擾問題的員工達成過和解。

在更多的猶豫後，哈里斯擠出一句：「就我所知沒有。」

會議開到某個點上，記者們要求獨立調查的呼籲，讓哈里斯愈來愈不耐煩。「讓外部的聲音來說話，不論最終調查出的結果一不一樣，事情都能比較快平息下來，不是嗎？」出席會議的一名女性說。「這會開得好挫折。」

「只要風頭過了，媒體慢慢不提了，就沒事了。」哈里斯說。

現場愣了一下，然後有另外一名調查記者說，「但我們不也是媒體嗎？」

❖

從一開始，其他媒體發出的新聞就與歐本海姆跟哈里斯定調的說法大相逕庭，不知情的說法成了NBC在自說自話。NBC宣布與勞爾終止合約幾小時後，《綜藝》跳出來爆料說「好幾名女性……向新聞網主管檢舉勞爾的不當行為，但《今日秀》周邊的廣告利益大到讓這些主管對女員工的話充耳不聞」。這篇文章表示勞爾被檢舉是公開的祕密。他給過一名同事性玩具，還大剌剌地附了張紙條說，他希望在她身上怎麼使用這玩具。他曾在廣告空檔用打開的麥克風玩起「幹／嫁（娶）／殺」[65]的遊戲。大概是這個調調的影片開始浮出水面，包括有段影片顯示勞爾在二〇〇六年疑似對彎下腰的梅芮迪絲．維埃拉（Meredith Vieira）說「不要起來，這個角度很好。」在二〇〇八年一場私下辦於紳士俱樂部（Friars Club）的「勞爾吐槽大會」上，凱蒂．庫里奇表演了大衛．萊特曼（David Letterman）風格的「十大清單」餘興節目，當中開了勞爾與安．柯瑞（Ann Curry）發生性行為的玩笑，而時任NBC環球首腦的傑夫．札克（Jeff Zucker）則表演了勞爾太太為此不爽而要他去睡沙發的短劇。當時是名人版《誰是接班人》主持人的唐諾．川普也在現場。「整場活動的主題就是他一方面主持《今日秀》，一方面跟裡頭的人與員工做愛。」喬・史卡伯歐（Joe Scarborough）在他的節目上說。「那這些事情是當悄悄話，關起門來說嗎？不。這些事會被拿到山頂上廣播，給所有人當笑話聽。」

幾名《今日秀》的年輕職員說，勞爾會肆無忌憚地在辦公室裡撩她們，說想跟她們怎麼樣。前製作助理艾荻・柯林斯（Addie Collins）對我說，勞爾曾積極、死命地在二〇〇〇年，把過當時二十四歲的她。她保留了許多他當時傳給她的「紙條」，有些是透過工作電郵，有些是透過一個用來記錄節目流程的軟體。**「這下子妳要了我的命……妳今天穿這樣實在太正了！我有點難專心。」**其中一張「紙條」如是說。因為節目裡的一切都是勞爾說了算，所以柯林斯告訴我說，她很難拒絕勞爾開始要她去他的更衣室，或甚至去洗手間的隔間裡幫他「服務」。她硬是配合了勞爾，但她覺得很噁心。她開始害怕上班，也害怕被報復。雖然無從證明，但她總覺得她後來錯失了好幾次職涯上的發展機會，背後都有勞爾的影子。

有些女性宣稱她們在辦公室與勞爾的魚水之歡並非兩情相悅。一名前NBC員工告訴《紐時》，在二〇〇一年，勞爾把她叫到他辦公室，然後按下了桌上的按鈕。就跟在洛克斐勒三十號的許多間主管辦公室一樣，他這間辦公桌上也有這種遙控關門的機關。她說她只能無助地被他扯下褲子，壓趴在椅子上，然後任他逞其獸慾。她後來暈了過去，只能由勞爾的助理攙扶著去給護理師看。

綜觀二〇一八年，我累計掌握了七名女性宣稱她們是勞爾在性方面不當行為的受害者，七人都曾是勞爾的同事，且多數都能以文件或當時傾訴過的第三者來佐證自己的陳述。好幾個人說她們有

65 兩人玩的社交問答遊戲，一個人提出三個名字，另一個人回答他們分別想跟誰發生關係，跟人結婚，然後把誰殺了。

把事情告訴其他同事，並認為NBC應該知情。

❖

我還開始注意到一種模式，圍繞在發出不平之鳴的女性周遭。在二〇一一或二〇一二年後的幾年裡，也就是哈里斯宣稱NBC沒有跟任何員工達成性騷擾和解的那幾年中，新聞網實際上從中牽線，讓公司內至少七名自稱遭騷擾或歧視的女性簽下了保密協定。這些協定還要求女性放棄法律追訴權，也就是提告的權利。在多數案例裡，簽約的女性都拿到了可觀的封口費，金額據交易方表示都不成比例地超過了民間企業資遣費的行情。哈利斯之前稱她沒聽說任何性騷擾和解的時候，似乎鑽了一個技術上的漏洞：不少這些付給簽約後離職者的錢，都被NBC定調為「強化版的資遣費」，但兩邊的當事人——包含離職的女性與公司這邊經手的同仁——都打臉NBC說，這些協議就是設計來讓指控的女性不准出去亂講。

好幾名女性簽了保密協定，但她們申訴的其實不是勞爾，而是NBC新聞網裡的其他男性高層。像在哈里斯所說那期間早些年所達成的兩筆和解，就涉及女性據稱被兩名已離職資深主管騷擾的情事。「大家都知道他們為什麼待不下去。」NBC一名近距離參與這兩人離職事宜的高層表示。NBC還在二〇一七年撮合過一筆協議是當中的女方指控《換日線》製作人柯沃——就是負責審查溫斯坦新聞的那個柯沃——對她性騷擾。

但其他的和解案就都得算在勞爾頭上了，所以NBC說他們不知道勞爾問題的說詞，實在非常令人質疑。

❖

一位在二〇一二年簽下保密協定的幕前工作人員說ＮＢＣ跑來談條件，是在她把訊息秀給同事看了之後，邀約訊息分別是由勞爾與另一名已離職資深高層傳來的。同事記得這兩個男人都曾在節目播出間麥克風也沒關，就對這名幕前工作人員開起黃腔。「我就像是一塊肉吊在那兒。」她說。「我去上班時會像胃裡打了個結，下班回到家會以淚洗面。」在拒絕了這些人的步步進逼後，她感覺自己的工作邀約明顯變少了。「我被懲罰了。」她說。「我的生涯發展從此一蹶不振。」她決定不要提出正式的報告，一方面她根本不相信公司的人資能有什麼作用，一方面也擔心在工作上受到二次傷害。但她也沒有坐以待斃，她開始把事情跟同事講，然後計畫從公司離職。

等ＮＢＣ在她要離職時拿出協議後，她記得她的經紀人說：「我算是開眼界了。他們希望妳簽保密協定，」然後還說「妳一定知道他們什麼大祕密。」經紀人說他也記得那段對話。那份合約根據我後來的檢視，讓這名公眾人物放棄了法律追訴權，還不讓她批評ＮＢＣ環球，「除非有貨真價實的新聞報導需要進行。」合約紙上有ＮＢＣ新聞網的信頭，簽名的有她還有她說騷擾她的主管。

❖

ＮＢＣ內部另一筆涉及女性對勞爾提出嚴重指控的和解，於二〇一三年達成。在勞爾事情曝光的幾個月後，我在他前雙主播搭檔安·柯瑞身邊的位子坐下，地點是在格林威治村的一家義大利餐廳。她坐在我旁邊的吧檯凳子上，一臉擔心肅穆。她說早在她的時代，有人不滿勞爾在辦公室裡用言語糟蹋女性，就已經是廣為人知的事了——而且有回在二〇一〇年，一個同事把她拉進了一間沒人的辦公室，在那兒崩潰了起來，並說勞爾對她暴露身體，還提議要跟她做愛。「什麼叫做一個女人在痛苦中融化，大概就是那個樣子了。」柯瑞說。

後來我得知那名女員工的身分：梅莉莎．婁納，在轉戰廣播界後與我見過面的《今日秀》製作人。按照婁納跟同事訴說的狀況，在她於柯瑞面前崩潰的前一天晚上，她跟勞爾在洛克斐勒三十號有一個工作的場合要見面，後來在那個場合中，勞爾請她到他的辦公室一敘，當時她以為勞爾有工作要交代。等兩人在他辦公室會合後，他關上了身後的門。

她記得自己站在那裡，懷著期待問勞爾說，「我以為你有事情要談。」勞爾叫她去沙發上坐下，然後開始閒聊。他打趣說自己最討厭剛剛那種應酬用的雞尾酒會了。然後她告訴同事他拉開了褲襠的拉鍊，露出了勃起的器官。

婁納當時與丈夫分居但沒離婚。生於曼谷貧民窟的她是拚了命工作才有當時的成就。她記得被那一幕弄得有點花容失色，只能緊張而尷尬地笑著，試著打哈哈說自己不想在「一堆人都做過」的辦公室裡跟人親熱，希望藉此脫身。

婁納記得勞爾說他知道她也想要，然後對於她說「他在公司裡很花」的玩笑話，勞爾回應說：他以為她也是重口味，還說這樣的邂逅對她「也是一種嘗鮮。」然後根據她的描述，他開始惱羞成怒地說：「梅莉莎，妳他媽的挑逗我幹嘛。這樣不ＯＫ喔，是妳讓我陷進去的。」

我從親近勞爾的消息來源處得知他駁斥了婁納的說法，並表示自己或許開了個有點下流的玩笑，但既沒有暴露身體也沒有邀她發生關係。但明顯受創的婁納，曾在事發隔天就開始將詳細情況說給人聽，而且一說就是好幾年。她求柯瑞跟另一名幕前的同事不要把她的姓名報出去，她深怕勞爾會讓她在這一行裡死無葬身之地。但柯瑞還是跟公司裡兩名資深主管談到了這件事情，並表示勞爾這人得處理一下。「我告訴他們說勞爾是個問題人物，說他跟女性員工過不去，還說他們得盯住這個人。」然後，就沒有然後了，柯瑞自此沒聽說公司有任何動作。

婁納對同事說她後來過得非常痛苦。勞爾無視她好幾個禮拜。因為擔心工作不保，她開始另謀高就。但等她順利拿到CNN的內定時，奇怪的事發生了：好幾名NBC新聞網主管把她叫去辦公室開會，然後口徑一致地傳達了同一個訊息：勞爾堅持要她留下來。「我不知道妳跟他之間是怎麼回事。」一名主管告訴她，「但我不能讓他不開心。」

她留在了新聞網。但幾年後合約快到期時，她還是丟了飯碗。她告訴許多同事說她完全不知道自己被解雇的理由。她去諮詢了一名律師，而律師表示因為她多待了這幾年，所以想提告騷擾也告不成了，原因是時效已過。婁納從NBC離職之際，經紀人來電通知她一件怪事：除了標準的保密與「不出惡言」條款（non-disparagement clause）外，新聞網還拿出六位數字的金額，要交換她簽署一份切結書來放棄各種權利。「我算開了眼界。」經紀人對她說。「妳是家裡有他們的裸照嗎？」婁納的理解是這筆錢的主要用意，是希望避免她去找媒體爆料。

婁納雖然是幕後工作人員，但小報還是把她報出來，宣稱她這個人很難搞，很難共事。婁納告訴朋友說她相信她是被抹黑，起因就是她不讓勞爾占便宜。

我向婁納問起NBC，她說她對自己在那的工作經歷不予置評。NBC表示婁納拿到的錢跟她與勞爾的糾紛毫無關聯，但你能感覺到這話說得有點此地無銀三百兩。二〇〇八年，《野獸日報》記者拉奇蘭・卡特萊特（Lachlan Cartwright）去追查了NBC據報會跟性騷擾受害者談和解，而且已經成為一種模式的新聞。此時NBC環球的資深勞資事務律師史蒂芬妮・法蘭柯聯絡了婁納的律師，要婁納別忘了她的當事人有約在身。NBC的法務團隊後來會說，那通電話是應婁納律師要求打的，並提到了婁納簽過權利放棄切結書，至於保密協定的事則隻字未提。

和解案在這之後的幾年間仍層出不窮。二〇一七年，一年前我在錄影現場看到她落淚的某名《今日秀》資深團隊成員，領到了七位數的款項來交換其簽署一份保密協定。我檢視了圍繞著那份合約的通聯，結果發現律師們都強調讓她承諾閉嘴是主要目標而非附帶條款。在與新聞網結束合約關係時，她曾申訴過騷擾與歧視，惟新聞網說這筆錢跟任何特定的申訴無關。她也曾跟一名資深副總提到過勞爾與性騷擾之事，不過她沒跟人分享我後來檢視的資料。那些資料顯示勞爾曾用語音信箱跟簡訊對她明示暗示。但當這些邀約都被冷處理之後，她感覺勞爾開始報復她，在辦公室裡散播她的負面傳聞。

第五十六章　乾杯

讓勞爾被炒魷魚的被害人檢舉，最終也是一樣的結局——一筆封口費加上一紙保密協定。我們第一次對話時，布魯克．奈維爾斯（Brooke Nevils）這位在ＮＢＣ高層與媒體眼裡是跟勞爾合意性交的無名員工，表示她很懷疑自己會有能把話說出來的一天。我冒著暴雨中進到她的紐約公寓，而她則不斷看著我的身後，然後鎖上了門。「我真的就活在恐懼裡。」她說。「尤其看了你關於私人特務的報導後，我更是杯弓蛇影。我知道我面對的是誰，也知道他們能做出什麼事情來。」

她年紀三十出頭，有著瘦高的青少年氣質。「高䠷、尷尬，又平胸。」她自嘲說。在她的公寓裡，藝術品與書籍隨處可見。同時就像走進村上春樹的小說一樣，貓咪也到處都是。只不過原有的六隻貓，那天早上有一隻因為得腎衰竭而安樂死。

她告訴我這件事時聽不出太多感情，彷彿已久經滄桑。過去兩年奈維爾斯先後嘗試過自殺，因為創傷後壓力症候群住院，甚至嚴重酗酒，然後才自己把自己拉回來。她瘦了十四磅，十個月內去看了二十一次醫生。「我失去了一切，但凡我在乎的都沒了。」她說。「我的工作，我的人生目標。」

奈維爾斯是密蘇里州郊區，柴斯特菲爾德（Chesterfield）長大的小孩。小學成績單上說她愛說話、愛笑，有很強的幽默感。她父親曾以陸戰隊員的身分打過越戰、拿到行銷學博士，然後成了五角大廈的的民間包商。她母親是美國環球航空的空服員，在我跟她見面的一年前多一點因為心臟病發去世。奈維爾斯說她母親是「那種真心希望世界能愈變愈好的好人。」

奈維爾斯十三歲就立志當記者，原因是她發現海明威曾經替《堪薩斯市星報》（*Kansas City Star*）寫過文章。「你投身新聞界，得是因為你相信真理，因為替人把故事說出來很重要。」她皺著眉頭說。雨水像鼓點一樣打在窗戶上。「我以為我們是正義的一方。」在約翰霍普金斯念完大學後，她接連在幾家報社實習。二〇〇八年，她入選自己夢寐以求的NBC扉頁計畫（NBC Page）——新聞網用來培育人才的計畫。以此為起點，她用幾年的時間從導覽爬到大新聞的助理，再成為明星主播的團隊。

❖

二〇一四年，她正是梅芮迪絲．維埃拉的團隊成員——梅芮迪絲是她的偶像，也是她生涯發展想效法的對象。維埃拉在二〇一四年被點名去採訪奧運的時候，這兩人一起去了冬季奧運主辦城市，俄羅斯的黑海度假勝地索契（Sochi）。在長時間的共事過程中，兩人會在NBC團隊下榻的豪華飯店裡上酒吧。她們會邊喝馬丁尼，然後邊笑邊八卦。有天深夜，甚至可能已經是凌晨了，勞爾走進這樣一間酒吧，掃描著現場有沒有熟悉的面孔。「我一直都非常怕他。他在工作上有點惡霸。要不是我們當時心情很好……」她欲言又止地說。但她們心情**真的**很好，又跟好同事喝了酒，奈維爾斯於是拍了拍身旁的矮座位，邀請了勞爾過來加入她們。

在奈維爾斯身旁坐下後，勞爾看了眼馬丁尼說：「是說，我最推薦的是沁涼的伏特加。」他點了知名的鱘龍魚伏特加。奈維爾斯灌了六小杯。「Na zdorovie！」勞爾落起了俄文——乾杯！或者直譯是敬健康一杯！等勞爾拿出蘋果手機喀答喀答拍起照來，奈維爾斯開始在開心中感到一絲擔心。大家都知道勞爾是《今日秀》一種惡作劇文化的大將，為此他很常把同事閒暇時的照片拿去播。奈維爾斯感到幾分醉意，她擔心這在照片上看得出來。

在三人解散之後——勞爾要回房間，兩個女生也各自要到樓上休息——維埃拉笑著拿出了讓勞爾可以在採訪各種活動時，暢行無阻的官方記者證。維埃拉與勞爾間有一種像兄弟姊妹間會互虧的友誼，他們長年都是像這樣彼此惡作劇。兩個女人打了電話給勞爾，一邊醉醺醺地笑鬧，一邊問他有沒有忘了什麼。奈維爾斯記得勞爾反問她是不是忘了什麼，比方說在他手中的記者證。

奈維爾斯去到了勞爾那間可以飽覽黑海美景的寬敞套房，為的是取回她的記者證。她發現他尚未換下記者的正式行頭，於是兩人就這場記者證失竊記進行了一場心平氣和的心得交換。奈維爾斯注意到他精美的專用信紙上，有海軍藍墨水印製的打凸全名：馬修．陶德．勞爾，於是她靈機一動想在下方塗鴉上「最爛」兩字，畢竟人喝醉了就是這麼無聊，但最終她阻止了自己。勞爾有時候對像她這樣的後輩會架子很大、很嚴厲。她從十三歲起就在電視上看著他，真的是從小看到大。她擔心自己造次會惹上麻煩。

拿回證件的奈維爾斯回到樓上，然後在跟維埃拉互道晚安時，也傳了封簡訊給勞爾，開玩笑地提及兩個醉醺醺的女人是如何對不準房卡。幾分鐘後，正當奈維爾斯刷著牙，她工作用的黑莓機響起。勞爾用工作電郵傳訊要她下來，她回說要她下去可以，條件是要把她在酒吧喝茫的照片刪光。他說一言為定，但十分鐘後自動失效。後來我從勞爾身邊的消息來源處得知，他覺得奈維爾斯擔心照片是很爛的藉口，他覺得這根本是她在暗示自己。奈維爾斯表示她無法想像勞爾會以為她是在跟他調情。她只是覺得畢竟相處了一整晚，最後的氣氛不用那麼僵。回想起來，她覺得自己獨自那麼晚去男人的房間，確實不太明智。她說她醉了，也沒想太多，更沒有理由懷疑勞爾會不以禮相待，畢竟他們已經相安無事了一整晚。「他待我一直像自己的小妹。」她說。「我去他房間也不是一兩次了。」她沒有將自己整頓好就起身下樓。她身上還穿著工作的服裝，優衣褲的紅褐色牛仔褲、垮垮的塔吉特[66]綠毛衣，還有主辦單位發給NBC員工的索契冬運版耐吉夾克。她已經幾星期沒刮腿毛了。她說她以為自己去去就回。

❖

事隔多年在她的公寓裡，奈維爾斯忍不住掉下淚滴。「我說過我在做創傷後壓力症候群的治療，是吧？但每個禮拜都會出點什麼事情把我弄得一塌糊塗。一想到這件事攪亂我的人生，我就嚥不下那口氣。」

奈維爾斯來到樓下房間的門口，勞爾已經換上T恤跟四角褲。他把她推到門板上，開始吻她，她這才意識到自己醉到什麼程度。她記得房間在天旋地轉。「我覺得我要吐了。」她說。「我一直在想，我要吐在麥特·勞爾身上了。」她深深為自己像個袋子的衣服，還有沒刮的毛毛腿感到無比尷尬。

她記得勞爾把她推到了床上，翻到背面，然後問她想不想肛交。她說她拒絕了好幾聲，包括曾回了一句，「不要，我沒有那種習慣。」奈維爾斯說她還沒講自己是如何沒有興趣，勞爾就「自顧自地做了下去」。她說勞爾沒有用潤滑劑。這場結合說多痛就有多痛。「我記得自己痛到在心裡想著，這**正常嗎**？」她告訴我說她放棄了說不，只是默默在枕頭裡偷哭。

勞爾完事後，奈維爾斯記得他問了她一句**喜歡嗎？**她機械式地答了一句：「喜歡。」她陷入了羞辱與痛苦。她告訴他說，她得把喝醉的照片刪除，而他也把手機交給了她去處置。

「妳跟梅芮迪絲說了什麼嗎？」她記得他這麼問。「沒有。」她說。「之後也別說什麼。」他告訴她。奈維爾斯分不清這是建議還是警告。回到自己房裡後，她終於吐了。她脫下了褲子，昏了過去。等她再醒來的時候，到處都是的血已經浸濕了她的內褲，以至於床單。「我走路會痛，坐也會痛。」她不敢在自己工作用的裝置上Google這個問題。後來她也不敢去篩檢性病——她在一起五年的男朋友會怎麼說？就這樣，她流了好幾天的血。

奈維爾斯說不論勞爾怎麼扭曲兩人在事發之前與之後的互動，發生在他樓下房間裡的事情都不是什麼雙方合意。「怎麼可能合意，我根本醉到合意不了任何事情。」她說。「怎麼可能合意，我明明說了不只一次肛交我不願意。」

❖

隔天勞爾傳來電郵，開玩笑地問她怎麼都不寫信也不來電。奈維爾斯告訴他說她沒事。她告訴我她擔心自己已經激怒了他，尤其他似乎在剩下的出差過程中都當她是空氣一樣。等她終於鼓起勇氣打電話給他，他說有事可以回紐約再講。

等他們回到紐約，她說勞爾會邀請她到他在上東城那有如宮殿一般的高級公寓，兩人在那兒又發生了兩次關係，或是到他的辦公室，這裡的次數就更多了。接近勞爾的消息來源強調有些時候是她主動聯絡。沒有爭議的是奈維爾斯跟好幾名我談過話的女性一樣，都跟據稱性侵她的男性發生後續的關係。「我最不能原諒自己的就是這一點。」她說。「那完全是一種利益交換，而不是交往的關

66 Target，美國百貨。

係。」奈維爾斯當時對朋友說她覺得自己被困住了。勞爾的地位——不僅在她，也在她的男朋友之上，主要是她男朋友的親兄弟也得叫勞爾一聲老闆——讓她不覺得自己有空間說不。她說在據稱的侵害發生後，頭幾個星期她曾嘗試表達她不介意，甚至很樂於陪他。甚至想自欺欺人，連自己也一併洗腦。她不否認她與勞爾的通聯紀錄看起來友善而客氣。

但她也說自己活在生涯被勞爾掐在手裡的恐懼當中，而任由自己被勞爾糟蹋的悲憤與羞恥也終於慢慢累積，最終導致她與男朋友無以為繼。她說她曾經連續幾個月推掉了與勞爾的會面，但她發現自己不可能在工作上完全避開他。二〇一四年九月，當維埃拉在用同事照片裝飾她的談話節目現場時，勞爾的助理跑來叫奈維爾斯去跟勞爾拿照片。上午九點三十分，在《今日秀》攝影棚那邊，我跟他偶爾會見面的小小第二辦公室裡面，他指了指放在頗具縱深的窗台上，一個莎凡納・葛瑟里送給他的電子相框。「都在上頭。」他告訴她。她得彎下腰才搆得到放得有點裡面的相框。她說她一邊滑動著上頭的照片，把需要的張數用電郵寄給自己，一邊感覺到他抓上自己的臀部，還用手指在猥褻她。她告訴我她只是想把自己的工作做好。「我當場呆掉了。內心的旁白說著我失敗了，因為我沒有說不。」奈維爾斯本就是個滿容易瘀青的人，而硬把她雙腿掰開的勞爾也確實在她身上留下了深深的紫痕。她哭著去找新交往的對象，也就是那天早上在控制室工作的一名製作，把發生的事情告訴了對方。

那年十一月，她自告奮勇拍了部道別影片給即將從新聞網離職的前男友。用影片給同事送行是新聞網的傳統，在片子裡獻上祝福的會是諸位大咖主持人或主播。當她跟勞爾提起這件事時，勞爾要她去他辦公室裡進行拍攝。她說她到了他辦公室後，勞爾要她蹲下去幫他吸。「我真的很氣，那感覺非常差。」她告訴我。「明明是要祝同事鵬程萬里的場合，我卻得先幫麥特吹喇叭。我覺得噁心至極。」她記得自己問了勞爾：「你為什麼要這樣子？」而勞爾回答說：「因為好玩。」

性接觸在那之後告一段落。她說大約一個月後的某天，正在跟抑鬱搏鬥且擔心自己會被勞爾怎麼樣的她，傳了封訊息問他人在不在紐約。他答說自己不在。

奈維爾斯跟「上百萬人」說了勞爾的事情。她跟自己的好友圈說了，跟在NBC的同事與上司說了。跟很多我報導過的案例一樣，奈維爾斯跟一部分人只說了「半套」，有些細節她跳過未提。但她從來沒有前後矛盾，也沒有輕輕帶過自身遭遇之嚴重性。等她在公司裡內轉，成為孔雀製作公司的一名製作後，奈維爾斯也把這事告知了她在新公司的一名上司。她覺得自己應該先跟他們說一聲，免得這事哪天公諸於世，她會成為公司的負累。所以這事基本上早已不是祕密。

然後事情就這樣沉寂了幾年。她對NBC內部關於性騷擾指控的處理模式無所知悉，也不知道公司用封口費或其他辦法來安撫當事人，好讓事情不會曝光的行徑。她更不知道孔雀製作公司的控制權曾一度被移交給指控柯沃的人。

❖

「要不是指控溫斯坦的人跟你談過話，我一個字也不會告訴你。」奈維爾斯告訴我。「我在溫斯坦的新聞裡看到了自己。看著《紐約客》裡寫的正是你人生最黑暗的低點，你的人生不可能不因此改變。」隨著溫斯坦的新聞開始風起雲湧，同事們也開始拿勞爾的事情去問奈維爾斯。在酒酣耳熱間，一名《今日秀》同事問起奈維爾斯怎麼感覺變了這麼多。小學成績單上那個原本自信而多話的她，早已變得退縮。她跳過了工作上的機會，生怕自己與勞爾的那一段，會因為行事太高調而曝光。她開始灌酒。在許多年的人生都圍繞著相互認定的穩定關係後，她開始不停地跟人交往分手、交往分手。

奈維爾斯把一切都告訴了《今日秀》的同事。「這不是妳的錯。」她記得那位同事爆哭說的話。「而且相信我，妳不是一個人。」該同事也曾被勞爾占便宜，然後事後也在職涯上吃過虧。她告訴奈維爾斯說她必須要把事情告訴維埃拉。而過沒多久奈維爾斯就來到維埃拉的公寓，複述起整件事情。「妳說的是麥特，是吧？」維埃拉在對話的一開頭問到。「我想過這件事，而我想不到有誰能像他，有這樣足夠的權力欺負妳。」維埃拉深受打擊。她很自責沒有保護好奈維爾斯，也擔心公司裡還有更多的受害者。「想想那些我找來《今日秀》工作的其他女孩。」維埃拉說。奈維爾斯只是不住地道歉。

這兩名女性都清楚新聞網會如何無所不用其極地去保護他們的頂級明星。但奈維爾斯覺得自己必須做點什麼來保護其他女人。維埃拉說若她決定出手，那自己也應該向NBC的人資提出正式的報告。於是乎在二〇一七年的十一月，奈維爾斯找了名律師，然後跟他一起坐在NBC環球派來的兩名女性面前，說起了事情的來龍去脈。

她要到了匿名的保證，但除此之外她毫無保留。她披露了事發後還繼續跟勞爾往來的事實，但也明說那不是外遇。她鉅細靡遺地描述了整件事，並強調自己當晚醉到無法清醒地表示合意，且曾多次告知勞爾她不同意肛交。當時的她還處於重新在腦中經歷創傷的初期階段——所以她那天並沒有說出「強暴」這個字眼。但從她口中說出的事實，毫無疑問地就是強暴，就是性侵。她的律師阿里．維肯菲德（Ari Wilkenfeld）在某個點上喊停程序，為的是再次強調這場互動並非雙方合意。NBC這邊的一名代表回覆說他們理解，但後來新聞網會宣稱雙方並未就本案達成任何結論。NBC環球那名打電話給婁納的律師，提醒對方勿忘和解條件的大律師史蒂芬妮．法蘭柯，這天也出席了會議。

幾天後在公司，當奈維爾斯得知列克與歐本海姆強調這件事不是「犯罪」，也不是「攻擊行為」，她離開辦公桌走向了最近的洗手間，嘔吐了起來。等ＮＢＣ的公關團隊在投稿的多篇文章中定調這件事是「婚外情」之後，她的難過更是不言可喻。怒氣沖沖的讀者來信開始淹沒她的律師辦公室，其中一封寫著：「太不要臉了妳，怎麼會用自己的臭鮑魚去勾引有婦之夫。」

奈維爾斯開始覺得上班是一種折磨。她被迫跟所有人坐在同一場會議上，討論與自己切身相關的新聞，而每一場會議上，勞爾派的同事都會對各種說法提出質疑，甚至會把事情歸咎於她。在《換日線》的團隊會議上（勞爾除了共同主持《今日秀》，也是《換日線》的撰稿），主播萊斯特．霍特酸溜溜地問：「處置這麼重，有符合比例原則嗎？」很快地走廊上的同事都開始避開眼神。在相關報導定調這件事是不倫戀後，她當時的男朋友收回了大部分的支持並質問她說：「妳怎麼能這樣對我？」ＮＢＣ管理層成功地讓她眾叛親離。「妳要知道我是被強暴了。」她告訴一個朋友說。「而ＮＢＣ說的是謊話。」

新聞網看似沒有花太大力氣去保護奈維爾斯的身分與隱私。列克對外稱這件事發生在索契，由此可能的檢舉者就可以縮小到那趟出差中，勞爾身邊為數不多的女性了。公關團隊的一員在與同事的對話中直呼奈維爾斯名諱。熟悉此事的消息來源後來說，孔布勞曾警告過團隊成員不得如此。維肯菲德公開指控ＮＢＣ排擠奈維爾斯。「他們知道自己都幹了什麼，我希望他們能懸崖勒馬。」他說。

奈維爾斯並沒有開口就要錢。她的初衷是不要再有女性受害，然後能繼續在這份自己熱愛的工作往下走。但隨著外界開始聚焦於此案與奈維爾斯本人，ＮＢＣ提出相當於年薪的金額，要她簽下保密協定走人。奈維爾斯覺得自己的名譽已然受損，她面對的是失去現職並再也找不到新聞工作的險境。她威脅要把新聞網告上法院，然後雙方便展開了冗長而磨人的談判。熟習談判過程的消息來源表示，新聞網主張她的低潮源自母親的去世，不涉及她宣稱的性侵害。最後她的律師要她別跟治療師提到對死去母親的思念，以免NBC申請把治療紀錄列為呈堂證據。新聞網後來否認他們曾拿她死去的母親威脅或對付奈維爾斯。隨著雙方談判延伸到二〇一八年，奈維爾斯請了病假，終於因為創傷後壓力症候群與酒精濫用住進了醫院。

最終，NBC希望這件事能夠大事化小小事化無。他們把跟奈維爾斯的和解金額一路加碼到七位數，希望藉此息事寧人。新聞網提出了一份她簽約後得照著念的稿子，內容大意是說她出於生涯考量必須另謀高就，而她在NBC所受待遇沒有任何不公，還要說NBC新聞網是處理這類性騷擾案件的模範生。熟悉談判過程的消息來源說，新聞網一開始曾爭取加入一條規定是讓奈維爾斯不得跟其他控訴勞爾的女性交流，但奈維爾斯抵死不從。新聞網後來否認自身提出過這種要求。

眾律師有志一同要奈維爾斯接受和解條件，就像他們也這樣要求過古提耶若茲跟許許多多女性。對康卡斯特公司而言，七位數的美金只是可有可無的零錢，但對奈維爾斯而言，這會是一筆救命錢。她環顧了自己已經不存在的前途，還有被新聞網搞臭的名聲，她覺得自己已經沒得選擇。一不做二不休的NBC，不僅讓當事人奈維爾斯簽了約，而且還讓她的律師與親近的人都一併簽字切結，永遠不准再講NBC新聞網的是非。

第五十七章　飆升

不要以為勞爾是特例，因為其他類似的指控也一一浮上檯面。自從溫斯坦的新聞爆開的第一天起，其男性高層受到的指控就讓NBC應接不暇。在第一篇關於溫斯坦的《紐約客》報導出刊後不久，新聞網就開除了馬克．哈波林（Mark Halperin）這名MSNBC與NBC新聞裡最紅的政治評論員，主要有五名女性向CNN爆料說他長期在職場上騷擾或侵害女性——具體來說，他曾伸手亂摸、暴露私處、用勃起的器官摩擦一名女性——時間可以一路追溯到十幾年前他還在ABC的時期。

幾天之後，NBC開除了麥特．沁默曼（Matt Zimmerman），他是負責《今日秀》敲人工作的資深副總，也是勞爾的超級好朋友。至於沁默曼被開除的理由，則是他睡了兩個部下。勞爾出事不到一個月，多家媒體就報導新聞網在一九九九年付了四萬美金給一名製作助理，主要是她指控MSNBC力捧的克里斯．馬修斯（Chris Matthews）口頭騷擾她。

這還沒完。新聞網在大衛．柯沃涉入溫斯坦案的期間，下重本擺平他的指控者。然後還有個讓我感到五雷轟頂而且毛骨悚然的傳聞：三名女性在事隔多年後指控湯姆．伯考對她們意圖不軌。這些人並沒有指控伯考侵害她們，但他的同事，包括一些當年初出茅廬的年輕同事，確實說過處於事業巔峰的他會提出大膽的邀約，嚇壞了她們。伯考憤怒且痛心地否認了一切。

在NBC新聞網的大咖裡面，伯考幾乎是唯一一個反對把溫斯坦新聞砍掉的人。他曾跟我分享過他是如何跟新聞網的高層表達抗議。在一封給我的電郵中，他把將該新聞砍掉之舉稱為「NBC自作孽」。但這兩個他其實並不衝突。湯姆．伯考一面是個堅守原則、不問艱難的新聞人，一面也曾與其他成員共組了一個讓女性感覺既不舒服又不安全的新聞網文化。這樣的一種企業文化，根本不會給人太多空間去問責自帶光環的大牌主播明星。

說起新聞網對於大男人騷擾女同事的姑息氣氛，對我做出類似陳述的在職與離職員工從起始的六個，慢慢翻倍成十二個，接著變成幾十個。好幾名NBC同仁說她們相信經年累月的和解模式是讓這種行為無法根絕的主因。有人說這問題在安迪．列克的領導下惡化了。一九九〇年代，列克初任NBC新聞網總裁，「公司文化就瞬間出現了根本性的變化，踰矩的行為不論是性騷擾或是單純的出言不遜，都獲得容忍。」率先點名伯考有問題的琳達．維斯特（Linda Vester）這麼告訴我。「貶低與羞辱性的言談，往往針對女性。而那也成為了安迪．列克領導下的風氣。那真是——真是非常黑暗的時期。」

所有員工都對這種通報與和解的模式，會對公司的新聞報導產生什麼影響，表達了內心的疑慮。維斯特說這當中的連鎖反應，正是列克領導NBC的一個正字標記。「他會對替女性發聲的新聞開鍘。」她告訴我。「一而再再而三。」

❖

四面楚歌的NBC成了各界口誅討伐的對象。綜觀二〇一八年，《華盛頓郵報》、《君子》雜誌與《野獸日報》分別推出了調查新聞來勾勒NBC新聞網的性騷擾文化。就在《華盛頓郵報》要報導安．柯瑞曾把勞爾性騷擾女員工之事告知NBC高層的前夕，出席過奈維爾斯案會議的NBC環球勞資事務律師史蒂芬妮．法蘭柯打給了柯瑞。柯瑞回憶說法蘭柯想知道她跟媒體說了什麼。「其實那主要是一通恐嚇電話。」柯瑞說。「至少那是我的感覺。」這種九分想要粉飾太平甚至要人噤聲，一分才是真心想根除新聞網內性騷擾問題的態度，讓十分不滿的柯瑞也不客氣了起來。「妳應該要照顧好這些女性的權益。」柯瑞直言。「那是妳份內的工作。妳該做的是去確保這些女性不被這個傢伙傷害。」

「那些事只要上頭開綠燈，我也會去做啊。」法蘭柯說。後來，關於勞爾案的內部報告裡提到這通打給柯瑞的電話，會說那是調查的一部分。但柯瑞的說法是法蘭柯沒提到什麼報告，也完全沒問到新聞網內的性騷擾問題。

幾名在職與離職員工都記得新聞網曾如何好幾次想要阻止爆料。有一次是ＮＢＣ花錢把一名記者聘為自家的供稿者，而在這之前，這名記者原本一直在打電話給新聞網內的女性，問她們性騷擾的事情。這記者聯繫過的一名女性傳簡訊對我說：「他們在掩蓋真相。」

❖

要說針對新聞網內的性騷擾傳言，乃至於勞爾遭到的指控，有哪一間平面媒體更緊咬著不放，莫過於《國家詢問報》。年復一年，這家八卦報追著勞爾的指控者問東問西。二〇〇六年，當艾荻．柯林斯還在西維吉尼亞州擔任地方性主播時，有天回家被人堵了個正著：一名《國家詢問報》記者走上前來，劈哩啪啦丟出一堆關乎勞爾的問題。在勞爾被開除後，《詢問報》把焦點轉到了奈維爾斯身上，當時她的名字還沒被公諸於世。我知道她的名字是後來在美國媒體公司內部電郵的附檔中，讀到她的履歷表。在她循正式管道提出訴願後，《詢問報》就開始打電話給奈維爾斯的同事們，最後更打給了奈維爾斯本人。

在二〇一八年五月的一場會議上，歐本海姆跟哈里斯嘗試拿勞爾的內部調查結果去說服一個滿心懷疑的調查部門。會後威廉·阿爾金（William Arkin）這名頗具人望的調查新聞部成員打了電話給我，聽起來憂心忡忡。他說有兩名消息來源，一個跟勞爾有關係，一個在ＮＢＣ內部，都告訴他說溫斯坦已讓新聞網知道他掌握了勞爾的行為，也有能力讓事情曝光。後來，兩名在美國媒體公司的消息來源也告訴我說他們聽說了同樣的狀況。ＮＢＣ這邊則否認受到任何威脅。

但毫無疑問地，勞爾受到的指控跟ＮＢＣ動輒跟被害女性簽署保密協定的套路，都在我們進行報導的期間成為被威脅曝光的對象。一路以來只想叫人閉嘴，治標而不治本的祕密文化，讓ＮＢＣ不論是面對哈維·溫斯坦透過律師與白手套傳達的威脅利誘，還是面對列克、葛瑞芬、歐本海姆、羅伯茲、梅爾所接到的那些新聞網一開始未對外界公布的電話，都幾乎毫無抵抗力。ＮＢＣ一邊進行著給錢換保密協定，動輒拿協定威脅人的模式，一邊默默接受溫斯坦主張他那類似的協定是金鐘罩鐵布衫，絕對容不得ＮＢＣ亂報導來挑戰。在溫斯坦跟狄倫·霍華的共同商議下，新聞網的一堆祕密都成為可以拿來威脅的罩門。《詢問報》拉出了勞爾的檔案，然後一個個打給ＮＢＣ的員工追問勞爾的事情，並開始刊載各種文章來威脅這名明星主播的前途，要知道這名主播已經跟新聞網的價值綁在一起。

第五十八章　洗評價

李奇．麥克修也花了一整年與新聞產生的後續效應搏鬥。在與歐本海姆的會議後，他拒絕屈服於新聞網總裁對於報導的定調，並眼看歐本海姆在日漸累積的焦慮中對他恨之入骨。麥克修不僅擔心起這會如何影響他在ＮＢＣ的前途，持續在集團會議中有話直說的他還說：「我基本上是留校察看的狀態。」人資主動來電說要給他加薪，希望他能續留公司——就跟他在與歐本海姆的會後一直默默讀到的空氣一樣——並與公司同一陣線。另一方面，新聞網也沒少提醒他的合約效期所剩無幾。

「沒有人知道我是誰。」他坐在我上西城住處附近的轉角小館裡，這樣跟我說。「他們想怎麼說我都沒人攔得住。他們可以讓我在業界永不錄用。」

「能怎麼照顧好女兒，你就怎麼做吧。」我說。

麥克修搖了搖頭。「我不確定這種事我做得下去。」家人攻勢對他也沒用——畢竟他就是想留給女兒們一個不要那麼黑暗的世界，一開始才會抱持著原則。

考慮了半天，他還是決定這錢拿不得。「我坐在會議裡，聽著他們對其他人滿口謊言。」麥克修說。「我一開始得咬著牙裝啞巴，但真的忍無可忍。」

在他奉命不准再插手溫斯坦報導的一年之後，麥克修提出了辭呈。這之後他接受了《紐時》的專訪，並在受訪時說溫斯坦的新聞死於「ＮＢＣ最高層之手」。像是他奉令不准接跟新聞有關的電話，或是新聞網對真相謊話連篇等事實，麥克修都一五一十說了出來。

❖

馬克．孔布勞與ＮＢＣ新聞的公關機器氣炸了。列克一方面跟他在勞爾案時一樣，拒絕接受獨立調查的呼聲，一方面也對媒體釋出了又一篇球員兼裁判的自剖。我坐在《紐約客》的一間玻璃辦公室裡讀著列克發出的備忘錄，內心有點不知該做何評價。後來新聞網會坦承他們沒有針對這份備忘錄進行事實查核。這份備忘錄釋出不到幾小時，許多當中討論到的消息來源就公開駁斥了裡面的內容。

「沒有一位法羅的受害者或證人同意過公開身分。」該備忘錄再三說。這說法在新聞還在ＮＢＣ內部進行的任何一個時點上，都不是事實。「安珀拉從頭到尾都願意讓法羅公開使用她的姓名與錄音，而我則用剪影的方式錄製了一段訪談。」聶斯特在緊接著列克備忘錄的聲明中狠狠打臉對方。「在蘿絲．麥高文意會到這新聞可能根本不會問世而退出報導後，法羅跟我有過討論，而我曾試探性地表示願意把自己的名字打在剪影訪談裡或甚至重拍一個露臉版，但他們對此不感興趣。」古提耶若茲還補充說：「我在羅南還在ＮＢＣ時願意配合他，在他離開ＮＢＣ後也同樣願意配合他。我內心從沒有片刻動搖。」蘿絲．麥高文對梅根．凱利的節目發了聲明，重申她公開對外發言有數月之久。

那份備忘錄當中有很大的篇幅，是列克與ＮＢＣ公關團隊在詆毀或拆解消息來源的公信力。他們駁斥艾比．埃克斯說溫斯坦會用假會議當幌子來當成性侵的陷阱，並說「她說的只是她個人的懷疑，沒有事實根據。」埃克斯也馬上對此做出回應，她在聲明中說備忘錄所言並非事實。「備忘錄的說法與事實不符。」她寫道。「哈維確實多次請我參加這類會議，都遭我婉拒，但我仍是這些會議的目擊者。事實上我第一手目擊了他做出的肢體與言語虐待，而這些描述都由羅南記錄在我的受訪影片裡。」備忘錄表示行銷經理丹尼斯．萊斯並沒有提及溫斯坦，並說我引用他的發言是刻意在誤導。事實上，萊斯的聲明是設計來讓他在萬一面對報復時有立場可以主張清白，而他也完全認可我引用他的發言。萊斯跟一名記者說過麥克修跟我「完全沒有斷章取義」，還說「我從頭到尾都知道自己在鏡頭前的發言會被用在報導哈維的新聞裡。」《紐約客》後來引用了萊斯的這些話也完全沒遇到任何麻煩。

埃克斯寫道列克在備忘錄中的敘述「誤導且有違事實」，並對新聞網為何要單方面拚命攻擊並曝光消息來源感到不解。「這份備忘錄雖然沒有指名道姓，卻把消息來源洩漏給媒體，又欠缺對這則報導一個完整而詳實的說明，我感覺這樣的作法一點都不誠實，一點都不光明磊落。」

這份備忘錄——第一次打臉了自己早先對媒體的官方說法——承認了溫斯坦曾「多次」致電或去函列克、葛瑞芬與歐本海姆。當中對這些電話或電郵對話的描繪，與我後來發現的紀錄存在衝突，也與親耳或親眼見證了這些交流的當事人敘述有所衝突。備忘錄隻字未提葛瑞芬給溫斯坦的保證，也沒有提到那瓶見證雙方關係的灰雁牌伏特加。

好幾名NBC的調查新聞記者說，他們覺得備忘錄把重點放在挑進行中報導的毛病，是件很奇怪的事情。我請教了幾位電視新聞記者，他們都同意我取得的音訊橫看豎看，都有不容質疑的播出價值。但麥克修跟我都沒有說過這新聞在NBC畫下了句點，也沒有說過這新聞沒有空間成長到能開花結果，畢竟短短幾個禮拜後，這新聞就在《紐約客》修成正果。真正的問題，在於我們被喝令停手。列克的備忘錄裡沒提到葛林柏格命令我取消訪問，把責任推給歐本海姆的事情，也略去了麥克修被命令停止報導，還有歐本海姆率先建議把這條新聞送出NBC門外，讓某家平面媒體去報導的事情。「那根本不是重點。」一名資深特派員記得他曾這樣告訴歐本海姆與葛林柏格，主要是回應這兩人抗議我們的東西沒料。「我知道新聞網想要把新聞播出去時是什麼感覺，也知道我們沒有要把新聞播出去時是什麼感覺。」這名特派員說「私底下，基層同仁們的心聲是**我們搞砸了**。」

這份備忘錄也在媒體間遭受類似的質疑。在新聞網自己的節目中，梅根．凱利質問了NBC對自身的報導，並加入了呼籲獨立監督的陣營。果然沒多久她也離開了新聞網——她在自身一句有種族歧視之嫌的發言引發風波後，遭到了解雇。對新聞網而言，這項異動可以說是一舉兩得，因為這也紓解了列克身邊幾名消息來源所說，凱利愈來愈聚焦溫斯坦與勞爾新聞造成的新聞網壓力。

❖

事實上，NBC準備了一系列的手段來竄改溫斯坦這條新聞在新聞網內部的歷史，而這份備忘錄也不過是其中之一。NBC還聘來了艾德．薩斯曼（Ed Sussman）這名「維基百科洗白專家」去鬆動維基百科上，涉及歐本海姆、溫斯坦與勞爾等人的集體創作內容[67]。關於勞爾的部分，薩斯曼在解釋其中某次編輯的時候寫道，「應該要單獨處理」。為了帶起有利於NBC的風向，他有時會故意在內容中植入錯誤。在某次編輯中，他提議把溫斯坦新聞從獲NBC綠燈在《紐約客》被登出來之間的「一個月」，竄改成「幾個月」。有時候他會直接把有爭議的事情拿掉，讓人什麼都看不到。

「我可不是第一天出社會，但這絕對是我在維基看過最沒節操也最赤裸裸的企業硬拗。」一名維基百科的資深編輯話說得很酸。但薩斯曼的獲勝率真的很高：他會鍥而不捨地把東西改成他要的樣子，那種堅持是沒拿錢但跟他做同樣事情的編輯所比不上的，何況他還部署了一支帳戶大軍像洗錢一樣洗白他的修改，確保他們的版本會是最終的版本。好幾個維基百科專頁，包括歐本海姆的主題頁，都被刪除了他們曾惡搞溫斯坦新聞的全數證據，不知情的人讀來會覺得那些事從未發生過。

67 維基百科自稱是一種「開放式協同合作專案」，意思是對所有人開放，所有人都可以在上頭自由內容、自由編輯、自由著作，但也因此在一些具有爭議的人事物上，維基會成為相左立場彼此較勁的風向戰場。

第五十九章　黑名單

在《紐約客》的第一篇報導之後，我面對到了跟麥克修一樣的難題。有段時間我履行了在與歐本海姆跟孔布勞爭辯時做過的尷尬承諾，我閃避了溫斯坦新聞在NBC時期的歷史，刻意不正面回答與之相關的問題。在CBS的節目上，脫口秀主持人史蒂芬．柯貝爾（Stephen Colbert）瞇眼注視著我，聽我說我不希望這條新聞的重點變成我，然後我便改變了話題。「但這條新聞會不見天日這麼久，」他說，「還有你是如何陪著這條新聞被掩埋了這麼久，也是這條新聞的一部分。」

我在一次次訪問閃爍其詞，在這段期間的最高峰，我姊姊打了電話過來。「你這是在替他們掩蓋真相。」她說。

「我並沒有說謊。」我回答。

「不，但你沒有說出全部的真相，這並不是誠實的作法。」

我們之間的低點，在我腦海間閃爍。我想起了我叫她閉嘴別再指控什麼之後，那非常難熬的幾年：在她從醫院回來後，我走進她的房間。看著她拉下長袖來遮掩前臂上一條條排得像梯子一樣的血紅破折號，還有我多希望自己當年能多為她做點什麼。

❖

那整個秋天，新聞網接手了歐本海姆說要給我新合約的簡訊攻勢。「你儘管討價還價沒有問題。」歐本海姆補充說。葛瑞芬打了電話給我的幾名經紀人說，「我都聽他的，我們要怎麼做才對？」在關於伯考的傳聞浮上檯面前，他曾在我上完媒體後寄信跟我說，「你應對得很好，現在關於你的前途……」後來他還打了電話，說新聞網麻煩他來說服我回鍋。「我明白新聞網要拿出破格的條件才能打動你，但你也應該多少考慮一下。NBC依舊是個做新聞的好地方。」他說他有信心新聞網會同意發聲明認錯，也會建立新的方針來避免新聞編輯再受外力干預。我仍舊希望能回復原職，也相信NBC新聞在理想狀態下所代表的價值。我說服自己也許溫斯坦新聞被封殺只是特例，而不代表更深刻的沉痾。我說我願意聽聽看新聞網的說法，也把這樣的想法告知了經紀人。

但隨著麥克修拒絕妥協，加上來電指證新聞網內有騷擾和解模式的消息來源一個接著一個出現，與之同流合污的難度一天難上一點。從溫斯坦的新聞問世開始，我就一直在與一群消息來源進行對話，而我聽到的是CBS裡存在未曾間斷的行為不檢：一名主管據稱與其下屬上了床，同時還騷擾並侵害其他人；付錢要女人閉嘴形成了一種模式；數十名員工描述了息事寧人的作法，如何扭曲一家新聞媒體在處事上的輕重緩急。到了最後，我不覺得我可以一面把這些受害者對萊斯利·穆恩維斯（Leslie Moonves）等CBS高層的指控報導出去，一面對從洛克斐勒廣場三十號泉湧而出的醜事自我消音。

我請經紀人中止了合約談判。

報復來得非常果決。原本隨著美國媒體公司的新聞在幾個月內一條條爆出，我開始一天到晚受邀登上MSNBC與NBC的節目——然後一夕之間我成了拒絕往來戶。幕前的人物開始氣餒地來電，包括一人泫然欲泣地告訴我，他們都抗議過了，但取消我上節目是直接來自葛瑞芬的命令。新聞網的一名資深幹部後來說列克也下了類似的命令。「這些人真的卑鄙得可以。」一名主播說。「我真的很氣。」然後那些高層也主動來打了招呼，說他們知道我的新書快要出了——我抽時間完成了已經拖很久的外交政策著述——還說只要我回歸公司且與他們正式達成不翻舊帳的協議，那他們會很樂於考慮讓我回節目打書。我打了電話給瑞秋．邁鐸，她聽了之後說她的節目她說了算，誰也別想在旁邊說三道四。於是乎在溫斯坦新聞爆出後的兩年間，我就只上了她的節目，沒再上過NBC或MSNBC的其他節目。後來隨著我的書正式寫完，NBC的訴訟部門也開始聯絡起跟我合作的樺榭出版（Hachette）。

❖

我在溫斯坦的報導出刊後最後一次跟諾亞．歐本海姆對話，是他打了一通電話過來。我一邊跟他講話，一邊在位於切爾西的避難用豪宅來回踱步，強納生則在背景當聽眾。「我已經成了這次事件的臉。」歐本海姆告訴我。他與孔布勞對媒體記者說的那些想要掩蓋真相的聲明，先是引發了反彈，然後這些反彈又一發不可收拾地爆發成某種政治上的時代精神。幾天後在福斯新聞上，主播塔克．卡爾森（Tucker Carlson）坐在歐本海姆的照片前面呼籲他負起責任下台。「事實擺在眼前，NBC說了謊。」卡爾森說。「許多有權有勢的人都知道溫斯坦的所作所為，但他們不僅對他睜一隻眼閉一隻眼，甚至還有人站在他那邊去欺壓受害人。這張清單寫起來會非常長，但很顯然掛頭牌的是NBC新聞網。」他似乎非常珍惜有機會可以一口氣同時砲轟主流媒體、好萊塢的自由派，還有性掠食者——三種享受一次滿足。「新聞主管有件事不能做，那就是說謊。」他說，一副他身邊不是一堆說謊的新聞主管似的。

我一邊踱著步，歐本海姆一邊說著，「你知道，我今天早上剛接到一通NBC環球保全公司的電話說他們得請警方派車到我家，因為網路上的死亡威脅實在太多。」他聽起來倒不害怕，只是氣憤。「我三個小孩都在納悶家門口為什麼有警察。」我說我很遺憾，真的遺憾。

「就算你覺得NBC的表現是個懦夫，或是做了不對的事，那都是你的權利，但我還是希望你能理解現在這種網路公審對我的人身攻擊，既失焦又不公平。」他說。「就算你覺得這整件事當中有一個反派，一個壞蛋，那個人也不會是我。」

他一股氣上來，完全不給我插嘴的空間。那感覺就像他今天陷入這種困境都是別人推一把造成的，他自己一點錯都沒有。我告訴他媒體記者告訴我的，說他們的批判會如此嚴厲，是因為孔布勞鋪天蓋地灌輸媒體假消息。聽我這麼說，他哀號說：「孔布勞是安迪的人！他是新聞集團的人！他又不替我辦事！他不替我辦事好嗎！」然後他說：「我根本叫不動他好嗎。我當然可以試試看，但我也試過了無效。」他說他從沒威脅過我，我提醒她說蘇珊．維納就曾銜他之命肆無忌憚地威脅。對此他大吼著說：「蘇珊．維納是安迪的律師！他們都不是我的人馬！」後來有當事人打臉歐本海姆說，NBC新聞網的總裁才沒有這麼窩囊，他想叫誰都叫得動好嗎。

「你一直說你變成眾矢之的很無辜。那你倒是說說看這些好事都是誰幹的？」我放起了大絕。

「當然是我的老闆啊！OK？別忘了我也有老闆的，NBC新聞又不是我一個人說了算。」他說，然後似乎突然意會到自己說了什麼。「你知道，這是所有人共同的決定。你可以質疑金．哈里斯的動機，你可以質疑安迪的動機，你也可以質疑我的動機。我只能說到了一天的最後，他們感覺，**你知道，大家對於組織未來的安泰得到了某種共識。**」

他提醒我說他曾兩次在我的節目被砍掉後讓我的職涯復活，還說我們怎麼樣也是朋友一場。他希望我們幾個月之後能夠把酒言歡，把這當一場笑話看。我一頭霧水不知道他想要幹嘛，而慢慢地他說起了大白話。「這是我的一個請求，」他說，「若有朝一日，你想在我面前說出這一切怪不得我，我會感覺非常受用。」

真相終於大白，他拉哩拉雜說了這麼多，結論是：他不僅不願意像個男人般負起應負的責任，甚至還不願意承認某時某地可能有人得為這件事負起責任。按他的說法，溫斯坦的新聞會在NBC被砍，只是因為大家形成了某種共識要確保組織未來的安泰。為了確保組織的安泰，他們同意對律師與威脅卑躬屈膝；為了確保組織的安泰，他們反反覆覆猶豫不決，咬文嚼字莫衷一是；為了確保組織的安泰，他們手握眾多性騷擾的可信證詞而毫無作為，對被錄下來了的犯罪者自白視而不見。他們開口閉口那種想息事寧人的鄉愿態度，那些事不關己而毫無擔當的發言，讓多少人在不該沉默的時候沉默了。舉著組織安泰之名的共識保障了哈維．溫斯坦之流，讓他們高枕無憂；這種共識打著哈欠、張著血盆大口，吞沒了律師事務所、專業公關公司、新聞網高層的豪華辦公室，各行各業，最終把所有女性生吞活剝。

諾亞．歐本海姆才不該為這揹鍋。

❖

「我不覺得幾個月後的你會跟諾亞．歐本海姆喝啤酒。」撲克臉的強納生說。這時在他位於洛杉磯的住處，是一個陽光灑落的午後。

「我怕我是再也上不了晨間電視了。」我答道。我愈來愈意會到自己新的一年會很忙，CBS跟NBC會有許多線索等著我去查。

「我會照顧你，寶貝。」他說。「我會讓你錦衣玉食的。」

他像抱填充玩具似地擒抱住我。我笑著把手放到他的手上。這一年還真是漫長，我本人跟我們這對情侶都辛苦了，但總歸是熬過來了。

後來當我決定要把部分報導經過納入書中後，我寄了書稿給他，並就在各位看到的這一頁上問出了那個問題：「結婚嗎？」在月球上也行，在地球上也行。他讀了書稿，在這一頁看到了我的求婚，然後說了聲：「就這麼辦吧。」

❖

在新聞一篇篇出來之後我第一次見到姊姊狄倫，她也給了我一個擁抱。我們人在她的鄉間小屋，距離我母親跟幾名兄弟姊妹不遠，外頭是一片冰天雪地——這裡是一個遠離是非與塵囂的異世界。跟她像一個模子刻出來的兩歲女兒，身穿自己媽媽小時候穿過的連身服，揮動著小手臂，發著可愛但不知所云的聲音。我姊會心地遞上連著隻小猴子的奶嘴，然後我們姊弟倆便目送她在路上閃人閃得搖搖晃晃。

我在腦中翻閱起虛擬的相簿，裡頭有狄倫跟我的連身服年代，也有後來每個時期的場景：學校的舞台劇、等公車來、聯手打造沒有其他人能觸碰到的魔幻王國。我記得我們姊弟正在把白鑞的國王與火龍放好位置，然後一個大人的聲音響起，把她給叫走了。我記得她驚嚇的眼神，說明了她內心有多害怕。我記得她問我要是她遇到壞事了，我會不會在她身旁。我記得我保證我會。

在有她小女兒跑來跑去的鄉間小屋裡，她告訴我這篇報導有多讓她引以為榮，多讓她感激。然後她的聲音開始愈來愈聽不清。

「這報導不是為了妳。」我說。早些年當還是個孩子的她發聲的時候，她感覺所有人都撇開了眼神。

「當然。」她回答。

這是個公平正義回來了的時節。但有一個人的故事得見天日，就有無數個這樣的故事石沉大海。狄倫內心很氣餒。她就像那些受了委屈但對方卻能一手遮天的消息來源，就像那些故事如今在我信箱裡躺著的無數消息來源，都感到忿忿不平。不久之後她開始——一個行業接著一個行業——跟志同道合者合流，把自己也能感受到的氣餒告訴世界。她邀請了電視組員來到鄉間小屋，由這些專家把這地方弄亮到不輸手術室。一名新聞主播介紹她出場，然後狄倫深吸了一口氣，從陰影踏入了光明——而這一次，大家都在聽。

❖

我走進大衛．蘭尼克在《紐約客》的辦公室，時間正值傍晚。我發現他在翻閱著一份文件。「喔！」我有點臉紅地說。「那是我要的。」我之前麻煩一名同事將它印出來放著，說我會來拿。那些是我的筆記而不是給人看的講義。蘭尼克的助理誤將它送到蘭尼克這裡。

「這很有趣。」他說。狡猾的笑意中帶著一點頑皮。

我們在可俯瞰哈德遜河的大窗戶邊坐定。蘭尼克非常貼心，對接下來不知道該怎麼才好的我給出了一個又一個的建議。他眼中的我是個「電視人」，一個或許稍微太想上鏡頭的電視人。也許我是吧。「你不會想一直待在這裡，對吧？」他一邊這麼問，一邊把我的注意力導向身邊的雜誌辦公室。

但我意會到我其實想。

我指向那些筆記。那是下一波故事的雛形，當中有些跟性暴力有關，有圍繞紐約檢察總長艾瑞克．史奈德曼（Eric Schneiderman）正在發展中的新聞。《紐約客》的撰稿珍．梅爾（Jane Mayer）跟我最終會整理出四宗身體虐待的指控出刊，促成他的下台。那當中有對ＣＢＳ的調查，而最終愈滾愈大的雪球，會包括十二筆性侵與騷擾的矛頭都指向萊斯利．穆恩維斯，後續也導致他引咎辭職——創下在這個新時代裡，財星五百大企業執行長，因為騷擾指控而下台的第一例——外加ＣＢＳ的董事會與新聞部門也進行了人事異動。其他線索則涉及不同形式的貪腐：媒體與政府部門中的浪費公帑、舞弊，還有包庇的行為。

他又看了一眼文件，將之交還給了我。

「太多了嗎？」我問。我們身旁的窗戶外頭，天色正在改變。

蘭尼克看著我。「我正要說我們有得忙了。」

❖

在接著的幾個月裡，我一直不確定蘭尼克說要忙的東西包不包括ＮＢＣ的性騷擾。在ＮＢＣ，一切看起來都井然有序：維基百科已經被清洗乾淨、自說自話的報告內容已經定於一尊。原本想唱反調的人都已經用錢打點好，要不然就是被保密協定嚇得不敢輕舉妄動。ＮＢＣ新聞的人已經定調布魯克．奈維爾斯的事件如下：她跟人外遇、她遭到侵害、公司對這一切毫無所悉。

只不過這只是ＮＢＣ的如意算盤。二〇一九年初，我回頭去找了奈維爾斯，然後再次跟她坐在她那有書架牆的客廳。這一次我帶了《紐約客》的事實查核員拉沃里跟我一起。午後的光線射穿了窗玻璃，奈維爾斯的身邊圍繞著或白、或黑、或灰的貓咪。大貓中間還亂入了一隻新面孔的小貓，牠是上次那隻不幸往生貓咪的接班人。

奈維爾斯在翻閱著她已故母親寄給她的信，鉅細靡遺的信上頭是飄逸夢幻的草書，母親對女兒的愛意躍然於泛黃的紙上。「我最親愛的寶貝女兒，」其中一封寫著，「每回一扇門關閉，另外一扇便會開啟。」

奈維爾斯覺得親手毀掉了自己的人生，只因為她忍住沒有不平而鳴，但她也愈來愈覺得自己做了該做的事情。「我之前所有的女人都覺得是她們害我的，」她說，「要是在我之後，還有別的女性遭遇相同的命運，我會覺得是我害她們的。」她告訴我願意再賭一把——想到日後的女性，她願意把故事再說一遍。

在我準備離開之際，她看著我的眼睛，對於我所有關於新聞網的問題，重複了一遍她的答案。「我有義務告訴你我不能詆毀安迪．列克，或諾亞．歐本海姆，或任何一名NBC新聞的員工。」

我點了點頭。在我的見證下，一抹微笑開始慢慢浮現於她的嘴角。

最終，身為女性的勇氣不會被踩熄。而那些新聞——那些不可等閒視之，經得起考驗的故事——終將在被抓住後，展現殺不死的生命力。

結語

在與奈維爾斯的會議結束不久後，伊果．歐斯卓夫斯基跟我在上西城一家法國餐廳重聚。陽光通過他身後的窗戶照在我們小小的桌上。他看起來一臉倦容，像人已經幾天沒睡了一樣。我問他這一切的契機是什麼，是什麼讓他願意不顧後果地踏上鋼索，瘋狂地在這幾個月裡把情報洩漏給我。

「我希望自己可以不要一翻開報紙，就想到有人把槍抵在記者的腦門上，告訴他們什麼該寫什麼不該寫。」他說。「出身自一個新聞被當權者控制住的社會，這樣的我說什麼也不願意讓同樣的事情發生在給了我、我太太、我兒子一個重生機會的國家。」

原來他太太剛生了一個寶寶，他們家的第一代美國男孩。

「我正好來到一處十字路口。我們跟蹤一群我看過其報導的記者，一群我覺得誠實正直，在為了讓社會更好而努力的記者。如果有人想對他們不利，那就是對我的國不利，對我的家不利。」

我仔細看著他。內心充滿了違和感，因為這樣一段話，竟出自一個跟蹤了我一整個夏天，想要阻撓我報導工作的男人口中。

他一拒絕接受黑立方測謊後，徵信工作就像水龍頭被關起來。如今他自立門戶開了家歐斯卓徵信社。他會繼續做一名私家調查員，但他自豪並誠摯地宣告說自己會摻入公益服務的角度去從事這份志業。他話說得很認真，也希望我明白他有多認真。或許他可去公民實驗室這類團體，幫他們一點忙。「未來，我會更積極投身這類事務，去改變社會，去揪出這類不肖演員，讓他們見光死。」他說。「你知道的，新聞媒體做為民主的一環，其重要性一點也不輸給國會或行政部門或司法部門。媒體必須發揮制衡的效果。大權在握者一旦控制了新聞媒體，讓媒體失去作用，或是媒體失去了在社會上的公信力，那輸家總歸是我們每一個人，因為那代表誰有權力誰就能為所欲為。」

歐斯卓夫斯基滑起了手機上的一張張照片，臉上露出了悠遠的笑容：一名產後精疲力盡但滿面紅光的人母；一個偕他們返回家中的新生兒；一名滿心期許自己各方面可以為這個家變得更好的新手父親；一隻慧黠的雙眼如燈一般亮的藍灰色貓咪。貓咪打量著家中的新成員。展現出十足的好奇心。

那隻貓的名字，順道一提，叫做史拜（Spy）——貓咪界的密探。

誌謝

《性掠食者與牠們的帝國》書中的大小資訊都經過了《紐約客》資深調查員尚．拉沃里的仔細確認，而他也是我在該雜誌社裡許多其他調查工作上的夥伴。沒有他穩定扎實的判斷力，沒有他不眠不休地犧牲生活來完成工作，不會有這本書。諾爾．伊博辛（Noor Ibrahim）與琳賽．捷爾曼（Lindsay Gellman）身為我無懈可擊的研究員，投入了長時間的心血。冰雪聰明又夙夜匪懈的翁琴．李（Unjin Lee）除了負責研究團隊的管理與後勤，也在壓力最大的低點給了我建言，甚至於她也執行了一些輕度的反偵蒐勤務。她至今未放棄要學習以色列近身格鬥術克拉夫馬嘎（Krav Maga）的規畫。

李托．布朗出版社（Little, Brown and Company）在漫長的報導與事實確認過程中，始終是支持本書的一股力量。艱難的新聞能得見天日，背後不可能沒有企業願意一起承受外界的風風雨雨。所以我要說一聲謝謝你，謝謝我心中最棒的發行人雷根．亞瑟（Reagan Arthur），還有樺榭圖書集團（Hachette Book Group）的麥可．彼齊（Michael Pietsch）。我要感謝凡妮莎．莫比里（Vanessa Mobley），她是所有文字工作者夢寐以求的夢幻編輯，是讓這本書實現其潛力的堅定盟友。我要謝謝莎賓娜．卡拉罕（Sabrina Callahan）與伊莉莎白．葛瑞加（Elizabeth Garriga）努力捍衛這本書想要傳達的訊息。我十分倚重的還有麥克．努恩（Mike Noon），我們勞苦功高的製作編輯，有珍妮．

拜恩（Janet Byrne），我們鉅細靡遺的文案，還有葛雷格·庫立克（Gregg Kulick）我們才華洋溢的設計師，其中葛雷格對我的外行領導內行，可以說極盡紆尊降貴之能事且風度翩翩。大衛·萊特·特雷曼（Davis Wright Tremaine）律師事務所的莉茲·麥可納瑪拉（Liz McNamara）與樺榭出版的法務長卡洛·費恩·羅斯（Carol Fein Ross）進一步用他們在法律方面的檢證確認，捍衛了這則報導。還有傳奇的琳恩·聶斯比特（Lynn Nesbit）身為我的出版經紀人兼好友，她陪著我一路走過報導溫斯坦新聞與寫就本書的漫長旅程。

我盼望以《性掠食者與牠們的帝國》向我景仰的記者前輩與同業們致敬。沒有他們的辛勤耕耘，有權有勢者永遠不會為自己的行為負起責任。我每天活著都非常感激《紐約客》無可比擬的團隊，他們在拯救了溫斯坦的新聞之餘，也日復一日地扮演著一條條艱難調查新聞的後盾。

對大衛·蘭尼克我不知道該從何謝起。他公正不阿地對待新聞，也公正不阿地對待了我，讓我對新聞與人生重拾希望。歐普拉曾廣為人知地在影片裡這樣介紹過與她合作關係密切的蓋兒·金（Gayle King）：「她就像我沒有血緣的母親，她是所有人夢寐以求的姊妹，她是每個人都該深交的友人。她是我所認識最好的人。」這大家應該都曉得吧？大衛·蘭尼克就是我的蓋兒·金。同為優秀記者的蘭尼克夫人伊瑟·范恩對我之溫暖讓我五體投地。荻爾德·佛立—孟德森是我永遠不在道德上打折扣，才華出眾的編輯。她除了得負責我們《紐約客》每篇報導的語氣，還像變魔術似地為本書寫下了吹毛求疵的改善意見，期間沒有耽誤她的正職、沒有耽誤她四處旅行，更沒有耽誤她去生了個孩子。大衛·羅德是我無所畏懼的好夥伴，我聽不下去他謙稱自己不是天使，所以硬是要在書裡這樣誇他。他跟邁可·羅這兩羅都是守護我們新聞的悍將。

法比歐·柏托尼身為律師不是吃素的，他面對棘手的法律難題與我們受到的威脅，都守住了律師該有的正直與常識。一般律師動不動就說這個不行那個不行，但優秀的媒體律師會給出建議，讓我們在謹慎與公平的原則下去爭取到可行的結果。《紐約客》公關主任娜塔莉·拉貝無畏於那些不容小覷的帶風向機器，親上火線去捍衛了我們的新聞。要感謝的人真的不勝枚舉，像是《紐約客》的事實查核主任彼得·坎比，還有在第一篇溫斯坦新聞中拚了老命的查核員譚美·金，外加佛格斯·麥金塔也協助我破解了黑立方跟美國媒體公司的謎團。娜塔莉·米德（Natalie Meade）仔細審視了後續的新聞。他們合力確保了我們的報導內容切中事實、精準、公平公正。雜誌裡其他的資深編輯，如潘·麥卡錫（Pam McCarthy）與桃樂絲·威肯丹都既溫暖又慷慨。羅傑·安捷爾（Roger Angell）可能在不知情的狀況下，大方出借了辦公桌給我使用。我愛《紐約客》，愛裡面的每一個成員，是他們激發了我想成為一名更好的記者。

我不能不感謝我在HBO的老闆們，李察·普列普勒（Richard Plepler）、凱西·布洛伊斯（Casey Bloys）、南西·亞伯拉罕（Nancy Abraham），還有麗莎·海勒（Lisa Heller），謝謝他們在每個關鍵時刻支持我的報導工作，並在我為了本書一請就是幾個月假的時候不離不棄。

對於許許多多協助本書有所突破的眾家記者與平面媒體，我也欠大家一份情。謝謝其他追溫斯坦新聞的記者同仁願意無私地分享他們的見地，明明他們當時根本沒必要助不知道是誰的我一臂之力，這是他們做事原則的最好展現。肯·奧列塔是難得一見的好人。少了他的付出，溫斯坦的新聞會怎麼走到最後還未可知。班·華萊斯同樣器量過人，一如珍妮絲·閔、麥特·貝隆尼，還有金·麥斯特斯。我要把敬佩之情傳達給茱蒂·坎特與梅根·士赫，她們兩位震撼人心的報導，讓我一邊感到吾道不孤，一邊醒悟到要加快打字速度。

謝謝讓我加深對美國媒體公司了解的記者，美聯社的傑夫·霍爾維茨與傑克·皮爾森，還有

《華爾街日報》的喬．帕拉佐洛（Joe Palazzolo）與麥可．羅斯菲爾德（Michael Rothfeld）。謝謝以色列調查電視新聞節目《事實》（*Uvda*）的沙查．奧特曼（Shachar Alterman）、紀錄片工作者艾拉．奧特曼（Ella Alterman）、《浮華世界》的亞當．希拉斯基（Adam Ciralsky）、美聯社的拉斐爾．沙特、公民實驗室的約翰．史考特—雷爾頓，還有我在《紐約客》的同事亞當．安圖斯（Adam Entous），謝謝你們協助我完成了黑立方的報導。

我要感謝把NBC新聞裡的性騷擾指控爆出來的每一位，包括《綜藝》雜誌的拉敏．希圖德（Ramin Setoodeh）與伊莉莎白．華格麥斯特（Elizabeth Wagmeister）、《華盛頓郵報》的莎拉．艾莉森（Sarah Ellison），還有《野獸日報》的拉奇蘭．卡特萊特——其中拉奇蘭曾緊咬著NBC內部的和解陋習不放。

謝謝NBC新聞網的記者與製作人繼續追查重要的新聞，謝謝他們沒有放棄NBC所給過的承諾與恪守的原則。在高層主管介入之前，溫斯坦的新聞曾在李奇．麥克修等NBC同事的努力下跑得有聲有色。我非常感激安娜．薛琦特（Anna Schechter）、崔西．康諾（Tracy Connor）、威廉．阿特金（William Arkin）、辛西亞．麥可法登、史蒂芬妮．高斯克，乃至於許許多多同屬調查新聞部一員的同仁。瑞秋．邁鐸是原則的代言人。助理製作人菲比．庫蘭（Phoebe Curran）在這則新聞的早期階段協助了研究工作。

不論情勢多麼不利於自己，李奇．麥克修都能一次次做對的事情。沒有他深植於骨子裡那強韌的職業道德與使命感，更不用說要是少了他夫人丹妮（Danie）那剛烈的正義感，我們早就迷失了。他或許住在紐澤西，但他依舊是個英雄。

最最重要的是，我要感謝每一位消息來源。他們能從內部披露出不道德甚至不合法的行為，讓我深為感佩。沉睡者的勇氣打破了謊言之牆，幫助了被欺騙與誤導的受害者。每個關鍵時刻，伊果．歐斯卓夫斯基都把做人的原則與愛國的情操置於自身的安危之前。他一開始提供了我情報，後來更同意把真名提供給本書使用。我要謝謝約翰．泰在這個過程中給伊果的支援，還有給我在自身安全考量上的種種協助。秉持良心而不與組織同流合污的人員清單上，有許多位是米拉麥克斯公司與溫斯坦影業的員工，是NBC新聞網跟美國媒體公司的員工，是曼哈頓地區檢察官辦公室的同仁，是紐約警局的警察同仁，是紐約南區聯邦地方法院的同仁。他們多數人的姓名都不能在此洩漏。少數我能公開致上謝忱的有：艾比．埃克斯、荻德．尼科森、丹尼斯．萊斯與厄文．萊特。

我格外感激那些甘冒極大風險與困難來披露重大真相的女性。蘿珊娜．阿奎特克服了內心恐懼，就為了助溫斯坦的報導一臂之力。她不但持續奮戰到底，而且還幫忙鼓勵一個又一個的消息來源加入她的行列。她在我後續對溫斯坦的報導中，對CBS的調查，還有在其他還沒問世的新聞報導中，都是不可或缺的存在。

安珀拉．古提耶若茲是百年難得一見的消息來源，她的勇氣可以跟珠寶大盜媲美。她在本書中的故事，完美說明了她是個怎樣的人。艾蜜莉．聶斯特的暖心與堅定不輸給我見過的任何一個人。早在還不知道東西出不出得了之前，她就堅定與這則新聞站在了同一邊。雖然後續不斷有人想詆毀包含她在內的消息來源，她的立場都沒有改變。

我們可以深感安慰的是好人真的太多，要感謝的人真的多到這裡不可能通通列出來，但以下這些名字代表我的誠意：艾莉．卡諾沙、安娜貝拉．席歐拉、艾莎．阿簡托、布魯克．奈維爾斯、戴露．漢納、艾瑪．德．考尼斯、珍．華萊斯、珍妮佛．萊德、潔西卡．巴斯、凱倫．麥可杜格、羅蘭．歐康納、露西亞．埃文斯、梅莉莎．婁納、蜜拉．索維諾、蘿絲．麥高文、蘇菲．迪克斯與薩爾妲．柏金斯。

最後我要謝謝我的家人。我的母親不畏抹黑、不畏被列入黑名單、不畏威脅恐嚇，堅定給了一名受虐倖存者所需要的支持。這樣的她從未停止啟發我成為一個更好的人。我姊姊狄倫給我不斷前進的勇氣，也讓我了解到我曾經無法了解的事情——另外《性掠食者與牠們的帝國》英文版的書內插畫，也出自她的手筆。我錯過了妹妹昆西（Quincy）的婚禮，正是為了把溫斯坦的新聞做一個完結。我要謝謝她的理解。昆西，哥哥對不起你！

至於強納生嘛，目錄後面已經把這本書獻給他了，書裡也從頭到尾都有他的戲分，做人不要太過分好嗎？

國家圖書館出版品預行編目(CIP)資料

性掠食者與牠們的帝國：揭發好萊塢製片大亨哈維.溫斯坦令巨星名流噤聲，人人知而不報的驚人內幕與共犯結構 / 羅南・法羅（Ronan Farrow）著；鄭煥昇譯. -- 一版. -- 臺北市 : 臉譜, 城邦文化出版 : 家庭傳媒城邦分公司發行, 2021.1
面； 公分. --（臉譜書房 ; FS0120）
譯自：Catch and kill : lies,spies,and a conspiracy to protect predators
ISBN 978-986-235-861-0（平裝）

1.性犯罪 2.性騷擾 3.性侵害 4.美國

548.544 109011620

城邦讀書花園
www.cite.com.tw

ISBN 978-986-235-861-0
Printed in Taiwan.

臉譜書房 FS0120

性掠食者與牠們的帝國

揭發好萊塢製片大亨哈維・溫斯坦令巨星名流噤聲，人人知而不報的驚人內幕與共犯結構

Catch and Kill: Lies, Spies, and a Conspiracy to Protect Predators

作　　者｜羅南・法羅（Ronan Farrow）
譯　　者｜鄭煥昇
編輯總監｜劉麗真
責任編輯｜陳雨柔
行銷企畫｜陳彩玉、陳紫晴、薛綸
封面設計｜蔡佳豪
內頁排版｜極翔企業有限公司

發 行 人｜凃玉雲
總 經 理｜陳逸瑛
出　　版｜臉譜出版
城邦文化事業股份有限公司
10483台北市民生東路二段141號5樓
電話：(02) 886-2-25007696
傳真：(02) 886-2-25001952
發　　行｜英屬蓋曼群島商家庭傳媒股份有限公司
城邦分公司
台北市中山區民生東路141號11樓
客服專線：02-25007718；25007719
24小時傳真專線：02-25001990；25001991
服務時間：週一至週五上午09:30-12:00；
下午13:30-17:00
劃撥帳號：19863813 戶名：書虫股份有限公司
讀者服務信箱：service@readingclub.com.tw
城邦網址：http://www.cite.com.tw
香港發行所｜城邦（香港）出版集團有限公司
香港灣仔駱克道193號東超商業中心1樓
電話：852-25086231　傳真：852-25789337
新馬發行所｜城邦（新、馬）出版集團
Cite（M）Sdn. Bhd.（458372U）
41-3, Jalan Radin Anum, Bandar Baru Sri Petaling,
57000 Kuala Lumpur, Malaysia.
電話：+6(03)-90563833　傳真：+6(03)-90576622
電子信箱：services@cite.my
一版一刷｜ 2021年1月　ISBN 978-986-235-861-0
定價｜ 450元